如何走向财富
自由之路

罗建华
编著

团结出版社
UNITY PRESS

图书在版编目（CIP）数据

如何走向财富自由之路 / 罗建华编著. -- 北京：
团结出版社, 2021.7
ISBN 978-7-5126-8981-7

Ⅰ.①如… Ⅱ.①罗… Ⅲ.①投资—通俗读物 Ⅳ.
①F830.59-49

中国版本图书馆CIP数据核字(2021)第119345号

出　　版：团结出版社
　　　　　（北京市东城区东皇城根南街84号　邮编：100006）
电　　话：（010）65228880　65244790（出版社）
　　　　　（010）65238766　85113874　65133603（发行部）
　　　　　（010）65133603（邮购）
网　　址：http://www.tjpress.com
E-mail：zb65244790@163.com（出版社）
　　　　　fx65133603@163.com（发行部邮购）
经　　销：全国新华书店
印　　刷：旭辉印务（天津）有限公司

开　　本：670毫米×960毫米　16开
印　　张：15
字　　数：200千字
版　　次：2021年7月　第1版
印　　次：2021年7月　第1次印刷

书　　号：978-7-5126-8981-7
定　　价：39.80元

前　言

　　美国作家托马斯·沃尔夫曾说："任何人，不管他出身如何，也不管他有什么样的社会地位，更不管他有何种得天独厚的机遇，他都有权活出自我，有权依靠自身先天和后天条件成为自己想成为的人。"你想成为什么样的人呢？恐怕很少有人会掩饰自己对金钱的渴望，让自己拥有赚钱的能力，成为有钱人，在基本的生活需求得到持续保障的前提下，有足够的金钱和时间可以自由地投入到该做的事情中去，是很多人一生追求的梦想，而这种梦想的实现便是财富自由，财富自由就是有足够多的时间和足够多的钱做你想做的事情。

　　但现实中，很多人每天起早贪黑，很努力，不辞辛劳地忙碌着，最后发现自己并没有因为努力付出而富裕起来，依然贫穷，勉强养家糊口。你为什么没有钱？为什么总是觉得赚的钱不够用？为什么不敢潇洒地 diss 老板，停下工作，尽情享受无限美好的生活？最根本的原因就是你还没有实现财富自由，没有达到"不为钱工作，也不为钱看别人脸色，自己完全凭借兴趣爱好生活"的境界。那么为实现财务自由这个人生的终极目标，我们到底该怎么做呢？

　　普通人走向财富自由的进阶之路一般要经历打工、创业、投资三个阶段。在 25~30 岁的阶段，要把主要精力放在提升"打工的能力"

上，毕竟打工是绝大多数人一生的选择。打工的能力包括职业素养、专业技能、人际关系等，当你具备了这些能力，并有了一定的资金积累，就可以尝试投资，在工作之余增加额外收入——投资的收益，当投资的收益能够覆盖自己的日常开支时，你就进入了财富自由的初级阶段。当然，你也可以选择创业，但这是少数人的做法，也有极高的风险，需谨慎对待。

上面是走向财富自由的进阶之路，在实现方法上有几个具体步骤：首先要有成为富人的野心，其次要有富人思维，最后要积极行动，只有行动，才是成为富人的终极密码。关于这些，书中有详尽的介绍，这里不再赘述。

《华尔街之狼》电影中的故事原型乔丹·贝尔福特出身美国社会底层，没有背景，没有学历，甚至连金融经验都没有。在竞争极为激烈的华尔街，他是如何突破自我，在短短的几年里就完成财富的积累，成为亿万富翁的呢？他说："如果你想变得富有，就要全身心投入。"这就是乔丹·贝尔福特的成功秘诀。敢于探索，永无止境，迅速改变，挑战自我，这一点放在哪个领域都是有用的。这对想走向财富自由之路的你能否带来一些启示呢？

目 录

下篇　走向财富自由的四大支柱

第一章　梦想与人格——你有哪些特质最值钱

第二章　冒险与担当——你真的敢挣钱吗

上篇

走向财富自由的三大前提

第一章 看清贫穷的本质——唯一可以不劳而获的就是贫穷

懒惰是很奇怪的东西，它使你以为那是安逸，是休息，是福气，但实际上它所给你的是无聊，是倦怠，是消沉。它剥夺你对前途的希望，使你心胸日渐狭窄，对人生也越来越怀疑，唯一可能的收获便是贫穷和孤独。

勤奋出贵族

一切尊贵和荣誉都必须靠自己的创造去获取，这样的尊贵和荣誉才能长久。但不幸的是，在我们今天这个社会，很多人处在一种不进则退的情况之下，他们缺乏进取精神，好逸恶劳，挥霍无度，以致有很多人虽在富裕的环境中长大，却不免在贫困中死去。所以，要想在人生风浪的搏击中完善自己，成就自己，享受成功的喜悦，赢得社会的尊敬，高歌人生，只能凭自己的双手去创造，荣誉的桂冠只会戴在那些勤奋者的头上。

5 岁那年，她上幼儿园。小朋友们喜欢聚在一起嬉戏，她却总是一声不响地坐在角落里。有时，仅仅是一张小纸片，也可以被她折叠成各种各样的形状，而她也是一副乐此不疲的模样。

9 岁时，她读小学三年级，成绩一塌糊涂，唯一能考及格的，只有手工课。老师来家访，忧心忡忡地说："也许孩子的智力有问题。"她的父亲坚决地摇着头说："能在手工课上做这么漂亮的环保袋和笔筒，证明她非常聪明。"

看到老师失望地离开，她难过地掉下眼泪。父亲却笑着说："宝贝，你一点儿也不笨。"父亲从书架上拿出一本书，翻到其中一页说："还记得我给你讲过蓝鲸的故事吗？它可是动物界的'巨人'，别看它粗枝大叶、肥肥壮壮的样子，可它的喉咙却非常狭窄，只能吞下5厘米以下的小鱼。蓝鲸这样的生理结构，非常有利于鱼类的繁衍，因为，如果成年的鱼也能被吃掉。那么，海洋中的鱼类也许都会面临灭绝了！"

"上帝并不会偏爱谁，连蓝鲸这样的庞然大物也不例外。"父亲又给她讲了一个故事，"好莱坞著名影星奥黛丽·赫本童年时，由于家庭贫困，经常忍饥挨饿，甚至一度只能依靠郁金香球茎及由烘草做成的'绿色面包'充饥，并喝大量的水填饱肚子。长期的营养不良，使她身材特别瘦削。虽然如此，赫本仍然不断练习她最爱的芭蕾舞。听说她梦想要当一个电影明星时，所有的同学都嘲笑她白日做梦，说一阵风就可以把她刮走。面对大家的冷嘲热讽，赫本从不气馁，终于成功扮演了《罗马假日》中楚楚动人的安妮公主。假如，她当初因为自己过于消瘦而放弃理想，就不可能成为世界级的影星。"

父亲鼓励她说："你看，无论是一头巨鲸，还是国际影星，都有不完美的一面。这就好像你数学功课差一点儿，手工却是最棒的，说明你心灵手巧。做自己喜欢的事，坚持下去。"

也许正因为有了父亲的鼓励，从此以后，她不但喜欢做手工，还常常动手搞些小发明。几块木板钉在一起，加上铁丝和螺丝钉，就是一个小巧的板凳。听到母亲抱怨衣架不好用，她略加改造，让它可以自由变换长度，成了一个"万能衣架"，简单又实用。甚至，在父亲的帮助下，她还将家里的两辆旧自行车拼到一起，变成了一辆双人自行车。

伴随着这些小小的发明，她快乐成长着。2010年，她已是美国麻省理工学院的一名大学生。一个周末，她出去购物，在超市门前，听到有两位顾客在抱怨："想要找到空车位，简直比彩票中奖还要难！""如果谁能发明一种折叠汽车，那该有多好！"说者无心，听者有意，她立刻忽发奇想："为什么不试一下呢，说不定真的可以。"

回到学校，她开始搜集关于汽车构造方面的知识，单是资料就抄了厚厚的几大本。接下来，一次次思考，反复画图。功夫不负有心人，经过半年的努力，终于设计出了折叠汽车的图纸。

看她一副欣喜若狂的样子，有同学泼冷水说："你懂得如何生产吗？说不定图纸只能变成废纸。"她想起父亲当年讲的一头鲸的故事，笑着说："我的确不懂生产汽车，但可以寻找合作伙伴。"于是，她在网上发布帖子，寻求可以合作的商家。不久，西班牙一家汽车制造商联系到她，双方很快签下合约。2012 年 2 月，世界上第一款可以折叠的汽车面世了。

这款汽车有着时尚的圆弧造型，全长不过 1.5 米，电动机位于车轮中，可以在原地转圈，只要充一次电，就可行驶 120 公里，最重要的是它可以在 30 秒之内，神奇般地完成折叠动作，让车主再也不用担心没有足够的空间来停车。折叠汽车刚刚亮相，就受到众多车迷们的追捧，还没等正式批量生产，就收到了很多订单。

她就是来自美国的达利娅·格里。面对记者的采访，她有些害羞地说："我从小就不是个聪明的孩子，但我坚持做自己喜欢的事，用刻苦和勤奋来弥补缺陷，才找到了属于自己的路。"

人生能笑到最后的，往往并不是那些特别聪明的人。聪明的人，可喜可贺但不足为恃，勤奋和坚持才是王道；迟钝笨拙的人，无须懊恼和自卑，只要肯用功，不怕吃苦，意志坚，照样也能捧到成功的奖杯。

天下没有免费的午餐

从前，有一位爱民如子的国王，在他的英明领导下，人民丰衣足食，安居乐业。深谋远虑的国王却担心当他死后，人民是不是也能过着幸福的日子，于是他召集了国内的有识之士，命令他们找一个能确保人民生活幸福的永世法则。三个月后，这帮学者把三本六寸厚的帛书呈上给国王说："国王陛下，天下的知识都汇集在这三本书内。只要人民读完它，就能确保他们的生活无忧了。"国王不以为然，因为他认为人民不会花那么多时间来看书。所以他再命令这帮学者继续钻研，两个月内，学者们每天都在讨论该删减哪些字句，最终把三本书简化成一本。国王还是不满意，再一个月后，学者们把一张纸呈给国王，国王看后非常满意地说："很好，只要我的人民日后都真正奉行这宝贵的智慧，我相信他们一定能过上富裕幸福的生活。"说完后便重重地奖赏了这帮学者。

原来这张纸上只写了一句话：天下没有免费的午餐。

人类生来是机会主义者，而上帝永远是公平的。

现在网络上经常有"餐具消毒，日赚万元""一块钱加盟，一点就发""赚，爆赚，暴富的秘密……"等不计其数的类似广告。想想也知道，真这么好赚的话，谁会把赚钱的秘密告诉别人？谁还有空上来发广告，早自己赚钱数钱去了。

这世界上有很多这样的人，总是觉得概率在自己身上是不起作用的，总是会幻想一些上苍莫名其妙的眷顾。要知道不是每个人脑袋被苹果敲一下都能变牛顿的，绝大多数人只会被敲出一个大包；不是每个人跳悬崖都能搞到武功秘籍、练成绝世神功的。

很多人都想快速发达，一夜暴富，但是不明白做一切事都必须老老实实地努力才能有所成就，只要放弃投机取巧的心态，实实在在地努力进取，成功必定离你不远了。只要还存有一点取巧、碰运气的心态，你就很难全力以赴。不要梦想中彩票，或把时间花在赌桌上，这些一夜之间发达的梦想都是人们努力的绊脚石。

有一个农夫病重得就要死去，他把两个儿子都叫到身边说道："我快要死了，只有一份遗产送给你们。我将那些金银财宝埋藏在家后的那块葡萄园里。等我死后，你们轻轻地翻一翻土，就可以找到了！"

父亲死后，儿子们各自拿着锄头到葡萄园去到处挖土找宝。但是，挖遍了葡萄园，结果仍没找到父亲所说的"金银财宝"。然而，由于他们天天翻土，土壤肥沃起来，他们当年的收成比往年多了数倍。

届时，儿子们才明白父亲所指的"金银财宝"是什么。

其实，天底下哪有不劳而获的东西，唯有肯付出血汗与时间者，才能享有成功的果实。

比尔·盖茨在给毕业生的人生建议中说：你不会一离开学校就有百万年薪，你不会马上成为副总裁，这二者你都必须靠努力赚得。生活不分学期，你并没有暑假可以休息，也没有几位雇主乐于帮你发现自我。自己找时间去做吧。

勤奋努力是生存的需要，是发展的基础和前提。纵观人类历史，没有与生俱来的成功者，只有不努力的失败者。那么，怎样做说明确实是努力了呢？就是应当把有限的时间和精力都用在学习进步上；用在开发和历练自己的思维上；用在提高和实践自己的能力上。用卡耐基的话就是："集中所有的智慧，所有的热情，把今天的事情做得尽善尽美，这就是迎接未来的最好方法。"

可怜之人，必有可恨之处

生活中你遇到过很多聪明人，你的大学同学，你的同事，你的朋友，有几个比你傻？很多年以后，你会看到成功的并不是最聪明的人。因为决定成功的更多是非智力因素：明确的目标、积极的心态、努力和坚持、承受挫折和压力的能力、成熟的接人接物的态度等。有一种人注定没戏：不努力和怨天尤人。

很多人想把握机会取得成功，但要做一件事情时，往往找了很多理由让自己一直处于矛盾之中，不断地浪费时间，虚度时光。看看你有没有下面这些理由和借口：

1. 我没有口才

错，没有人天生就会说话，台上的演讲大师也不是一下子就能出口成章。骂人的时候很擅长，抱怨的时候也很擅长，这也是口才，只是没有任何营养罢了，那是没有价值的口才；看别人争论的时候，自己满嘴评头论足，却不反省自己，倘若你做得好，今天是否还说自己没口才？

2. 我没有钱

错，不是没有钱，而是没有赚钱的脑袋，工作几年了没有钱吗，有了，但是花掉了，花在没有回报的事情上面，吃喝玩乐，或存放贬值了，没有实现最大化，所以钱就这样入不敷出，这样月月光，这样被生活所需全部使用，这样周而复始，每月做个月光族，没有远虑，当一天和尚敲一天钟，得过且过。

3. 我没有能力

错，不给自己机会去锻炼，又有谁一出生就有跑的能力、跳的能力？一毕业就是社会精英？一创业就马上成功？当别人很努力地学习，很努力地积累，努力地找方法，而你每天做了很少一点就觉得乏味，学了一些就觉得没意思，看了一些就不想看，跟自己跟别人说没兴趣学，然后半辈子过去一事无成，然后抱怨上天不给机会。能力是努力修来的，不努力想有能力，天才都会成为蠢材，但努力，再笨的人也能成精英。

4. 我没有时间

错，时间很多，但浪费的也很多，别人很充实，你在看电视，别人在努力学习时，你在游戏中消遣虚度，总之时间就是觉得很多余，过得越来越无聊。别人赚钱了羡慕别人，但不去学别人好好把握时间创造价值，整天不学无术。

5. 我没有心情

错，心情好的时候去游玩，心情不好的时候在家喝闷酒；心情好的时候去逛街，心情不好的时候玩游戏；心情好的时候去享受，心情不好的时候就睡大觉。好坏心情都一样，反正就是不做正事。

6. 我没有兴趣

错，兴趣是什么，吃喝玩乐谁都会，没有成就哪里来的尽兴，出去旅游回来做月光族，出去K歌回头钱包空空，出去大量购物回来惨兮兮。打工有没有兴趣？挤公交车有没有兴趣？上班签到下班打卡有没有兴趣？家里急需要一大笔钱的时候借钱有没有兴趣？要还钱没钱还有没有兴趣？卖老鼠药的人对老鼠药有没有兴趣……学习、努力能让你得到成长与提高，能让你生活品质得到提高，能让你家人过上健康享乐的日子，这为什么就没有兴趣了？

7. 我没有考虑

错，考虑做吧，有可能就成了！不做吧，好不甘心，整天上班也没有个头，还是做吧，明天开始，不过还是算了，再想想，这钱挣得也不容易，不，不，就是打工挣钱也不容易，所以不能放弃机会，决定了，把握机会。哎呀！天都黑了，明天再说吧！然后第二天又因为上面的考虑，因为左思右想，继续循环，最终不能决定，犹犹豫豫，还是一无所获。

有句话说"可怜之人必有可恨之处"！这一生中不是没有机遇，而是没有争取与把握机遇，借口太多，理由太多……争取之人必竭力争取，一分钱都没有也千方百计想办法；不争取之人给一百万也动不起来，发不了财，还有可能一败涂地，这就是行动上的欠缺，喜欢犹豫不决，喜欢拖延，喜欢半途而废，最后一辈子平庸，庸碌无为！还有的人做事三分钟热度，一开始热情高涨，等会儿就继续懒散，这种人永远看不到成功的希望。

给人生算账，绝不含糊过日子

人们对于金钱的开支，大多比较留心，但对于时间的支出，却往往不大在意。如果有谁为人们在工作生活等方面所用去的时间——予以记录，列出一份"生命的账单"，不仅十分有趣，而且可能会令人有所感悟，有所警醒。

著名的《兴趣》杂志对人一生在时间的支配上做过一次调查，结果是这样的：站着，30年；睡觉，23年；坐着，17年；走着，16年；跑着，1年零75天；吃饭，7年；看电视，6年；闲聊，5年零258天；开车，5年；生气，4年；做饭，3年零195天；穿衣，1年零166天；排队，1年零135天；过节，1年零75天；喝酒，2年；如厕，195天；刷牙，92天；哭，50天；说"你好"，8天；看时间，3天。

英国广播公司也曾委托人体研究专家对人的一生进行了"量化"分析，有些数字可以作为上面推算的补充：沐浴，2年；等候入睡，18周；打电话，2年半；等人回电话，14周；无所事事，2年半。以上推算和量化分析并不全面，而且有些数字也不具有很强的说服力和可信性，但为我们大致列出了一个生命的账单。

古时有一首《莲花落》的词写道："人生七十古稀，我年七十为奇，前十年幼小，后十年衰老，中间只有五十年，一半又在夜里过了。算来只有廿五年在世，受尽多少奔波烦恼……"

二十五年，倘若再除去劳碌纷争，属于我们的欢笑就更少得可怜了。

有本叫作《相约星期二》的书，写的是一位叫莫尔的教授，不幸身患绝症，在生命的最后，他跟学生慨叹道："我们总觉得自己有的是时间，其实，生命是多么地短暂，多么地有限。要知道'来日无多'，生活中永远别说'太迟了'。"

不知道你看了这份"生命账单"是否感到触目惊心。这份账单上的时间开支，有一些是非花销不可的，但有的却完全可以节省。所以，每个人在生活的每一天都必须考虑并安排好：我该为哪些事花费时间？哪一些可以忽略或缩短？只有像计较金钱那样计较时间，我们才能在有限的人生中做更多有意义的事情。

年轻是本钱，但不努力就不值钱

一个青年总是抱怨自己时运不济发不了财，终日愁眉不展。

这天，他在无意中遇到了一个须发俱白的老人，老人见他愁容满面，于是老人便问他："年轻人，你为什么这样不开心？"

"我不明白，为什么我总是那么穷。"年轻人说。

老人由衷地说："穷？你很富有啊！"

年轻人问道："富有？我怎么不知道？这从何说起？"

"假如今天斩掉你一根手指头，给你一千元，你愿意吗？"老人没有回答，反问道。

"不……"年轻人回答道。

"斩掉你一只手，给你一万元，你愿意吗？"老人继续问道。

"不愿意。"年轻人肯定地回答道。

"让你马上变成八十岁的老人，给你一百万，你愿意吗？""不愿意！"

"让你马上死掉，给你一千万，你愿意吗？""当然不！"

"这就对了。你已经有超过一千万的财富了，为什么还哀叹自己贫穷呢？"老人微笑着说。

年轻人恍然大悟。

年轻的时候别总是叹息你很穷，你很落魄，只要你健康，只要你年轻，这就是财富，这就是本钱。

人在年轻的时候没有理由不努力，与其怨天怨地，不如改变自己；

与其在黄昏擦拭悔恨的泪水，不如趁年少镀亮青春的容颜。敢想敢做，勇于付出，相信没有什么是做不到的，也没有什么能够难倒年轻的自己！不要后退，不要后悔，即使流血流汗也不能流泪；莫无奈也莫等待，机遇是只属于有准备的人，勇敢地向前冲，只要坚守信念，成功就在眼前，不变的是这张年轻的面孔，收获的是眉宇间的笑颜。只要梦想还在，美好的青春里就不能停止奋斗的脚步！

年轻时的谭盾非常喜欢拉琴，他刚到美国的时候，靠拉小提琴赚钱来维持生计。很幸运，谭盾和一位黑人琴手一起找了个黄金地段——银行门口，这里每天都有大量的人流来往，谭盾和黑人琴手每天都有不错的收入。谭盾攒够了进入音乐学校进修的钱，便和黑人琴手道别。进入音乐学院后，谭盾拜师学艺，努力学琴，认识了许多大师和琴技高超的同学。在学校的那段时间，谭盾潜心学琴，音乐素养和琴艺得到了巨大提升。

谭盾经过不懈的努力，十年后终于成为一名知名的音乐家。有一次，他偶然路过以前卖艺的那家银行门口，发现昔日老友黑人琴手仍然在那里拉琴。看着黑人琴手满足的表情，谭盾走过去和他打招呼，黑人很高兴地问他："嘿，谭！好久不见啦，你现在在哪里拉琴？"

谭盾说出了一家很有名的音乐厅的名字，黑人琴手不禁问道："那家音乐厅门口人也很多吗？"谭盾小声说："还好，生意还行。"谭盾没有向那位黑人说明自己早已不拉琴卖艺了，而是经常在那家著名的音乐厅中演奏。

十年的时间，让这俩人的境遇发生了天壤之别。黑人琴手和谭盾一样拉琴，只是黑人琴手不思进取、安于现状，围着自己那块赚钱的地盘，而谭盾趁着年轻，不断努力，进音乐学院深造，提升自己，选择了最适合自己的道路。

和一切外在的物资相比，年轻是最大的本钱，谭盾在年轻时看到的不是街头卖艺短时间内不错的收入，而是用街头卖艺的钱提升自己，进而实现自己的音乐理想，在全世界面前展现自己的琴艺。他的内心是追求世界的舞台，而不是街头那个角落。

年轻，就要有上路的渴望，要与勇敢同行。被动承受，不如勇敢地面对；鸟宿檐下，不如击翅高飞。卓越是努力后的成果，你不努力，没人替你努力，在困难环境中依然砥砺前行，不断进步，才是真正的勇者。

频频回头的人，自然走不了远路

生活中无论如何选择，只要是自己的选择，就不存在对错，更无须后悔。过去的你不会让现在的你满意，现在的你也不会让未来的你满意。若当初有胆量去选择，就应该有勇气将后果承受。所谓一个人的长大成熟，便是敢于面对自己和这个世界。在选择前，有一张真诚坚定的脸；在选择后，有一颗绝不改变的心。频频回头的人，自然走不了远路。

古希腊著名演说家戴摩西尼年轻的时候为了提高自己的演说能力，躲在一个地下室练习口才。由于耐不住寂寞。他时不时就想出去溜达溜达，心总也静不下来，练习的效果很差。无奈之下，他横下心，挥动剪刀把自己的头发剪去一半，变成了一个怪模怪样的"阴阳头"。这样一来，因为羞于见人，他只好一心一意地练口才，演讲水平突飞猛进。正是凭着这种专心执着的精神，戴摩西尼最终成为世界闻名的大演说家。

一个人要想干好一件事情，成就一番事业，就必须心无旁骛、全神贯注地追逐既定的目标。但人都有惰性、有太多欲望，有时难免战胜不了身心的倦怠，抵御不住世俗的诱惑，割舍不下寻常的享乐。一些人因此半途而废，功亏一篑。这时候，不妨学学戴摩西尼的精神，他剪掉了一半头发，就彻底斩断了向欲望妥协的退路。而一旦没有退路可逃，就只能一门心思地朝前奔了。

不回头、断掉退路来逼着自己成功，是许多明智者的共同选择。1830年，法国作家雨果为了能把全部精力放在写作上，把除了身上所穿毛衣以外的其他衣物全部锁在柜子里，把钥匙丢进了小湖。就这样，由于根本拿不到外出要穿的衣服，他彻底断了外出会友和游玩的念头，除了吃饭与睡觉，从不离开书桌，结果作品提前两周脱稿。而这部仅用5个月时间就完成了的作品，就是后来闻名于世的文学巨著《巴黎圣母院》。

斩断自己的退路，才能更好地赢得出路。在很多时候，我们都需要一种斩断自己退路的勇气，因为身后有退路，我们就会心存侥幸和安逸，前行的脚步也会放慢；如果身后无退路，我们才能集中全部精力，勇往直前，为自己赢得出路。

有一位美国老头，名叫谢尔登·阿德尔森，自小在贫民窟长大，12岁以报童起家开始创业，打拼40多年成为全美第三富翁，74岁时财富一下蒸发90%，继续打拼再登富豪榜，这个老头的跌宕人生路就像过山车一样惊心动魄，却创造了世界上财富增长速度最快的有钱人。不能不说他既是不可复制的奇迹，更是令人叹为观止的神话。下面是他奋斗的波澜壮阔的一生：

0岁：1933年出生，全家6口人只有一张床和一间房，挤住在美国波士顿的一处贫民窟里。父亲是一名出租车司机，母亲为生计在家中干些缝纫杂活贴补家用。

12岁：在贫民窟长大的他，跟叔父借钱200美元，租下街边两个摊位，开始卖报纸创业，这一干就是8年。

20岁：结束在街头颠沛流离生活，敢于做梦，不断发现并抓住商机，卖洗发水、剃须膏等给汽车旅馆。随后当兵以及考取大学学习公司理财，走出校门，做贷款经纪人、投资顾问和理财咨询师等职业。

30岁：前往纽约寻求梦想和发展，从事媒体广告业务。尝试无数行业，成为一名管理着巨额基金的风险投资家，大到原子能源，小到宠物商店，成功投资75家公司。

40岁：1979年他通过自己投资的一本计算机杂志，在拉斯维加斯创办计算机供货商展览Comdex，以100美元一个摊位的价格向主办地政府租赁展览场地，再以150倍高价租给展商，积累下巨额财富。20世纪80年代，计算机业蓬勃发展，Comdex展览会很快成为全球最大的计算机展会。

50岁：迎来IT业黄金时代，人们无不想对Comdex展览会上最新科技产品一睹为快，比尔·盖茨、史蒂夫·乔布斯等IT与财富英雄的演讲更是展览会吸引人的重头戏。8年后，参展商已送2480家，参观者超过21万。1989年，以1.28亿美元买下旧金沙赌场酒店，并建起美国首家由个人投资并拥有的金沙展览中心，以此转战并不熟悉的博彩业。

60岁：1995年被人称为"会展之父"，以8.6亿美元高价将Comdex盘给日本软银，此交易令他成为真正富豪。投资15亿美元炸掉金沙赌场酒店。三年重建，占地63英亩，把它与美国最大会展中心相连，建一座堪称全球投资最庞大的集住宿、娱乐、博彩的"威尼斯人度假村"，确立了他在拉斯韦加斯的富豪地位，并将博彩帝国延伸到亚洲，在中国澳门投资澳门金沙娱乐场，在新加坡建设滨海湾金沙酒店。

70岁：2003年身家超过30亿美元。不到3年，以每小时赚进近100万美元的速度，迅速拥有205亿美元，购买私人飞机14架，成为全世界最大的私人飞机群。2007年财富上升到265亿美元，位于（福布斯）全球富豪排行榜第6位，在美国排名第3，仅次于比尔·盖茨和巴菲特。74岁登上人生最高点。

74岁：2007～2008年，金融危机爆发，旗下金沙集团股价下跌，一年之间损失250亿美元，财富缩水超过90%。从谷底到顶峰花了40多年，从顶峰坠落却只有一年。但他从顶点跌入谷底后再次登上顶峰，不得不说是一个奇迹。短短两年，他重新积累财富近150亿美元。2009年成为《福布斯》杂志富豪排行榜有史以来，财富增长速度最快并成为全球最有钱的人之一。

谢尔登·阿德尔森将近80岁了，他的左腿饱受神经病变的痛苦，走起路来只能靠一根拐杖支撑，但就是这么个老头依然不断地前行，他说："总有一天我的财富要超越比尔·盖茨，变成世界首富。"

谢尔登·阿德尔森的一生是奋斗的一生，是不断前进的一生，他用自己的实践诠释了为梦想勇往直前、义无反顾的深刻内涵。许多人不是没有成功的机遇，而是望而却步，望洋兴叹，在守望中失落了最美的时光。

不要在星期一早上就期待星期六晚上

"告诉大家一个惨绝人寰的消息：又上班了！上班的心情比上坟还要沉重！周末总是很短！每到周一，我就疲倦！头晕！胸闷！腹胀！食欲不振！浑身酸痛！注意力不集中！不想上班……"一到周一，就有人在微博上如此咆哮。如果你也是咆哮人群中的一员，那你就知道自己是什么情况了。

根据加拿大心理学家德比·莫斯考维茨教授的观察，星期一是员工请假的高峰日。请假的人数不但最多，制造请假借口的创意也千奇百怪。德国汉堡"耳目"市场研究所的一项问卷调查显示，近80%的德国人星期一早晨起床后情绪低落。

伊曼是一家实业公司的区域经理，每周星期一，她就懒洋洋地坐在办公室，注意力不集中，很难进入工作状态，心情会莫名其妙地烦躁不安。想起老板开会讲话，想起会议上要总结上周的业务成绩，还要布置本周的业务量，再加上上周没处理完的工作，还有几个没有搞定的客户……伊曼的心里没来由地紧张和烦躁，再想想这个星期还要有5个辛劳的工作日，就更打不起精神了。已工作8年的伊曼，感觉自己已经进入了职场的倦怠期，再加上工作和生活负担的不断增加，她的心理和健康也亮起了红灯。

为什么会这样？

从星期一到星期五，人们分秒必争地聚精会神于工作和学习，形成了与学习和工作相适应的"动力定型"，把与工作和学习无关的事置之度外。而一到周末，这些被置之度外的事被提上日程，而且必须处理。于是，有些人忙于家务，劳碌奔波；有些人趁双休日玩个痛快；有些人则走亲访友、参加家庭聚会等。如此就把原来建立起来的"动力定型"破坏了，等到周末过后的星期一，必须全身心投入于工作和学习，就难免出现或多或少的不适应。于是在星期一早上就开始期待星期六晚上的到来，有人把这种现象叫"星期一综合征"。有"星期一综合征"的人恐怕与加菲猫有相似的感觉，加菲猫有句名言："什么是星期一？星期一是用来给你快乐的一周加点失落感的。"对于既不上学也不上班的加菲猫来说，星期一主人要上班，晚上加班也不能给它加猫粮、做热乎乎的猪肉卷，让它感觉很失落。所以它想出了一个逃避星期一的方法：星期天晚上早点上床睡觉，把闹钟定到星期二！

可惜我们不是加菲猫，不能从星期天晚上睡到星期二，所以只能跟"星期一综合征"斗争到底！当然，如果你是一个有着更高追求的人，就不应该局限于这种同"星期一斗争"的工作状态。那些在事业上取得成功的人，无不是在任劳任怨、兢兢业业、恪尽职守的状态中度过的，他们没有所谓的工作时间，因为工作已经融入了他们的生命中。

一个懒惰的少年将来就是一个褴褛的老年

人的一生，从母体中到死亡，好比一列运行的火车，刚刚启动即加快速度，然后渐渐减速，最后停下。一个人在来到世界的最初几个月，他走过了祖先们费时千百万年所跋涉的阶段；接着，他开拓了新的疆域，而这之后的一切努力，决定着他一生中最后的历程和能达到的高度。在停止脚步之前，他能走多远呢？完全取决于自己。

本杰明·卡斯坦特是法国历史上最具天赋的人之一。凡是对他稍有了解的人都知道他天资聪颖、智力非同一般，是一位上天心存眷顾的天才。在很小的时候他就能吟诵诗歌，而且几乎过目不忘，对那些读过的诗歌他总是有一套自己独特的见解。当其他同龄孩子刚刚学会背诵几首儿歌的时候，本杰明·卡斯坦特已经在写作方面崭露头角了。在十几岁的时候，他就以出色的文采而名震人才济济的法国文坛。他才思敏捷，文思犹如泉涌，下笔洋洋洒洒，当时的很多文人墨客都以一读他的作品而感到荣幸。

本杰明·卡斯坦特本人十分喜爱文学，他抱负远大，曾经立志要写出一部万古流芳的巨著。以他的才华和智慧实现这一愿望本来没有太大的悬念，可是在本杰明·卡斯坦特的一生匆匆结束之时，他也没有完成这样一部巨著。究竟是什么使志向远大而又博学多才的本杰明·卡斯坦特没能完成自己的夙愿呢？原因还需从本杰明·卡斯坦特自己身上寻找。虽然少年时代的他受尽了周围人的尊崇，并且被当时的许多文豪所看好，但是到了二十岁以后，本杰明·卡斯坦特开始对任何事情都不感兴趣。尽管他只要一会儿的工夫就可以通读几本书，但是却再也不愿意从任何一本书上汲取知识，因为他觉得书上写的那些东西他早就读懂了。虽然他曾经志向远大，想要写一部万古流芳的巨著，但他却不愿意付出努力，他觉得完成文学巨著需要花费的时间太长，而且他也没有那种耐性和精力。他也曾经写过一些书籍，但那都是为了维持生活所需而写，并且由于他的书一度滞销，所以生活十分清贫。为了摆脱日渐贫困的生活，他又频繁地出入赌场，企图在一夜之间暴富。当有了一点点钱财之后，他又沉溺于女色之中不能自拔，他认为纵情声色要比一个人孤孤单单地趴在桌子上写作舒服得多。

由于本杰明·卡斯坦特成天闲游浪荡，凭借天才般的头脑看不起任何人，而他自己又没有取得任何有实际意义的伟大成就，所以人们不再看重他，而是嘲笑他一事无成。再加上本杰明·卡斯坦特本人每日放纵自己，不顾名声和尊严，一味地出入赌场和色情场所，所以在社会上早已声名狼藉，很多有身份的人都不愿意与他为伍。在本杰明·卡斯坦特意识到自己面临的处境时，他高呼："我就像地上的影子，转瞬即逝，只有痛苦和空虚为伴。"他还说自己是一只脚踩在半空中的人，永远无法脚踏实地。他将自己完不成巨著的原因归结为精力不足。他梦想拥有俄国大文豪托尔斯泰一样过人的精力，并且表示愿意以自己的才智交换。可是无论他对自己面临的处境认识得多么深刻，还是没能控制自己的行为，最后只能在穷困潦倒之中一事无成地死去。

生命是短暂的，时间是有限的。这个世上有千种拥有，但有一种拥有最珍贵。你也许丝毫觉察不到这种拥有，感觉不到它的价值，随着悠悠岁月的流逝，无数个春夏秋冬的更替，在你生命的某一天，当蓦然回首，才发现自己不再拥有。它不是地位，也不是金钱，而是失不再来的青春。

面对易逝的青春你是紧紧地抓住它的尾巴，还是觉得有大把的时间而选择等待呢？在等什么？等了多久了？等待某一天、某个人、某件事，等待某种幸福的到来，等待某个痛苦的结束，等待某种决断，等待某场胜利，等待收获惊喜，等待情感能够宣泄，等待未知结果，等待失眠夜能够快点睡去，等待长大，等待老去……

2016 年网上各大媒体转载报道了纽约富家女败光家财成中央公园流浪汉的故事，读后让人唏嘘不已。故事的女主人公玛丽安以前家境优渥，祖父曾经营着一家规模庞大的纺织厂，是当地有名的富翁，而她也是个不折不扣的千金小姐。玛丽安年轻时不仅继承了 500 平方米的豪宅，更得到了超过 7000 万美元的遗产。几十年前的 7000 万美元遗产可比现在值钱多了，在当时她可以算是名副其实有房、有车、有钱的富豪了。但她年轻的时候出入各种高档场所，享受各种优越的条件，还染上了毒瘾。她从来没有为未来考虑过，从来没考虑如何让继承的财富保值或增值。无度挥霍的结果就是，挥霍完亿万资产后，连 500 平方米豪宅都变卖挥霍，最后只能够在纽约中央公园附近流浪。她除了老公陪伴一起流浪外，就只剩下笑容和一床被子、几件保暖衣服了。从一个社会富豪名流出入各种高档场所，甚至能够弹奏出一支支美妙钢琴曲的她，如今一无所有，居无定所，吃了上顿没有下顿。尽管夫妇两人依然相爱，有时候却掩饰不了肚子饿得咕咕响。他们每天起床之后，都要把东西收拾好带走，不然环卫工人会把它们当成垃圾清理掉，那可是他们剩下的最后的财产……

我们年少时的一举一动就像是一名雕刻家在雕刻这块玉，我们的行为影响着这件艺术品的价值。努力认真地雕刻，上面就会印满你的辛勤、努力与认真，迟早有一天人们会发现它的价值。你不努力，不认真，上面就会印满懒惰、粗心与随意，即使玉的品种再高贵，也不会有太大的价值，甚至一文不值。

每一个你讨厌的现在，都有一个不够努力的曾经

生活是一杯水，它的味道取决于你的选择。入世之初，每个人的生活都是一杯白开水。后来，有人在其中放入了蜂蜜，有人放入茶叶、果汁、盐……甚至是毒药。在杯中放入什么是你的权利，尝到了什么滋味是你选择的结果。

兰塞姆是美国纽约州最著名的牧师，无论是在富人区还是贫民窟都享有极高的威望，他一生一万多次亲临临终者的床前，聆听临终者的忏悔，他的献身精神不知感化过多少人。

1967 年，84 岁的兰塞姆由于年龄的关系，已无法走近需要他的人。他躺在教堂的一间阁楼里，打算用生命的最后几年写一本书，把自己对生命、生活、死亡的认识告诉世人。他多次动笔，几易其稿，都感觉没有写出他想表达的东西。

　　一天，一位老妇人来敲他的门，说自己的丈夫快不行了，临终前很想见见他。兰塞姆不愿让这位远道而来的妇人失望，更不愿让她的丈夫失望，在别人的搀扶下，他去了。临终者是一位布店老板，已72岁，年轻时曾跟著名音乐指挥家卡拉杨一起学吹小号。他说他非常喜欢音乐，当时他的成绩远在卡拉杨之上，老师也非常看好他的前程，可惜20岁时，他迷上了赛马，结果把音乐荒废了，要不他可能是一个相当不错的音乐家。现在生命快要结束了，一生庸碌，他感到非常遗憾。他告诉兰塞姆，到另一个世界里，他绝不会做这样的傻事，他请求上帝原谅他，再给他一次学习音乐的机会。兰塞姆很体谅他的心情，尽力安抚他，答应回去后为他祈祷，并告诉他，这次忏悔使自己也很受启发。

　　兰塞姆回到教堂，拿出他的60多本日记，决定把一些人的临终忏悔编成一本书。很多人在忏悔中都不无遗憾，说他们本来完全可以成为一个成功人士，但由于年轻时不懂事，或做出了错误的选择，或荒废了大好的时光，以致一生碌碌无为。他们十分痛惜地表示，如果有来生的话，如果可以让他们再选择一次的话，绝不会再干这样的傻事。兰塞姆认为他无论如何论述生死，都不如这些话更能给人们以启迪。

　　他给书起了名字《最后的话》，书的内容也从日记中圈出。可是在芝加哥麦金利影印公司承印该书时，芝加哥大地震发生了，兰塞姆的63本日记毁于火灾。

　　1972年《基督教真理箴言报》非常痛惜地报道了这件事，把它称为基督教世界的"芝加哥大地震"。兰塞姆也深感痛心，他知道凭自己的余年是不可能再回忆出这些东西的，因为那一年他已经是90岁高龄的老人。兰塞姆于1975年去世。临终前，他对身边的人说，圣基督画像的后面有一只牛皮信封，那里面有他留给世人"最后的话"。身边的人赶紧取出信封，看到了那句至理名言，并将那句话刻在了他的墓碑上。兰塞姆葬在新圣保罗大教堂，他的墓碑上工工整整地刻着他留给世人"最后的话"：假如时光可以倒流，世上将有一半的人成为伟人……

　　不错，大多数人之所以不能成为伟人，都是他们不够努力的曾经导致的结果。有一家杂志曾对全国60岁以上的老人进行了这样一次问卷调查：你最后悔什么？列出了多项人们生活中容易后悔的事情，供被调查者进行选择。在相关人员对收回的有效问卷进行统计之后，得出了这样的统计结果：75%的人后悔年轻时努力不够，导致一事无成。

一个40岁的人被医师告知患了绝症，最多再活三年时间。因此他为了使自己最后的生命更有意义，拟出一个三年要做十件事的计划。其中包括写一本书、学一门外语、搞一项发明、办一个工厂、游30座名山、看50个城市等，而且计划做出后便立即付诸行动。在过了两年零八个月的时候，他的计划全都被完成。可当他再到医院复诊时，却发现是医师当时拿错了病历，自己根本没有患病。

所谓"少壮不努力，老大徒伤悲"，青春的大好时光总是流逝得那么快。而在青春岁月里，又常常碰到那么多的诱惑甚至陷阱，当你猛然醒悟时，也许华发早生，才发现自己竟然一事无成。多数人都遵循着一种从众的生活态度，别人学习他也学习，别人工作他也工作，别人娱乐他也娱乐。自然地，别人得到什么，他也不可能得到更多。要想得到别人得不到的东西，就需要付出别人不愿意付出的代价，尤其是在你年轻的时候。所以，为了减少生命中的遗憾，趁着还有时间、精力、体力去努力的时候，赶快制订一个切实可行的计划吧，然后开始百折不挠地按照这个计划去一步步推进，终究会获得成功。

第二章　有成为富人的野心——
在内心种下一颗金钱种子

野心是最有效的治穷特效药，是创造财富奇迹的萌发点，穷人之所以穷，很大一部分原因是他们的思想安于现状，不看将来，更没有成为富人的野心。俗话说：有大目标的人赚大钱，有小目标的人赚小钱，没有目标的人永远为衣食发愁！你是哪类人？要赚钱，你必须有赚钱的野心！野心是什么？野心就是目标，就是理想，就是企图，就是赚钱的源动力！

贫穷并不可怕

"贫穷可怕吗？"很多人这样问。有的人说贫穷很可怕；有的人说贫穷并不可怕。之所以得出两种不同的答案，关键在于人们的态度。

如果说，人生是一盘大餐，那么餐桌上必然有酸、甜、苦、辣。如果说，没有苦难的人生不是真正的人生，那么苦难的经历则是人生中一笔弥足珍贵的财富。常言道："苦难是弱者的坟墓，但它却是强者的砺金石。"其实，贫穷并不可怕，重要的是你对待贫穷的态度。贫穷不是任何人的错。无论生存的环境多么困难，坚持始终是最重要的。

有这样一个女生，她是所在专业的第一名。她来自农村，是贫困生，母亲重病，而她每年所需的教育费用是两万元，谁也不知道贫困对于她来说到底是多深的一道坎，但她却是专业中唯一一个养活自己并寄钱回家让母亲看病的人。她告诉她的同学，她最大的愿望是出国留学。别人遇到她时，她总是在工作：为院里整理资料，在餐厅回收餐具……

国庆节期间，母亲病情加重，她说她想回家看看大半年没见面的母亲，然而最终她还是没有回去。她告诉朋友，不回去可以把车费省下来往家中多寄一些。有如此好的女儿，母亲何其欣幸！

苦难是人生的一剂良药，贫穷并不可怕，可怕的是贫穷而没有志气，可怕的是遇难而退或甘愿平庸和贫穷而导致持久贫穷，可怕的是人的目标和意志力不坚定不顽强。贫穷会麻痹人的意志，封闭人的远见，使人变得迟钝。意志上对贫穷的妥协，会导致行为上对改变贫穷状况的放弃，最终会让贫穷伴随一生。

你是否很贫穷，无论过去还是现在，而且仿佛永远走不出这个圈子。其实这是因为你掉进了"贫穷陷阱"。虽说，贫穷就像魔鬼那样可怕，它日复一日地吞噬着你的信念和勇气；但贫穷在本质上却是一只纸老虎，只要你顽强地抗拒着，持之以恒地寻找着，贫穷就会悄无声息地离你而去，跌倒了再爬起来，总能找到属于我们的自由的生命舞台。

"贫穷陷阱"为什么能够相对地把人锁定在贫穷状态中，就是因为你穷，你享受不到良好的教育，因而会使生命智慧退化；因为你穷，就限制了你的活动范围和自由，因而使你处于主流社会之外而日益趋于边缘；因为你穷，你就缺少物质上的投入，面对很多赚钱的机会你只能望洋兴叹；因为你穷，还会影响你的情绪和精神状态，让你一蹶不振从而荒度人生。穷这个东西的确很可怕，只要和它沾上了边，你想抖掉它绝对需要一定的毅力、智慧和勇气。但是，贫穷不是绝对的，并不是所有都掉进去的人，就再也见不到天日。

有道是：天有三宝日月星，地有三宝水火风，人有三宝精气神。人暂时穷点并不可怕，怕就怕你甘于贫穷。

贫穷并不可怕，只要我们有战胜困难的勇气，学会改变逆境。不经历风雨怎能见彩虹，没有谁能随随便便成功。贫穷者与富人的区别还在于，贫穷者赚钱，富人投资；贫穷者在家看电视，富人在外跑市场；贫穷者走亲戚，富人交朋友；贫穷者学手艺，富人学管理；贫穷者专注领薪水，富人考虑发工资；贫穷者指望被人挑选，富人想到选择别人；贫穷者听消息，富人听演讲。贫穷者不学习，既是穷的结果，又是更穷的原因。思维观念的不同，带来的一切都不同！

贫穷，是上帝赐予我们的礼物，是上帝用来磨炼我们的工具。有的人可以踏着贫穷的阶梯，登上辉煌的巅峰；而有的人却因为贫穷而更加贫穷，甚至沦落到死亡的边缘。其实，贫穷和富裕是没有严格界限的，关键在于个人的主观能动性。只要能够充分地把握好自己，万事皆有可能，更何况个人成功呢？

香港富豪，著名品牌金利来的创始人曾宪梓先生曾经说："我也是穷苦孩子出身，穷困并不可怕，只要人有志气，贫困中所做出的努力和所克服的困难将是一笔巨大的财富。只有我们穷苦的孩子才能拥有这笔财富，因为我们穷，所以必须劳作，去克服许多困难，在这个过程中我们学到比别人更多的东西。"

他反复强调："贫穷并不可怕，可怕的是贫穷而没有志气。如果贫穷而没有志气，那是真的什么都没有了。我生于贫穷的旧社会，经常受人欺负，但我并不气馁，我把压力转化为动力，从小就立志要做出一个人样给人家看看。我不怕吃苦，我很早就学会了劳动，家里的活样样我都会干，这对我以后的人生历程是有很大影响的。我刚到香港时因为贫穷被人看不起，有人说我不会赚钱，是'大番薯'。大番薯就大番薯吧，我自己没有看不起自己，我不自卑，我拼命努力，我改变了自己，从小老板变成了大老板。"

富无恒富，穷无恒穷，在这样一个以竞争为主调的社会里，穷和富之间的转化节奏也在加快。只要你找对了发展路径，持之以恒，终有一天会成为一个殷实富裕或事业有成的人。世上无难事，只怕有心人。

可以哭，但不能怂

这个世界上没有随随便便的成功，也没有无缘无故的失败。你不成功，是因为你还不曾努力。不管什么人，都会遇到人生中的几个大的难关，熬得过去，就是幸福；熬不过，就是痛苦。所以，在遇到人生困境的时候，不要想着放弃，多给自己一些鼓励，可以哭，但不能怂，每个强者都是含泪奔跑的人！

1883 年，法国西南部的索米埃小镇，一个女婴呱呱坠地了。母亲从帮忙的女邻居手里接过粉团儿似的女婴，伤心地哭了。女婴的父亲在她还没出生时就远走高飞，没有音讯。

母亲给自己的女儿取名叫可可，希望女儿能健康地成长，具有活泼机灵的性格。母亲含辛茹苦，好不容易把可可抚养到六岁，她瘦弱的身体再也支撑不下去，便在贫病交加中含恨而死，永远地离开了自己心爱的女儿。可可成了孤儿，她像个乞丐一样向人乞讨，每到夜晚，她便眼泪汪汪地站在大路边，看着过往的行人，希望升到天堂的母亲在行人中出现……

在沉闷枯燥的孤儿院里，可可要像其他的孤儿一样学会看嬷嬷的脸色行事。孩子们活泼好动的天性在这里被彻头彻尾地压抑了，对母亲或父亲的思念只能深深地埋进心底，变作一种向往，或者化作一个美丽的梦。

一个大孩子突然揪住可可问："你说，你的爸爸妈妈哪儿去了？"

"妈妈死了，爸爸去美国干事业，成功了就来接我……"

没等可可说完，大孩子就打断道："胡扯，你没有爸爸，你是私生女！"

大孩子的话引来一阵讥笑，可可幼小的心灵受到了极大的伤害。

嬷嬷们分给孩子们的活都很重，主要是打扫卫生和缝纫。可可的缝纫活做得最好，这为她以后成为杰出的服装师打下了扎实的基础，但是在当时干着这单调繁重的缝纫活，差不多像是个囚犯。

她生性孤傲倔强，不大服从嬷嬷们的管教，因此便经常遭到比别的孩子更多的惩罚：挨打、挨饿、不准休息……

"瞧那眼神，"嬷嬷们说，"像是出身高贵似的！"

出身卑贱的可可把屈辱埋进心底。每当夜深人静时，她便偷偷地从床上爬起来，光着脚悄悄地爬到楼顶，对着星空无声地哭喊："妈妈，你在天上能听见可可的心里话吗？我要出去，我明晚要摘下蓝天上的月亮……"

喊着、哭着，累了，就在楼顶上睡着了。她梦见自己成为一个白雪公主，穿着白色的衣裙，睡在挂着白色窗帘的房间里，七个矮人变成七个年轻貌美的王子，带着父亲般的微笑，亲切地向她走来……

她把这个美丽的梦做到了 16 岁。

16 岁那年的春天，风很温柔，太阳也很温柔。院墙外玫瑰花的清香一阵阵飘进来，朝她传递着春天的信息。婉转啁啾的小鸟和嗡嗡叫着的蜜蜂不时从头顶上方掠过，撩拨着16岁少女的心。她再也按捺不住内心对自由的渴望，趁着雨夜翻过高高的院墙，逃离了孤儿院，跑到离家乡较远的穆兰小镇上，开始了她独立不平凡的生活。

几经周折，她终于在一家服装用品商店里当了雇员。有了一份固定的收入，温饱问题总算解决了。自小就能剪会裁的可可，在服装用品里有了用武之地。她有了自己正式的名字卡布里尔·夏内尔。如鱼得水的她经常别出心裁地在自己的服装上搞出一些小革新，翻出许多新花样：

把袖口镶上一道花边；

将领子缀上一朵蝴蝶结；

裙子上的褶皱多了，拆开减去几道；

买一件男孩子的短上衣，在袖子上做点文章，成为一件新颖别致的女上衣；

制作一顶扁平的小帽，省掉所有的传统饰物；

……

在一直冷清闭塞的穆兰小镇上，竟绽开了一朵时髦的小花儿，惹得镇上的姑娘们眼红，逗得镇上小伙子们心热。

"教教我吧！"有人去求教夏内尔，"你真手巧！"

"这有什么！这是小意思，"她挺得意地说，"我只动了一点点儿脑筋。"

只动了一点点儿脑筋，就使自己不同寻常了。尽管夏内尔的话有点自吹自擂的味道，但从她以后对服装设计的执着追求和大胆创新并获得巨大成就的结果来看，她的那些小花样儿的确算不了什么。

后来卡布里尔·夏内尔去了巴黎，她开了一家"夏内尔帽子店"。生意不错，尽管规模很小，但夏内尔善于经营，她从大商店里购买一批滞销女帽，这种帽子的样式不好看，但可以改制。先去掉帽子上俗气的饰物，然后适当加以点缀，改装后的帽子线条简洁明快，透着新时代的气息，非常适应大众化趋势。

夏内尔把这种帽子落落大方地戴到街上去，帽子的前沿低低地压到眼角上，样子很神气，给人以耳目一新的感觉。

巴黎妇女很快就喜欢上了"夏内尔帽"，纷纷跑来购买，照着夏内尔的样子戴出去。这种戴法竟在巴黎的大街小巷流行开来，成为时尚。

此后夏内尔把帽子店改成了时装店，尽管信心十足，但她也考虑到了风险。帽子店规模很小，万一失败了不会赔进成本。时装店就不同了，如果所进的货不能很快卖出去，或者自己设计制作的衣服不受欢迎，势必造成货物积压、滞销，资金流转不开。这种情况一出现，时装店的牌子砸了，甚至连再回头经营帽子的退路也断了。

对此，夏内尔通盘考虑过了，她说："我不是头脑一时发热瞎折腾，我相信自己的能力。人活着就该活出点人的价值来，畏首畏尾，安于现状，还不如死去！"

心灵手巧的夏内尔自行设计，自行裁缝，一头扎进了时装设计中。经过一段时间潜心的观察和研究，她发现：巴黎妇女的服装不仅在式样上陈旧烦琐，在布料上也极其落后保守，高级华丽的料子局限性很大，无法做出舒适合体的衣服。

于是，她从生产厂家直接购来一大批纯白色的针织布料，用这种价格低廉的布料做成最新样式的女士衬衫。这种衬衫的最大特点是：宽松、舒适，线条简洁，没有翻上覆下的领饰，没有层层叠叠的袖口花边，也没有弯过来扭过去的缀物，领口开得较低，袖口只齐肘下……

夏内尔给这种服装起了个挺别致的名字——"穷女郎"。

"穷女郎"往身上一套，绝了，一个轻松、愉快、活泼、大方、极富有朝气的时髦女子便出现在人们面前。

这种简洁、宽松的上衣在如今看起来，平常得根本不算一回事，可那时候的巴黎，妇女们受尽了缠裹之苦，一见到夏内尔的"穷女郎"就立即涌到夏内尔服装店，争相购买。

"穷女郎"得到了巴黎人的认可。夏内尔服装店开了个好头，因此，她的信心更足了，胆子更大了。她把女裙的尺寸尽量缩短，从原来的着地到后来的齐膝，解放了女性的下肢，从而诞生了有名的"夏内尔露膝裙"。

"下肢需要活动，女性的下肢又是那么美，为什么要死死地包藏着呢？"她说。与此同时，她还设计出脚摆较大的长裤（就是现在的喇叭裤）。卡布里尔·夏内尔是喇叭裤的设计发明者。另外她还推出合体的女套裙、女套装、线条简畅的连衣裙、像短披一样的风雨衣、法兰绒运动服和简筒式礼服……

在颜色的选用上，她选用黑色和米色，与当时各种颜色充斥女服的习俗挑战。她说："黑色玄妙，米色素雅，用这两种颜色面料加工成'夏内尔服装'，最能体现女性美。"

夏内尔就是用自己这种脱俗的风格，为巴黎时装界拓出一片明朗的新天地。夏内尔从只有 6 名店员的小老板，变为拥有 3500 名职工的当家人，但是直到 1953 年，直到她已是 70 多岁的老人时，仍在孜孜不倦地工作。在此期间，世界服装业得到很大发展，时装设计新秀如雨后春笋般层出不穷。但是，"夏内尔服装"一直遥遥领先，走在时装行业的最前面，领导时装新潮流。

有趣的是，当法国人对"夏内尔服装"的兴趣稍有改变时，大西洋彼岸的美国，甚至整个美洲的妇女们却疯狂地迷上了"夏内尔服装"。简直是哥伦布发现了新大陆，许许多多的购买者漂洋过海成群结队地涌到法国巴黎，为的是能买到一件"夏内尔服装"。

好莱坞的明星们都为穿上"夏内尔服装"为荣，如果得不到一件"夏内尔服装"，就等于是最大的耻辱。

《外国女名人辞典》对夏内尔评价道："她的非正统的设计，使服装业发生了一场深刻的革命。"许多服装评论家也指出：夏内尔使妇女获得解放和自由，其程度比那些空头社会学家、哲学家要深广得多。是夏内尔改变了法国、欧洲乃至美洲妇女的穿着习惯，开创了现代服装的新潮流，塑造了 20 世纪妇女们的新形象……

卡布里尔·夏内尔成功了，是她让时装之都巴黎更加著称于世。无疑，她摘下了蓝天上的皓月，实现了儿时的梦。才华横溢、雄心勃勃的夏内尔，不仅替世界妇女采下了皓月的光华，也把星星的美丽献给了众人。

不经历磨难，怎能见彩虹？遇到困难不能够退缩，否则你还没上战场就输给了自己。要具备不屈服的精神，在困难面前永不低头！纵使生活中存在着千千万万个困难，但也共存着许许多多的精彩与幸福，我们只有多去挖掘、体会那些精彩与幸福，才会得到更多的快乐。

自己动手，获取所需

很多人往往习惯于等待别人告诉他该怎么做，等待着接受别人给予的东西。事实上，每个人都可以获得成功，但是你得学会自己去拿你想得到的东西。

在一个促销会上，美国某公司的经理请参加此会的人都站起来，让每个人都看看自己的座椅下有什么东西。一翻，所有人都在自己的座椅下发现了钱，少则一枚硬币，多则上百美元。那位经理说："这些钱都归你们了，但你们知道这是为什么吗？"在座的没有一个人能猜出这其中的原因。最后经理语重心长地说："我只不过想告诉你们一个最浅显最简单的道理：坐着不动是永远也赚不到钱的！"那位经理通过这种方式让所有人都领悟到了一个深刻的道理，那就是成功的机会就在你面前，如果你想有所建树，就一定不能坐着不动，因为成功是不会自动飞到你面前的，要站起来去主动争取。

有一个人总是出差，但经常买不到有座位的车票。然而奇怪的是，不管是长途还是短途，也不管车上多挤，他总能找到座位。其实他用的办法很简单，就是一节车厢一节车厢耐心地找。每次，他都做好了从第一节车厢走到最后一节车厢的准备，但每次他都用不着走到最后一节车厢就会发现有空位。毕竟像他这样锲而不舍找座位的乘客实在不多。在他找到座位的车厢里经常仍然还有不少座位，而在其他车厢的过道和车厢接头处却异常拥挤。其实很多乘客都会有这样的心理，与其到别处去找座位，还不如就站在原地，说不定中途会有人下车，自己也好去接他的位子。所以有很多人常常从上车开始一直站到下车，但仍没人能给他们腾出座位。

人生就如同一顿自助餐，只要你愿意付费，什么都可以得到。关键是，你一定要自己站起来去拿你想得到的东西，不要一味等待别人把它拿给你，否则你将永远无法成功。

天生傲骨，怎能轻易服输

有些人对待问题脱离实际，就认准了"一条道儿走到底，不撞南墙心不死"，从不考虑客观情况，只是单纯地以不变应万变，那也只能是自食其果、作茧自缚。而有些人在意外的重大挫折面前，由于原定的追求目标已不可能实现，或是为了用其他行动来转移心理上的疼痛，就会转而追求别的目标或是进行其他活动。这也可以获得新的成功，从而使心理得到补偿。

身残志坚、拼搏进取的女青年张海迪，她以残疾之躯，做到了许多健全人都无法做到的事情，她成为一代中国青年的榜样，被誉为"中国的保尔"。

5 岁时因患脊髓病，胸部以下全部瘫痪。由此，张海迪开始了她独特的人生历程。她无法上学，便在家自学完中学课程，又自学了大学英语，还学习了日语和德语，翻译了 16 万字的外文著作和资料。另外还自学了十几种医学书籍和医科院校的部分教材，同时向有资格的医生请教，学会了针灸等医术。为了贡献社会，她曾给农村的孩子当过老师，还曾用所学的医学知识和针灸技术为群众无偿治疗达 1 万多人次。她还用学过的无线电技术，在山东省莘县广播局做无线电修理工。

1973 年春天，张海迪跟着爸爸妈妈来到城里，从此，一切有了新的开始。她成了待业青年，一个人待在家里。这时候她想："我现在是待业了，难道待业就真的只能这样消极等待吗？不，我是一个残疾青年，应该用自己的双手重新开拓一条为人民服务的路。"于是，她又和过去一样生活，在艰难困苦中，开始学画画、音乐和外语，她继续为人治病，她在县广播站当一名修理工……忍着病痛，刻苦钻研的张海迪终于拥有了自己的财富。凭借这笔财富，她终于自学成才，获得了成功。

1983 年，张海迪开始走上文学创作的道路，她以坚强毅力克服病痛和艰难，精益求精地进行创作，执着地为文学而战，先后翻译了《海边诊所》《小米勒旅行记》和《丽贝卡在新学校》，还创作了《鸿雁快快飞》《向天空敞开的窗口》《生命的追问》《轮椅上的梦》《绝顶》等作品，她的这些作品在青少年中引起很大的反响。

1991年，做过癌症手术之后的张海迪，继续以不屈的精神与命运抗争，她开始刻苦学习哲学专业研究生课程。经过坚持不懈的努力，她写出了论文《文化哲学视野里的残疾人问题》。1993年，她在吉林大学哲学系通过了研究生课程考试，并通过了论文答辩，荣获了哲学硕士学位。

张海迪还做了许多社会工作，她用自己的演讲和歌声激励着无数青少年积极进取。她也经常去福利院、特教学校、残疾人家庭，看望孤寡老人和残疾儿童，给他们送去礼物和温暖。近年来，她在乡下的村里建了一所小学，帮助贫困以及残疾儿童读书，还捐款给灾区的孩子，捐献自己的稿酬六万多元，为残疾人事业的发展做出很大贡献。

一个人是否能成功，不在于条件的好坏，而是有没有奋斗的精神。平时，有些人总以条件差、困难多作为没有取得成就的借口。但是，和张海迪相比，这些困难能算什么呢？

只要一个人胸怀远大的理想和奋斗目标，就会有用不完的力量，就不会被客观条件所束缚，从而创造条件把握自己的命运。

不怕学问浅，就怕志气短

古语讲得好："志当存高远"，古人特别重视人生志向的确立，志存高远，就会自我激励，奋发向上，从而有所成就；志向远大，才能克服眼前的困难和自身的弱点，才能实现远大的理想！人人都要认真地审视自我，认识到实现理想需要付出艰辛，要有远大的抱负，但不能偏执自负；要志存高远，但不能好高骛远。

成功人士的成功大多在于他们比常人超前一步行动。奥运会金牌得主不只靠技术，而且还靠远见的巨大推动力。任何方面的成功都是一样的道理。远见就是推动前进的梦想。正如道格拉斯·勒顿所说："你决定人生追求什么之后，就做出了人生最重大的选择。要想达成愿望，首先要弄清你的愿望是什么。"有了志向，你就明确了前进的目标方向。

有了志向，你就有一股无论顺境逆境都勇往直前的巨大推动力。

维斯卡亚公司是 20 世纪 80 年代美国最为著名的机械制造公司，其产品代表着当今重型机械制造业的最高水平，并且该公司明确了前进的目标与方向。许多人毕业后到该公司求职均遭到拒绝，原因十分简单：该公司的高技术人员已经爆满，不再需要各种高技术人才。但它值得炫耀的高待遇与高地位仍然向那些有志的求职者闪烁着诱人的光芒。

哈佛大学机械制造业的高才生史蒂芬，和许多人的命运一样，在该公司每年一次的招聘会上被拒绝。但他并不死心，他发誓一定要进入维斯卡亚重型机械制造公司。他想到一个很特殊的策略——假装自己一无所长。

他先找到公司人事部，提出愿无偿为该公司提供劳动力，请求公司无论分派给他任何工作，他都不计任何报酬来完成。公司最初觉得不可相信，但考虑到不用任何花费，也用不着操心，于是便给了他一个去打扫车间里废铁屑的工作。

一年当中，史蒂芬勤勤恳恳地重复着这种简单却劳累的工作。为了保证基本的生活费用，下班后他还要去酒吧打工。这样，老板与工人们虽对他都颇有好感，但是仍然没有一个人提到录用他的问题。

20 世纪 90 年代初，公司的许多订单纷纷被退回，并且都是因为产品质量问题，为此公司蒙受了巨大的损失。公司董事会为了解决这个重要问题，紧急召开会议商议对策。当会议进行很长时间却仍然未见眉目时，史蒂芬闯入会议室，提出要见总经理。

在会上，史蒂芬对产品质量出现问题的原因作了令人信服的解释，并且就工程技术上的问题提出了自己的看法，还拿出了自己对产品的改造设计图。这个设计非常先进，不仅恰到好处地保留了原来机械的优点，同时克服了产品出现的弊病。

总经理及董事们见到这个编外清洁工如此精明在行，便询问了他的背景以及现状，尔后，史蒂芬被聘为公司负责生产技术问题的副总经理。

原来，史蒂芬在做清扫工时，利用清扫工到处走动的机会，用心观察了整个公司各部门的生产情况，并作了详细记录，发现了产品所存在的技术性问题，并想出了解决的办法。为此，他花了近一年的时间搞设计，获得了大量的统计数据，为他成功进入维斯卡亚公司奠定了基础。

自古以来，凡成大事者，无不是立高远之志，以勤为径、以苦作舟才可成大业。少年时的项羽是因看到秦始皇出游的赫赫声势才有了取而代之的念头，才有了历史上的楚汉相争；诸葛亮躬耕南阳，因为常"好为梁父吟，自比管仲乐毅"，才有魏晋时期的三国鼎立；霍去病因为有"匈奴未死，何以家为"的壮志，才演绎出一代英雄赞歌；周恩来因自小就有"为中华之崛起而读书"的豪气而成为开国总理；巴尔扎克因为年轻时的挥笔豪言"拿破仑用剑无法实现的，我可以用笔完成"，才有 350 部鸿篇巨作广为流传；苏步青教授因为少年时有"读书不忘救国，救国不忘读书"的志向而成为国际公认的几何学权威。

年轻人要想摆脱困境，走向财富自由，成为杰出人物，就要有远大的志向。需要指出的是，只靠心高气盛是远远不够的，必须凡事从最低处学习做起。

与其苟延残喘，不如纵情燃烧

因为生活中的种种不愉快，或许你的生命曾经一度黯然无色，三番五次受挫。与其让生命之火如此耗尽，不如重新为自己燃起一束生命的火焰。

罗杰·罗尔斯出生在纽约臭名远扬的大沙头贫民窟。那里环境肮脏，暴力时有发生，是偷渡者和流浪汉的聚集地。出生在那里的孩子，从小逃学、打架、偷窃甚至吸毒，长大后很少有人从事体面的职业。然而，罗杰·罗尔斯是个例外，他不仅考入了大学，而且还成了州长。

在就职的记者招待会上，一位记者这样问：是什么把你推上州长宝座的？罗尔斯只谈到了他上小学时的校长——皮尔·保罗。

1961 年，皮尔·保罗被聘为诺必塔小学的董事兼校长，适逢美国嬉皮士时代，他走进这所小学的时候，发现那里的穷孩子一无所长，他们不与老师合作，旷课、斗殴甚至砸烂教室的黑板。皮尔·保罗想尽办法来引导他们，可是没有一个是奏效的。后来，他发现这些孩子很迷信，于是在他上课的时候就增加了一项给孩子看手相的内容。他用这个办法来吸引鼓励学生。当罗尔斯从高台跳下，伸着小手靠近讲台时，皮尔·保罗说："我一看你修长的小拇指就看出来，将来你是纽约州的州长。"这使罗尔斯大吃一惊，并且信以为真。

从那天起，"纽约州州长"就像生命中的熊熊火焰，指引着他整个人生。在以后的 40 多年间，他没有一天不以州长的身份要求自己。51 岁那年，他终于当上了纽约州的州长，而且是美国纽约州历史上第一位黑人州长。

一百多年前，一位穷困潦倒的牧羊人带着两个幼小的儿子以放羊为生。有一天，他们赶着羊来到一个山坡上。一群大雁鸣叫着从他们头顶飞过，并很快在他们视线中消失。牧羊人的小儿子问父亲："大雁要飞向哪里？"牧羊人说："它们要去一个温暖的地方，在那里安家，度过寒冷的冬天。"大儿子眨着眼睛无意地说："要是我们也能像大雁那样飞起来就好了。"小儿子也接着说："要是能做一只会飞的大雁该多好啊！"

牧羊人稍作沉默后对两个儿子说："只要你们想，你们也能飞起来。"两个儿子跃跃欲试，都没能飞起来，他们用怀疑的眼神看着父亲。牧羊人说："让我飞给你们看。"于是他张开双臂，但也没能飞起来。然而，牧羊人斩钉截铁地说："我因为年纪大了才飞不起来，你们还小。只要不断努力，将来就一定能飞起来，去想去的地方。"两个儿子牢牢地记住了父亲的话，并默默努力着。等到他们长大——哥哥 36 岁，弟弟 32 岁时——他们两兄弟果然飞起来了，因为他们发明了飞机。他们就是美国的莱特兄弟。燃起心中的那束火焰，它能把你引向梦想的天空。

有时候，看起来微不足道的火焰，却可以照亮你的人生，让你释放出生命的无限活力。

用所有的勇气，去撑起最灿烂的笑容

英国思想家培根曾这样说过："如果问人生最重要的才能是什么，回答应该是：第一，无所畏惧；第二，无所畏惧；第三，还是无所畏惧。"

"无所畏惧"首先是指一种勇气，它使我们勇于拼搏、勇于迈出前进的第一步;"无所畏惧"更意味着一种坚强,它使我们在面对压力和困境的时候不退缩、不软弱。从许多伟大人物身上我们不难发现,正是勇气铸就了他们的辉煌人生。

广西上林县有一个小镇,这里有一片郁郁葱葱的美国甜竹林。在这里,常常可以看到一个肩扛锄头、身背勾刀、头戴草帽,跛着腿劳作的中年男子,他就是这片甜竹林的主人莫建大。这名残疾人,用自己的双手开辟了近 60 亩的甜竹林,每年创造 4 万余元的可观收入。他之所以能取得这样的成绩,正是因为他具有超人的勇气和毅力。

10 多年前,40 来岁的莫建大在从事建筑时,不慎从楼上摔下,造成残废。但他并不悲观,他知道世上没有救世主,自己的命运只能靠自己改变。他鼓足勇气,承包了义资岭上近 60 亩土质肥沃、适宜种植甜竹的荒坡。

一无基础、二无资金、三无技能的他,就凭着一股勇气,开始了他艰难的创业历程。

莫建大尝试的甜竹种植成为该县开展生态扶贫的一个重要项目和支柱产业,引起了有关部门的重视,县林业部门为莫建大无偿提供了所有的竹苗,并给予技术上的支持。这给莫建大吃下了定心丸。为了尽快付诸实施,莫建大在筹措了一部分资金后,还得到了银行贷款 2 万元,作为启动资金投入建设,先后种下 2500 株美国甜竹苗。

甜竹种下了,这才是艰辛的开始,困难接踵而至:缺乏技术、没有流动资金、没有销路……莫建大一刻也不敢闲着,他边种边学,常常是忙到晚上 11 点多才拖着疲惫的身子回家;培土施肥时,为了节省开支,他自己跑上跑下买肥料、搬运、施肥等,几个月下来,原本人高马大的莫建大瘦了一圈。但他觉得很欣慰,因为经过将近一年时间的努力,近 60 亩甜竹园已初具规模。

在有关部门的技术指导下,经过艰难的摸索,和超出常人百倍的辛勤付出,终于有了回报。尝到甜头的莫建大,信心满怀,全身投入对竹林的护理。年收入已达 4 万元。

付出就有回报,鲜笋非常畅销,都是客户上门收购,价格好,供不应求。产量多的时候,莫建大就自己加工甜笋,利益成倍增值,有效提高了产品的价值。

正如莫建大所说的，身体残废并不可怕，怕的是不思进取，怨天尤人。莫建大坚持发扬自尊、自信、自立、自强的精神，树立正确的创业观，积极投身于当地的农村经济建设，为群众树立起一批见效快的科技致富典型。他的创业故事在当地流传极广，激励着附近无数个有志青年积极投身创业。

因为莫建大身残志坚，艰苦创业，成绩突出，被推举为上林县的残疾人代表，出席了南宁市残联代表大会，成为了上林的致富榜样。

勇于拼搏总比坐以待毙要高明得多。成功并没有其他的什么秘诀，就是在行动中尝试、改变、再尝试……直到成功。有的人成功了，只因为他比其他人所犯的错误、遭受的失败更多。

不要做被同情的弱者，而要做被赞美的强者

失败是在考验一个的人格，在一个人除了生命之外，一切都已丧失的情况下，内在的力量到底还有多少？有没有勇气继续奋斗？自认失败的人，便会丧失他所有的能力。而只有毫不畏惧、勇往直前、永不言弃的人，才会使自己的生命有伟大的进展。有时候环境是可以改变的，只要你不是自怨自艾或垂头丧气，而是以顽强的信念对待一切，就能为自己创造似锦的前程。

拿破仑幼年的生活十分清苦。他的父亲是出身于科西嘉的贵族，尽管后来因家道中落而一贫如洗，但他的父亲仍孤高自傲，仍多方筹措费用，把拿破仑送到柏林市的一所贵族学校去读书，借以维护家门的尊严。但是那所学校的学生家境大多优裕、丰衣足食，拿破仑自己则破衣敝屦，十分拮据，所以那些贵族子弟常欺负他，嘲笑他。

开始他还勉强忍耐着那些同学的作威作福，但后来实在忍不住了，便给父亲写了一封信，抱怨他的苦处。信上说："因为贫穷，我已经受尽了同学们的嘲弄调侃，我真不知应该如何对付那些妄自尊大的同学。其实他们只是比我多几个臭钱罢了，但在思想品德方面，他们远不及我。难道我一定要在这些奢侈骄纵的纨绔子弟面前，过着忍气吞声的生活吗？"

他父亲的回信只有短短的两句话："我们穷是穷，但是你非在那里继续读下去不可。等你成功了，一切均可改变。"就这样，他在那个学校里继续上了五年学，直到毕业为止。在这五年里，他受尽了同学们的种种欺辱，但每受到一次欺负和凌辱，他就增长一分志气，他决心要把最后的胜利展示给他们看。

当然，要达到这个目标的确不是易事，那么拿破仑是如何做的呢？他只有在心里暗自计划，决定好好痛下苦功、充实自己，使自己将来能够获得远在那些纨绔子弟之上的权势、金钱和荣誉。

可是不久，拿破仑受到了又一个致命的打击：在二十岁时，他那孤高自傲的父亲去世了。家里只剩下他和母亲两人。那时他只是一名少尉，所赚的薪水，仅够他们母子两人勉强维持生活。

在部队，他由于体格衰弱、家境贫困，处处受人轻视，不仅上司不愿提拔他，就是同事也瞧不起他。因此，当同伴们利用闲暇时间娱乐时，他则独自苦干，把所有精力都放在书本上，希望用知识和他们一比高低。好在读书对于他好像呼吸一样顺畅，他可以不费分文地向各图书馆借得他所需要的读物，从书里获得宝贵的学问。拿破仑读书有着明确的目的，他不读那些平凡无用的书来消遣解闷。而是专心寻找那些能使他有所成就的书来读。他的"书房"是一间又闷又小的陋室，但是他终年勤学不倦。

他在孤寂、闷热、严寒中，坚持不懈地苦读了好几年，单单从各种书籍中摘录下来的文摘，就可印成一本四千多页的巨书了。此外他更把自己当成正在前线指挥作战的总司令，把科西嘉当作双方血战的必争之地，画了一张当地最具体的地图，用极精确的数学方法，计算出各地的距离远近，并标注某地应该怎样防守，某地应该怎样进攻。这种练习，大大增长了他的军事知识。就这样，他终于得到上级的赏识，为自己铺就了一条晋升之路。

他的上级了解了他的才学之后，提拔他为军事教官，专教需要精确计算的各种课程，结果他的表现十分优秀。从此，他便逐渐被人们所认识，直至获得全国最高的权力。

真正伟大的人，并不介意世间所谓的种种成败，他们不以物喜，不以己悲。这种人无论面对多么大的失望，都不会气馁，直至最终能获得最后的胜利。

一件事情一旦开始，是否能取得成功取决于坚韧。仅凭刚开始的一股子热情和一时的冲动，一旦遇到艰难和干扰就改变了航向，结果只能迷失自我。因此，要想成功，就需要夸父逐日的精神，需要精卫填海的气概，需要大禹治水的执着。

苟且和拼搏吃同样的苦，但得到两种不同的结果

人生就像一条河，时而湍急时而平缓。在河流当中，既可以选择相对安全的方式，沿着岸边慢慢移动，也能停止不动，或者在漩涡中不停打转。

失意的时候仿佛陷入了一个漩涡，为了检测你是不是比以前更自信，你可以试一试游向危险的河中央，突破重重艰难险阻，奔向理想的彼岸。

摩洛·路易士的成就来自两次成功的拼搏，一次在 20 岁，一次在 32 岁。

摩洛在 9 岁时随家人一起搬到纽约。之前，他的生活已经是多彩多姿，同一般人比丰富许多。由于家人都爱好喜剧、音乐，因此在这种环境的熏陶之下，摩洛几乎能演奏所有的乐器，他是一般人眼里的天才儿童——不满 10 岁，他已经可以指挥交响乐团；12 岁时，他从事鸡蛋专卖，而且做得有声有色，雇有 16 名少年为他工作；到了 14 岁，他单独组织了一个舞蹈团；高中毕业之后，他又投身新闻界做了一名采访记者，和很多新闻界的老前辈一起工作；19 岁时，他获音乐奖学金，但是由于举家搬至纽约，因此不得不放弃此次进修的机会。

在纽约，他在 Veiw 广告公司找到一周 14 美元的一份差事。摩洛对当时的情景是这样回忆的："那时候我跑外勤，工作非常忙碌，成天像发疯似的，时间也过得'飞'快。下午 6 点下班以后，我还到哥伦比亚大学上夜校部，主修广告。有时候，由于工作没有做完，因此下课后，我还会从学校赶回办公室继续做没有做完的工作，从晚上 11 点工作一直到第二天凌晨两点。"

摩洛十分喜欢需要有创意的设计工作，但是他也的确做得有声有色。

摩洛20岁时，放弃在广告公司内有发展的工作，开始自己创业。这是他人生中的第一次拼搏。他放弃前途似锦、收入稳定的工作，投身于未知的世界，从事创意的开发。

他的创意大多是说服各大百货公司，通过CBS电视公司变成纽约交响乐节目的共同赞助人。摩洛本人认为这种方法十分可行：这是由于，当时的百货公司业绩都不好，都希望能借助广告媒体提高形象与销售成绩；而且，在纽约，交响乐节目的听众有100多万人，值得投资。于是，摩洛便立于其间帮两边牵线。

在当时，这种性质的工作对人们来说非常陌生，因此做起来困难重重。同时说服很多家独立的百货公司，分别采纳各公司的意见然后整合，这种事过去从来没有人完成过，更别说要他们拿出几百万美元的经费来。因此，一般人预测他不会成功。

但是，摩洛仍然卖力地在各地进行说服工作，结果他在说服工作上做得非常优秀。一方面，他的创意很受欢迎，同许多家百货公司签订合约；另一方面，他向CBS电台提出的策划方案也顺利被接受。此后的10个星期，他很有信心地和电视台经理一起展开一连串的广告活动。更值得一提的是，这期间他没有收入。

计划眼看着就要步入最后的成功阶段，但是由于合约内某些细节未能达成一致意见而宣告流产，他的梦想也破灭了。但"塞翁失马，焉知非福"。此事之后，CBS公司马上来找他，聘请他为纽约办事处新设销售业务部门的负责人，并且将支付给他的薪水增加了3倍。于是，摩洛又再度活跃，他的潜力得以继续发挥。

在CBS公司服务几年以后，摩洛又回到广告界工作，但是这次没有从基层做起，而是直跃龙门——他变成了承包华纳影片公司业务的汤普生智囊公司的副总经理。

那个时代，电视还没有普及，和今日相比，还处于摇篮期。但是摩洛看好它的远景，觉得电视必将快速发展，于是专心致力于这种传播媒体的推广。由公司所提供的多样化综艺节目，为CBS公司带来了巨大的成功。

这便是摩洛人生中的第二次拼搏。为此，他又放弃原来可以平步青云的机会，走入另一个未知的世界。但是这种冒险并不是孤注一掷的，是他在看准后押上"赌注"的。最初两年，他只是纯义务性地在"街上干杯"节目中帮忙。不料竟使该节目大受欢迎，从播映以来从未间断过，并成为最受欢迎的综合节目之一。这在竞争激烈的电视界内是不常见的现象。除了节目成功之外，他还被 CBS 公司任命为所有戏剧、喜剧、综艺节目的制作主任。

摩洛的两次挺进行动，两次都游向激流中央，结果都获得了成功，他的下一步又将游向何方，我们不知道。但是我们在祝福他成功的同时，要向他学习，视他为榜样，勇敢地到生活的大海中去拼搏。

人的一生是拼搏的一生，拼搏是现代人的一种生活态度，在这个充满竞争的社会，人们都要通过奋斗才能得到所需要的一切。但是现代社会同时又是一个充满机会的社会，有了机会，你就得去搏一搏、拼一拼，不然将永无出头之日。

不要看到希望才去努力，而是努力了才能看到希望

既要勇于担当责任，又能保持谦逊谨慎的品质，综合两种看似矛盾的品质于一身，才是最理想的状态。在做事时要大刀阔斧，当仁不让，有不惜一切代价也要把事情做好的决心，而且还要尊重、团结同事，事情做好了要和别人共享荣誉，不要只顾自己。

玛丽亚·艾伦娜·伊瓦尼斯是南美洲的一位女销售员，在南美洲，你看到的每 5 台电脑中，就有一台是她销售的；在非洲，你看到的每 12 台电脑中，就有一台电脑是由她销售的。她在 20 世纪 90 年代成为《公司》杂志所评选的"最伟大的推销员"之一。

20 世纪 80 年代，女工程师还很少见的年代，她已经在 3 个星期中，旋风般地穿行于厄瓜多尔、智利、秘鲁和阿根廷。在这些国家，她对各个政府部门、公司推销她的产品。而在 1991 年，她只带了一份产品目录和一张地图，就乘飞机到达非洲肯尼亚首都内罗华，开始她的非洲冒险。在我们这个时代可以说，不容易找到像她那样高标准做事

的人。

她是全美国最有价值的员工之一，她身上洋溢着活力和激情，她不断挑战那些别人不敢接的艰难任务。她总是对别人说："假如别人告诉你，那是不可能做到的，你就要注意，也许这就是你脱颖而出的机会。"正是这种精神，她成为非洲和南美电脑市场上当之无愧的女王。

苏妲·莎是全球著名软件公司 SAP 的最成功的销售员，自 2000 年以来，每年她都为公司带来 4000 万美元以上的收入。不用说这是个令人叹服的数字。

2000 年，苏妲向半导体制造商 AMD 公司推销他们的软件，她和负责技术采购的首席信息官弗雷德·马普联系，但是，在一个多月的时间里，马普一次电话也没有回过。苏妲不停地给他打电话，结果，马普不耐烦了，通过下属明确告诉苏妲："死心吧，不要再打电话过来了。"

苏妲只好另想办法。她调动起自己的关系网和所有资源，看看是否能有突破口。最后，她发现，AMD 的德国部分曾购买过 SAP 的产品。因此。苏妲联系到在德国负责这笔生意的销售代表，请他帮忙。在苏妲的努力下，这位德国同事找到了 AMD 在德国的联系人，请他去美国出差时同苏妲见一面。苏妲在见面时使出了浑身解数，终于促成了她和马普手下一位 IT 经理的面谈，随后这位经理将苏妲介绍给了马普。

成交过程中的艰难的第一步是将客户的门敲开。征服客户，让客户愿意掏钱购买，是更为重要的一步。苏妲在和马普见面后，仔细地聆听了马普对新软件的要求，并且向公司做了详细的汇报，同公司的研发部门进行了充分的沟通。她不仅用电话追踪马普的反应，而且还推动公司产品的改进，最终，她打动了马普。这笔交易，最后的成交额超过2000 万美元。

世上只有做不成事的人，没有做不成的事。一个真正想成就一番事业的人，有远大的志向，不以一时一事的顺利或者阻碍为念，也不会为一时的成败困扰，面对挫折，只是发愤图强，努力实现自己的理想，成就功业，这才是积极的人生态度。

第三章　学习富人的思维方式——
从根源提升你的财富层次

　　穷人和富人最大的差别不是表现在财富的多寡，而是表现在思想和认知。思想的差别，导致了思维方式的差别，最终导致了人与人在创造财富能力上的差别。

　　所以要想成为富人，先要学习富人的思维方式和做事方法，这样才能从根源上提升你的财富层次。

理财的能力——把小钱放在眼前

　　一个名叫丽莎的理财专家在书中写道："很多人都会为自己的低收入而抱怨，断定自己是不能成为富翁的。一旦存在这种想法，即使这个人以后的收入很多，也永远不可能成为富翁。因为他们根本没把小钱放在眼里，也不懂得水滴石穿的道理。"

　　越有钱的人越抠门，而穷人常会穷大方，可是我们应该想到，如果富翁没有"吝啬的精神"，也就不可能成为富翁了。抱有得过且过之心来对待自己的财富，是个人理财过程中最普遍的障碍，也是导致有些人退休时经济仍无法自立的主要原因。许多人对于理财抱着得过且过的态度，总认为随着年纪的增长，财富也会逐渐成长。等到他们意识到理财的重要性并开始想理财时，为时已晚了。

　　很多年轻人总认为理财是中年人的事，或有钱人的事，到了老年再理财还不迟。其实，理财致富，与金钱的多寡关联性很小，而理财与时间长短之关联性却相当大。人到了中年面临退休，手中有点闲钱，才想到要为自己退休后的经济来源作准备，此时却为时已晚。原因是，时间不够长，无法让小钱变大钱，因为那至少需要二三十年以上的时间。10年的时间仍无法使小钱变大钱，可见理财只经过10年的时间是不够的，非得有更长的时间，才有显著的效果。既然知道投资理财致富，需要投资在高报酬率的资产，并经过漫长的时间作用，那么我们应该知道，除了充实投资知识与技能外，更重要的就是即时的理财行动。理财活动应越早开始越好，并培养持之以恒、长期等待的耐心。

不要再以未来价格走势不明确为借口，而延后你的理财计划，又有谁能事前知道房地产与股票何时开始上涨呢？每次价格巨幅上涨，人们事后总是悔不当初。价格开始起涨前，没有任何征兆，也没有人会敲锣打鼓来通知你。对于这种短期无法预测，长期具有高预期报酬率之投资，最安全的投资策略是——先投资，再等待机会，而不是等待机会再投资。

人人都说投资理财不容易，必须懂得掌握时机，还要具备财务知识，总之要万事俱全才能开始投资理财，这样的理财才能成功。事实上并不尽然，其实，许多平凡人都能够靠理财致富，投资理财与你的学问、智慧、技术、预测能力无关，也和你所下的功夫不相干。归根结底，完全看你是不是能做到投资理财该做的事。做对的人不一定很有学问，也不一定懂得技术，他可能很平凡，却能致富，这就是投资理财的特色。一个人只要做得对，则不但可以利用投资而成为富人，而且过程也会轻松愉快。因此，投资理财不需要天才，不需要什么专门知识，只要肯运用常识，并能身体力行，必有所成。投资人根本不需要依赖专家，只要拥有正确的理财观，你可能比专家赚得更多。

投资理财没什么技巧，最重要的是观念，观念正确就会赢。每一个理财致富的人，只不过是养成一般人不喜欢且无法做到的习惯而已。

蔑俗的能力——不否认自己爱钱

对于钱，既没有必要敬之如神，又没有必要恶之如鬼，更没有必要产生既想要钱又羞于碰钱的尴尬心理。钱干干净净、平平常常，赚钱

41

大大方方、堂堂正正。

以钱为生，这只是朴素而又自然的生活方式。

一位无神论者来看拉比。

"您好！拉比。"无神论者说。

"您好。"拉比回礼。

无神论者拿出一个金币给他。拉比二话没说装进了口袋里。

"毫无疑问你想让我帮你做一些事情，"他说，"也许你的妻子不孕，你想让我帮她祈祷。"

"不是，拉比，我还没结婚。"无神论者回答。

于是他又给了拉比一个金币。拉比也二话没说又装进了口袋。

"但是你一定有些事情想问我，"他说，"也许你犯下了罪行，希望上帝能开脱你。"

"不是，拉比，没有犯过任何罪行。"无神论者回答。

他又一次给拉比一个金币，拉比二话没说又一次装进了口袋。

"也许你的生意不好，希望我为你祈福？"拉比期待地问。

"不是，拉比，今年是个丰收年。"无神论者回答。

他又给了拉比一个金币。

"那你到底想让我干什么？"拉比迷惑地问。

"什么都不干，真的什么都不干，"无神论者回答，"我只是想看看一个人什么都不干，光拿钱能撑多长时间！"

"钱就是钱，不是别的，"拉比回答说，"我拿着钱就像拿着一张纸，一块石头一样。"

由于对钱保持一种平常心，甚至把它视为一块石头、一张纸，才不会把它视若鬼神，也不会认为它干净或肮脏。在他们心中，钱就是钱，一件平常的物。因此他们孜孜以求地去获取它，当失去它的时候，也不痛不欲生。正是这种平常之心，使他们在惊风骇浪的商海中驰骋自如，临乱不慌，取得了稳操胜券的效果。

金钱和智慧两者中，智慧较金钱重要。

有些人从不否认自己爱钱，从来不隐瞒自己爱钱的天性。所以世人在指责其嗜钱如命、贪婪成性的同时，又深深折服于他们在钱面前的坦荡无邪。只要认为是可行的赚法，就一定要赚，赚钱天然合理，赚回钱才算真聪明。这就是他们经商智慧的高超之处。

规划的能力——做好你的人生设计

在西方工商界流传着这样一个故事：一个希腊人到雅典的一家银行去应聘一个守卫的工作，由于他除了自己的名字外，不会写其他的字，他当然没能得到那份工作。他懊恼地离开了那家银行，并且借钱偷渡到了美国。

若干年后，一位希腊大企业家在华尔街的一家豪华办公室里举行记者招待会。会上，一位记者建议他说："你应该写本回忆录了。"

"不可能！"他笑着对记者说，"我根本不会写字。"闻听此言，记者大吃一惊。

这位大富豪解释道："万事必有得必有失。如果我会写字，也许我今天仍然是一名守卫而已。"

他在穷人和富人之间明智地做出了选择，重新规划自己的人生，虽然他不会写字，但他却顺利地走出了"思想牢笼"，发现了自己在经营管理上的才华。他成功了！

希腊大富豪的事例说明，个人的生涯设计十分重要，特别是在遇到心灵困惑时，重新规划自己的职业生涯更加必要。

一个人的职业生涯中至少有四个时期需要重新规划自己的生涯。

第一个时期：14~22 岁

这个阶段每个人都扮演着学生与求职者的双重角色，不仅缺乏社会经验，而且还缺乏自信。因此，主要考虑的问题应该是"我是谁""我能做什么"等。

第二个时期：22~28 岁

这个阶段已经参加工作了，有了一定的社会经验。这个时候有必要考虑目前的工作环境和待遇与自己的"职业梦想"是否匹配，眼前的工作是否就是你的"梦中情人"。如果与自己的发展目标有差距，就必须在此基础上重新进行人生规划。

第三个时期：28~35 岁

这是个人职业发展的一个重要阶段，这时候的个人已经积累了比较丰富的经验，进入其他职业领域或者创业自己当老板的都已经具备了一定的基础。如果你认为靠工资不能致富，要想成为富人的话，就有必要重新规划自己的人生了。

第四个时期：35~45 岁

这时候的人生规划主要考虑的问题应该是"以后的路怎么走？"是继续保持原来的工作，还是个人创业成为老板，或者投入另一个陌生的领域？由于很多人这时候出于对事业和生活两重责任的考虑，反而会引发人生危机，无法真正看清自己的成功发展方向。

只要你不安于现状，及时调整好各个时期的人生规划，无休止地进取，你就能掌握自己的命运。即使你现在很穷，将来有一天也会成为富人！

合作的能力——发掘人际关系的富矿

大多数成功的人士很少单单依靠个人的能力，通常都得力于良好的人际关系。所以这种人际关系也是一种很重要的资源和财富。

我们每一个人都生活在一个社会群体中间，一个个社会群体就像由无数个小结构结成的一张张无踪无影、无边无际的网，我们只是网上的一个十分渺小的结点。

这张网太大了，大得难以想象。而我们又是那么小，用沧海一粟来形容也都是在夸大我们。

生活在这样一个大网里面，我们这些孤立的点要活起来，就必须与其他的"点"接触联合起来，与他们，只有这样，我们才不会成为一个"死点"。

琼斯·克莱斯勒是美国一家纺织有限公司的服饰图案设计人员。这家公司信誉向来十分好，拥有许多的老客户。众所周知，老客户是公司收入的主要来源，所以，维护好彼此之间的关系对公司的前途大有影响。

令人奇怪的是，有一天，一个老客户突然对克莱斯勒设计的图饰草案不满意。此后每次当克莱斯勒把按照这个客户的意图修改过的草案再次送给他审查时，老客户总是不满意。不是这里不对，就是那里不好。

在经过几次失败之后，克莱斯勒终于醒悟了过来。他暗暗地骂了一句"我真是一个笨蛋"之后，原封不动地将上次还未来得及修改的草案带到那个老客户家里，恭恭敬敬地对他说道：

"我修改了好几次，都觉得不十分满意，我又将修改图案带了来，您帮我看一看应该如何修改一下才好。"

老客户拿起图案端详了一阵，然后"唰唰唰"，大笔一挥，一幅草案就修改好了。

克莱斯勒看了之后，立刻又说：

"如果照这个图案生产出来的纺织品，请问您愿意订购吗？"

老客户不知是计，连忙说："那当然，那当然。"

以后的结果我们也无须在这里多说了。很显然，之后的设计图案都是由客户修改后公司原封不动地将图案印上去。由于是自己设计的，客户当然愿意接受了。

从上面这个生动的例子我们可以清楚地认识到：他们之间保持着一种隐性的合作态度，尤其是克莱斯勒先生，十分尊重客户意见。这种默契一经达成，还有什么事情不好办呢？

读到这里你该明白了吧，就是在美国那样强调自由个性的社会里，要想获取事业上的成功，也离不开人际关系。

那么，在通往富豪俱乐部的道路上如何发掘人际关系这座富矿呢？

第一，及早播种良好的人际关系

人际关系的好坏直接影响着一个人的事业和前途，你想尽快摆脱贫困吗？你希望获取更多的财富吗？那你就必须尽快播种你的人际关系，播种得越早，收获就越早；撒下的种子越多，你的收获就越多！

每个人都生活在一个社会群体之中，而人际关系就成了你与社会交往的一条纽带。可是人际关系并不是一日之间可以建立起来的，而是需要你去长期经营。之所以要如此，是因为好的人际关系需要时间来了解，从了解到信赖，这个过程短则一年半载，长则七八年，甚至一二十年！两三天就"一拍即合"的人际关系往往是利益上的关系，基础很脆弱，这并不是好的人际关系，这种人际关系带给你的有时甚至是毁灭性的打击！

所以，你需要的应该是一种经得起考验的人际关系，而不是速成的人际关系。要有一种好的、经得起考验的人际关系，就要精心"播种"与培育，就像农夫在田里播种一样，之所以这样说，是出于以下几种原因：

1. 要长成一棵果树，必须先有种子，"播种"是"长出一棵果树"的必要条件。虽然有些种子会腐烂，不发芽，但不播种，就绝对不会有果树长出来！人际关系也是如此，你的用心是人际关系的必要条件，虽然不一定会有好的回应，但没有用心，就不能建立好的人际关系。虽然也有人主动和你建立关系，但也要你作出回应，这样关系才会持续下去！你若冷淡以对，他还会继续来找你吗？

2. 有些种子会在节气到时发芽，但有些却不，像在有些干燥的地方，种子可以深埋十几年不发芽，但雨水一来，这些种子就会迅速发芽。人际关系也是如此，你的用心有时很快就会从对方那里得到回馈，但有时却不一定如此。至于什么时候才能得到"回馈"，你不必花心思去期待，反正你已种下了一粒种子，"机缘"一到，它自然会发出芽来！而这发芽的时间，有可能是在你40岁时、50岁时，甚至一辈子都没发出芽来，但希望总是有的！

种子发芽后，你得小心勤快地灌溉、除草、施肥，它才会长成大树，开花结果。人际关系也是如此，你也必须用热心、善心来经营它，尤其不可"揠苗助长"，急于收获果实，这样只会破坏你的人际关系！而最糟糕的是，这种"揠苗助长"的作风会在同行间散播出去，成为你的负担！

3. 播的种子越多，发的芽也越多，经过一段时间后，必定大片成林，那时收获的果实将令你感到欣慰。人际关系也是如此，年轻时用的心多，交的朋友当然多，纵然有一些"不发芽"的种子，但长时间累积下来，你的朋友还是很多，那时这种人际关系就是你的果树林，而你必然能享受这些甜美的果实！

想想你现在到底多大年纪了？人际关系又如何？不必着急，只要你精心"播种"，而且越早播种越好，那剩下的事就是等着收获了。

第二，争取一个好的人缘

一个人在社会上做事，自己的能力固然很重要，但也离不开他人的帮助。现实生活中有些人虽然能力很强，水平也很高，可就是不讨人喜欢，当然别人也就不愿意出力去帮助他了。相反，有的人虽然能力水平一般，但人缘很好，给人的感觉也不错，当他遇到什么困难时，大家就会争着去帮助他。因此，做人做事，看来还得要有一个好人缘。

人与人之间的交往，除了利益关系的考虑之外，还看相互之间的感觉如何。如果你给人的印象和感觉都不好，不能获得别人的尊重，别人怎么能愿意帮助你呢？即使你能力再强，又有什么用？而这种感觉和印象就是你的人缘。

那么，怎样才能结下一个好人缘呢？下面几点就很重要。

1. 注重礼节——讲究礼节，这是人与人之间交往的根本，一个不懂礼节、不守礼节的人谁也不会喜欢。礼节的范围很广，如平常见面打个招呼，相互之间礼尚往来，尊重他人等等。不管你对礼节了解得是多还是少，但有一个做法很保险：不怕做得太多，只怕做得不够。古人早就说过，"礼多人不怪"。你能谨守礼节，表明你对他人相当尊重，按照礼尚往来的原则，对方当然也会以礼还礼，对你另眼相待。

2. 守时守信——守时，就是做事要有时间观念，现代社会，人们讲求时间就是金钱。因此，如果你做事不守时间，让人久等，白白浪费他人的时间，这是难以让人原谅的。守信，就是要履行自己的承诺，如果你答应别人做什么事，那就一定要做到，哪怕是无关紧要的事。别人委托的事情要做到，自己开口答应的事情更应该做到。有些人喜欢向他人空口许诺，说得很好，但做得差，这种人就会失信于人。而人一旦失信，做事就很难了。

3. 做事要有分寸——要谨守辈分、职位以及工作之间的分寸与界线，不能越得太多，不要在言语和行为上侵犯对方。每个人都有一块属于自己的有形或无形的阵地，你若侵犯了，就会引起对方的不快。

根据马斯洛的需求层次图，每个人都有渴望被尊重的需求。因此要尊重对方，满足对方"被尊重"的需要，同时让别人不敢对你随便，哪怕你只是个小人物，对方也会反过来尊重你，因为他们实在找不到轻侮你的理由！尊重是信赖的开始，你赢得了尊重，就赢得了信赖！这正是你在社会上行走最重要的资本！

除了在言行上如此，工作中也应该这样。也许你的工作不一定做得很好，但只要一丝不苟，有始有终，有说明，有交代，那么别人也会对你尊重，这种尊重也是信赖的开始。有了这种相互之间的尊重与信赖，你就不愁没人与你来往了，你的人缘当然会好。

第三，主动出击建立人际关系网络

人际关系的好坏对一个人的事业影响很大，我们每个人都希望能拥有一种良好的、广阔的人际关系。而要建立一个良好、广阔的人际关系，必须运用"舍得"的观念，有"舍"才有"得"！不"舍"就想"得"，这种人际关系是很难长久维持的。

为什么要先"舍"呢？

从心理学角度分析，基本上每个人都是以"自我"为中心，任何事都先想到"我"，因此人们有时便会想：某人为什么不先对"我"打招呼？某人为什么请别人吃饭而不请"我"？某人为什么不寄生日卡给"我"？某人为什么和"我"有距离？

你这样想，别人也是这样想，也就是说，每个人都把"得"放在心上，挂在眼前，如果双方都不愿意先"舍"，那么这个关系便不可能展开！

既然如此，你为何不主动出击，先去满足对方的自我，为双方关系的建立踏出第一步？

"主动出击"就是"舍"的第一步，也就是先"舍"掉你的矜持、身份，"舍"掉你的武装，向对方展露出一种和平的姿态。

接下来你就要付诸实际行动了。

普通的日常寒暄和打招呼看来没什么特别之处，但是你如果能在普通谈话中加入对他人的一种关心，那么这一人际关系便会慢慢发酵。当然，你的关心不可带有刺探的意味，否则会引起对方的警戒。借题发挥最好，例如从工作谈起，再扩展到家庭、休闲，慢慢地把对方的心灵窗户打开！

光是这样还不够，因为这只能让你建立一份普通的人际关系，你必须再加入某些其他成分加黏合剂，使人际关系强固起来。

那具体该怎么做呢？其实很简单：想办法为对方做些什么。例如：

1. 观察、了解对方的需要，不等对方开口，你就先替他做，这样，他不只感谢，还会感到惊喜。例如你有机会出国或出差，从国外或外地带些特产和礼品，虽然礼小礼轻，但对方一定会感动。

2. 分享你的资源，包括物质的、精神的以及人际的。例如你可以介绍你的朋友给他认识，把你种的花或你收藏的书送给他，反正只要对方没有而你有的，便可和他分享。

3. 在必要的时候帮助他，这也包括精神和物质上的帮助，让他了解到你是和他站在一起的。

也许你会问：这么"舍"，就真的能"得"吗？当然不一定，人世间确有不领情的人。但话说回来，对这种人，不"舍"又怎可能"得"！

不过，"一样米养百样人"，你不必去期待对方是否有善意的回应。"舍"是种子，"得"则是收获，有些种子发芽得早，有些则发芽得晚，但总是会发芽、会有收获的。

总而言之，要建立自己的人际关系网络，不能坐着等别人自己"送上门来"，如果只是坐等别人"上门"，恐怕最后连门都没有！

选择的能力——找准自己致富的职业

有一天，一位禅师为了启发他的门徒，给他的徒弟一块石头，叫他去蔬菜市场，并且试着卖掉它。这块石头比较大，很好看，但师父说："不要卖掉它，只是试着卖它。注意观察，多问一些人，然后告诉我在蔬菜市场它能卖多少钱。"这个人去了。在菜市场，许多人看着石头想：它可以作为很好的小摆件，我们的孩子可以玩，或者我们可以把这当作称菜用的秤砣。于是他们出了价，但只不过几个小硬币。徒弟回来说："它最多只能卖到几个硬币。"

师父说："现在你去黄金市场，问问那儿的人。但是不要卖掉它，光问问价。"从黄金市场回来，这个门徒很高兴，说："这些人太棒了。他们乐意出到 1000 块钱。"师父说："现在你到珠宝商那儿，但不要卖掉它。"他去了珠宝商那儿。他简直不敢相信，珠宝商竟然乐意出 5 万块钱，他不愿意卖，珠宝商继续抬高价格——出到 10 万。但是徒弟说："我不打算卖掉它。"珠宝商说："我们出 20 万、30 万，或者你要多少就多少，只要你卖！"徒弟说："我不能卖，我只是问问价。"他不能相信："这些人疯了！"说自己觉得蔬菜市场的价已经足够了。

徒弟回来后，师父拿回石头说："我们不打算卖了它，不过现在你明白了，这块石头的价值主要看你。如果你生活在蔬菜市场，那么你只有那个市场的理解力，你就永远不会认识更高的价值。"

你要了解自己的价值吗？那就不要在蔬菜市场上寻找你的价值，为了"卖个好价"你必须让人把你当成宝石看待。在英国，最为流行的神话之一就是：我们可以得到我们心中所期盼的一切。如果你的愿望十分强烈，你也可以成为百万富翁、开办一家公司或成为首相。

那么，怎样才能准确地认识自己的价值，选择适合自己的职业呢？英国的查斯特·菲尔德爵士认为，职业生涯设计基本上可分为以下几个步骤：

1. 准确地认识自我

苏格拉底曾说："认识你自己。"罗马皇帝、哲学家奥里欧斯说："做你自己。"莎士比亚也说："做真实的你。"要搞好职业生涯设计，你就必须充分、正确、深刻地认识自身能力、个性及相关环境，以此作为设定职业生涯目标及策略的基础。

（1）能力摸底。

了解职业要求的能力，可以参考各企业对人才素质的要求。一般大公司对管理人员能力的要求有：书面表达能力、口头表达能力、分析问题能力、解决问题能力、领导能力、人际交往能力、决策能力、创造力和创造精神、应变能力、组织与计划能力、敢冒风险能力等。

了解自己的能力倾向可以通过以下两种方式：

一是能力测验：可以借助一些权威的测验量表，对自己的职业能力倾向做一个比较客观的鉴定。

二是活动分析：即从实际工作、生活经历来判断自己的实际能力。也可以请家人或朋友对你实际能力的优势与不足作一个评价。

（2）个性评价。

可以通过心理测验、他人评价、经验总结和专家咨询四个渠道来评价自己的个性。

2. 职业定位

在职业定位中最关键的是要制订实现职业目标的行动计划。职业定位中的目标一旦确立，就可以成为追求成功的推动力，有助于排除不必要的犹豫，一心一意致力于职业目标的实现。

（1）列表分类。

根据自己的能力和个性列出适合于你从事的多种职业，再把每一种职业的具体工作列出来，按"喜欢"与"不喜欢"将表分两类，仔细审视"喜欢"类，评定自己感兴趣且在能力范围内的职业是什么。

关于职业定位，有专家认为可以分为以下五类：

①技术型。持有这类职业定位的人出于自身个性与爱好考虑，往往并不愿意从事管理工作，而是愿意在自己所处的专业技术领域发展。在我国过去不培养专业经理的时候，经常将技术拔尖的科技人员提拔到领导岗位，但他们本人往往并不喜欢这个工作，更希望能继续研究自己的专业。

②管理型。这类人有强烈的愿望去做管理人员，同时经验也告诉他们自己有能力达到高层领导职位，因此他们将职业目标定为有相当大职责的管理岗位。成为高层经理需要的能力包括分析能力、人际交往能力和情绪控制力三方面。

③创造型。这类人需要建立完全属于自己的东西，或是以自己名字命名的产品或工艺，或是自己的公司，或是能反映个人成就的私人财产。他们认为只有这些实实在在的事物才能体现自己的才干。

④自由独立型。有些人更喜欢独来独往，不愿像在大公司里那样彼此依赖，很多有这种职业定位的人同时也有相当高的技术型职业定位。但是他们不同于那些简单技术型定位的人，他们并不愿意在组织中发展，而是宁愿做一名咨询人员，或是独立从业，或是与他人合伙开业。其他自由独立型的人往往会成为自由撰稿人，或是开一家小的零售店。

⑤安全型。有些人最关心的是职业的长期稳定性与安全性，他们为了安定的工作、可观的收入、优越的福利与养老制度等付出努力。目前我国绝大多数的人都选择这种职业定位，多数情况下，这是由社会发展水平决定的，而并不完全是本人的意愿。

（2）设计方案。

根据"列表分类"得出的结果，针对每一种职业设计一套科学的工作方案，方案中要订出工作目标和希望的职位，描述本行业发展前景，所需要的人际环境、工作的具体程序（越具体，可操作性越强）。方案订出后，拿给相应行业的朋友阅读，得到较高评价的方案是你进一步选择的依据，你可以重新思考自己的职业生涯，设定切实可行的目标。

（3）职业评估。

职业评估可以通过择业策略来反馈，反馈回来的信息可以作为下一轮职业生涯设计的主要参考依据。成功的职业生涯设计，需要时时审视内在外在环境的变化，并且及时调整自己的前进步伐，不断修正目标，才能确保成功。

查斯特·菲尔德爵士指出：从事你最擅长的工作，你就会获得成功。

他进一步指出，最好是选择能真正鼓舞你的理想职业。在现实生活中，许多人没有取得成功，并不是因为他们懒惰，也不是因为他们好逸恶劳，而是因为他们在开始生活的时候，迈出了错误的一步，选择了错误的职业。人们通常把这种情况称之为对某一工作"不合适"或者说"不能胜任"。

杰出的宗教学家爱德华·黑尔在谈到如何选择职业时，为青年人提出如下建议：

（1）要考虑工作本身的性质，它对个人、对社会是有益的还是有害的。例如，你千万不能做强盗或土匪，千万不要选择对你的同胞构成伤害的职业或工作。作为一个销售饮料的商人，千万不要销售假冒伪劣产品。

（2）对两种职业进行选择时，要看哪一个更有利于你的身体健康，更符合自身的条件。

（3）把你在以前某一领域中所获得的资源或经验带到一个新的领域，使你和别人拥有均等的机会，这样做也是合理的。那些敢于把自己作为一个新天地的开拓者的人，往往会成为该领域的佼佼者。

（4）假如你知道自己在某一领域有特殊的才华，那么，就选择它作为自己的职业。然而，很少有人知道这一点。不过，这也没关系，实践会告诉你的。

（5）如果就目前来看，任何工作或职业，对你来说，似乎都不会有什么广阔的发展前途，不要为此感到难过。虽然我们应该及早选择一种最适合自己的职业，但也不能过于急躁，仓促从事。

（6）不要从事任何政府部门或国家法律所不允许从事的职业和工作。因为，对每一个公民来说，在他所生活的社区，他都必须讲究公共道德，遵守社会规范，享有宗教信仰自由。

当然，不管怎么说，任何建议都带有建议者的思想倾向。职业的选择是一件十分困难的事情，但是，它又是一件极为重要的事情。我们把职业的选择称之为人生的紧要关头。问题的关键就在于要做出正确的职业选择。作出了错误的选择，你就可能稀里糊涂地过一辈子。接下来的每一步，都会使得你更像一个失败者。

一个人要实现人生的价值，就得珍惜这有限的时间，就得选择最适合于自己去做的事。不要什么都做，结果什么都做不好，既浪费了时间也浪费了生命，徒留悲切在心中。

最适合自己去做的事，也就是自己最感兴趣的事，自身素质能够满足要求的事，客观条件许可的事。这几种因素缺一不可，再加上恒心和毅力，才能有希望做好，有较大的把握做好。

每一个人都有自己的兴趣、爱好，都有自己擅长做的事，因而要取得成功，就要把自己奋斗的目标定位在自己所热爱的事业上，不能选择自己兴趣不大或者毫无兴趣的事。

例如，一个人自小就喜欢音乐，渴望将来成为一个音乐家，于是便把自己追求的目标确定在音乐事业上。可以说他成功的可能性是比较大的，事实证明所有的音乐家都是这样成材的。假如他不喜欢音乐，一直讨厌五线谱，那么如果强迫他去学唱歌或学习演奏乐器，他必定不会有多大成就，最多只能把从事这项职业当作养家糊口的手段。

做自己适合做的事，即使一时成功不了，坚持下去也必有收获，即使得不到巨大的成功，也不至于一无所获。这就是穷人变成富人的秘诀。

认知的能力——像经济学家一样思考

不同类型的人思维方式不同，考虑问题的角度也不同，即使是对同一样东西也可能产生完全不同的理解。可以说，经济学家的思考方式与一般人是不同的：一般人看到的是外表，经济学家看到的是内在的价值；一般人重视的是感官，经济学家看重的是客观现实。经济学家的想法比一般人更加准确、有力、客观和务实，对于人类的生产生活具有指导性的意义。

经济学是一门研究人类行为的社会科学，研究经济学的人们常常借助自然科学完善经济学的理论。

通过下面的例子我们可以看出经济学家和一般人思考方式的区别。

这天晚上王先生准备去看一场球赛，但是没想到当赶到赛场的时候突然下起了大雨。设想，王先生手中的足球票是分别通过两种不同的途径得来的：

1. 这张票是其他人送给他的礼物，票不能转手卖出去，也无法到窗口退票；

2. 这张票是王先生用半个月的工资买的，也不能退票。

在经济学家眼中，不管王先生遇到的是哪一种情况，对他的最终决策都没有什么影响：票不能退掉，买票的钱也拿不回来。也就是说，这笔支出是无法收回的。

经济学可以帮助我们做出更加客观有利的选择：我们可以利用成本收益理论、边际效用理论和比较优势理论处理学习和工作问题；我们可以在选择商品的时候保持清醒的头脑；可以在股市和其他投资中提高回报的概率和水平。

现代社会生活中，经济发展与我们自身的处境与未来都是息息相关的。如果掌握了经济学的原理，就可以对社会、政府甚至全球的经济发展作出判断和预测。

我们可以根据社会发展动向调整自己的前进步伐，跟上时代的脚步。一旦政府出现财政收支不平衡、失业增加、税收加重、通货膨胀或者紧缩等问题，了解经济学的人可以第一时间察觉到并及时做出反应。

经济学家独特的思考方式对普通人来说是一种思维的颠覆。拿"机会成本"这个概念为例，普通人拥有的成本概念叫作"会计成本"，也就是计算实际发生的、与生产和消费直接相关的成本。在经济学家的头脑中，没有"会计成本"这个概念，有的只是"机会成本"。经济学中的利润和一般所说过的会计利润也是不同的：会计利润是全部收入减去会计成本；经济利润是全部收入减去机会成本。

总之，了解一些经济学知识，像经济学家那样思考，可以帮助我们更加科学、准确地了解社会形势，提高分析解决问题的能力，对我们来说是有百利而无一害的。

眼界的能力——富豪获取财富的九大秘密

面对经济大潮，不知有多少人想揭开获得财富的秘密。下面是富翁的心得，从中不难看出获得财富的经验。

一、会找到事业的人，就是获得财富的人

资本只是各种条件之一，不能说不重要，但不是最重要的条件。只要是真正有希望的事业，且负责事业经营主角的"人"有信用时，资本自然就会汇集起来。

事业能否成功，能否获得财富，并不取决于有无资本，而是在于各种条件是否能够配合。成败的关键，乃在于经营事业的"人"而不是"钱"。

任何事业并非一开始就从大规模起步。依事业种类不同，有些事业从小规模开始经营也能变成大事业，有些事业必须达到某种规模程度才能开始经营。现在也仍然存在着仅由夫妻二人经营的杂货店或酒馆，或由家人们一起经营的餐厅或宵夜店，照样财源滚滚。

二、获得财富的时机

做任何事情都有所谓的时机。孟子说，天时、地利、人和，以"人和"最为重要。当然这三项都是成功的重要条件。

以简单的例子来说：在股票投资上，获得财富的人与赔钱的人并非购买不同的股票，他们都购买同样的股票，只是购买的时机与购买的价格不同而已。

三、逞强的人能把握聚财的机会

逞强的人，比较能够掌握聚财的机会，是无可置疑的事实。凭一己之力，完成了大事业发财的人，就带有几分逞强的性格，可以把他们归类为乐天派。不去看世界的黑暗面只看光明面，遭遇困难时仍认为总有一天会重现万里晴空。如果不是持这种想法，也难以产生克服困难的勇气。这种人下决定快，且作出决定后立即付诸行动。如果不是行动迅速的人，就不能担负起比别人多出几十倍的工作量。

四、开拓事业，并非采用有勇无谋的干劲

事业单位未获得稳定收益之前，就扩张事业，或扩增部分，这样做将增加事业的风险性。

即使性急的人，也不能在头一种事业尚未成功之前，就开始着手第二种事业。但母体企业的基础稳固，可以用其收入来支持事业的人，就能同时着手第二种、第三种事业。

五、忍耐忍耐再忍耐的真谛

忍耐是人类必备的美德之一，究竟忍耐是如何重要？只要看到因不能忍耐而吃亏的情形就可以明白。

六、训练控制财富极为重要

并非财富多就好，关键还要看会不会控制财富，载舟覆舟，完全看个人对财富应用的手腕。

在大多数情况下，获得财富之后如何使用财富是由个人决定的。不过，有钱之后生活紊乱而变得不幸时，是因为被财富捉弄所致，也就是在成为富翁的过程中，没有接受控制财富的训练所致。

财富虽非猛兽，却具有迷惑众人的魔力，即使自认自己是财富的主人，也会出现反被财富玩弄，被财富咬伤的情形。

随着年龄的增长而变成有钱的且又了解巧妙散财的人，才是真正具有过上幸福人生资格的人。

七、善用好奇心、问题意识、变化、想象力

在付诸行动之前，必须思考清楚自己的想法是否可能成为今后的

新潮流，答案如果是肯定的，那么就必须具备对世界的动态怀有好奇心，拥有问题意识和观察力，对变化具有敏感的反应能力，丰富的想象力等特性。

如果没有好奇心，就会看漏一切事情。所谓"问题意识"，就是把发生的事件只是作为现象而心不在焉地观察着，纵然作为知识存留大脑，也不易成为行动的标准。重视所谓"变化"的流动性因素，没有变化就没有获得财富的机会，也没有出人头地的机会。变化各有其所谓的临界点，或分歧点。财富流出就有替代的资金流入。

八、培养"即思即行"的习惯

看到事业成功的人就会明白：当事业成功之后，创造了很多的就业机会，给个人、企业都带来庞大的收益。对以股票或不动产获利的人并不会并生尊敬的念头；对事业成功的人则怀着敬畏之心，尤其是赤手空拳经营事业成功的创业者，比起以股票或不动产获得财富的人更显得伟大。

这些成功者所跨出的第一大步非思考而是实践，不培养出"即思即行"的习惯，就绝不能加入成功者的行列。因此，培养出对思考的事情立即付诸实践的习惯，才是成功者的首要条件。

九、服务业需要有"忍耐三年"的功夫

办企业要培养顾客，奠定基础，需要假以时日，尤其是服务业或流通业均有这种趋势。

比如餐厅或小吃店在开业时顾客稀少，令人忧虑到这种情形可能要持续半年，而呈现半开业半休业的状况。有人在这种状况下就灰心而关门，有些人则趁此背水一战，努力挽回颓势。

事业不顺利的原因，有所谓地点不好，客源不多，或店铺的装潢欠佳等不少借口。然而，能引导事业走上成功之路的人，就趁现有的条件，去思考如何做才能吸引顾客。

吸引客人的努力必须切实做到，为了能逐渐累积成果而需假以时日。所谓"在石头上坐着等上三年"，就是表示这种努力的劲与所需要的时间。所谓"三年"的含义非常奥妙，因为大概累积到三年的努力时，地盘就会不可思议地自然稳固起来。

经过三年仍看不出一点眉目的事业，大多是再经过五年或十年也仍然没有什么前途。

在"石头上坐着等上三年",也是指经过三年仍然还没有眉目的事业,最好不要再继续经营。不过,所谓三年也并不是死板的规定。

赚钱的能力——勤于思考是创造财富的源泉

从古到今,世界上有数不清的熟苹果从树上落到地上;从古到今,世界上有无数个人看见了熟苹果落到了地上。

但只有牛顿一个人对这一大家熟视无睹的现象给予了认真的深刻的思考,并据此发现了万有引力定律。

勤于思考,是科学发现的动力;勤于思考,是创造财富的源泉。只要多用脑子,养成勤于思考的习惯,就能够闯入别人意想不到的领域,做出一番惊天动地的事业。

美国的迈克乐·戴尔 8 岁时就曾向某个考试中心寄出过申请高中文凭的申请信,在那时他就在思考一个问题——怎样才能消除不必要的步骤。这种思考方式影响了戴尔一生,并不断地为他带来成功和财富。

在戴尔 16 岁那年,他找到一份为《休斯敦邮报》争取订户的工作。当时报社的普通做法是,由报社交给业务员一份由电话公司提供的电话用户名单,再由业务员一一打电话向他们推销。显然,这种方法的成功率是很低的,但由于长期以来,大家一直如此,所以大家也就只好照此办理了。但戴尔却不这样,他想找到一个成功率更高的方法。

在与客户谈话的过程中,聪明的戴尔发现了一个规律:有两种人几乎一定会订阅邮报,一种是刚结婚的,另一种则是刚搬进新家的。他由此想到,只要能弄清哪里有这两种人,就一定能提高订报率。可是怎样才能找到所有刚办好房屋贷款或是刚结婚的人呢?根据常识,他知道,凡是要结婚的人必须到地方法院申请结婚证书,同时也必须提供地址,好让法院把结婚证书寄给他们。在他所在的得克萨斯州,这项资料是公开的。所以戴尔找到了几个高中同学,让他们协助自己从休斯敦地区几个县市的地方法院弄到了新婚夫妇的姓名与地址。

然后,他又发现,有些公司会整理出贷款申请者的名单,而名单上名字是按照贷款数额来排顺序的，这样就很容易找出贷款额最高的人。

接下来他所做的事，就是按从法院和公司弄到的名单寄信，信的开头是每一个人的姓名，信的内容则是订阅报纸的资料。

结果，在那一年，戴尔找到了数千名订户，收入了 1.8 万美元，这已经超过了他所在学校的老师的年收入。

在这次经历结束后，戴尔进行了总结，认定直接接触的模式是销售的最好方式。

在他 20 岁那年，迷上电脑的戴尔有一个梦想，还在上大学的他想和电脑巨人 IBM 竞争。他的父亲认为这是异想天开，而他认为自己是有可能成功的，因为他已经看到了当时电脑销售的弊端。

在 20 世纪 80 年代早期，美国电脑商的一般做法是，由制造商生产电脑，然后再配销给经销商和零售商，最后由他们卖给消费者。由于当时电脑界所有的大厂家都是采用经销商的方式来销售，所以尽管 IBM 有全球最完善的销售组织，但它还是选择这种销售模式，因为所有的人都认为这是理所当然的做法。

在戴尔看来，这种方式显然是错误的。他认为这是一种间接的路径，这是一无所知的买方和没有相关知识的销售商的结合，是不可能长久的。同时，还在学校的他认定，个人电脑消费是一个巨大的市场，顾客们会一年比一年多，一年比一年更有专业知识，所以他又想到了直接销售的模式。

他问自己："能不能改进电脑的销售过程，能不能直接把电脑销售到顾客手中？"他的答案是可以。因为这样一来，就可以剔掉零售商的利润剥削，把这些省下来的钱用以回馈消费者。结果是既降低了销售价格，增加了自己的竞争实力，同时又使顾客享受到真正的实惠。

大家都认为这是不可能的。而他的电脑公司在开业之后，不久就由每个月五万、八万的销售额，迅速增加到十几万、几十万，最后终于发展成为世界电脑公司的巨子，成为让 IBM 头痛不已的对手。

一时之间，戴尔电脑公司成为世界上销售额增长最快的电脑公司，其销售额以每年 30％的速率递增。他直接销售的模式，不仅使他保持了这一令人难以置信的增长速度，而且使他得以掌握第一手的用户资料，从而可以根据用户的需要造出有个性特色的个人电脑——他的直接销售使他依然是电脑业的巨子。

对于戴尔，中国人是不陌生的，在上海财富论坛上，戴尔的风采迷倒了很多人，他在演讲中所阐述的全新销售理念，使很多有志创业的年轻人大受启发。戴尔电脑公司是全球著名的电脑公司，戴尔则在1999 年美国 40 岁以下的富翁中名列第一。由于戴尔的经营天才，美国《商业周刊》从 1996 年起连续三年将之评为"年度最佳管理者"。他们是这样评价这位商业奇人的："迈克乐·戴尔的成功最突出、最不同于一般企业管理者的是，他的迅速崛起并不是依靠领先的技术，而是靠一种观念、一种商业模式，而且更难能可贵的是，这是一个不被普遍看好的模式。"

确实，戴尔的成功很耐人寻味，论起技术来，他的公司远不能和 IBM 或微软相比，我们甚至可以说戴尔电脑和一些没什么名气的电脑相比，在技术上也没有什么优势。那戴尔是凭什么创造了"造得有多快，卖得就有多快"的奇迹？凭什么让戴尔公司股东们喜出望外，而让康柏公司和 IBM 公司的决策者们彻夜难眠？今天我们可以明白无误地告诉你，靠的就是他善于思考的头脑，靠的就是他不同寻常的创新能力。可以说，戴尔的成功就是思考的结果，而且看起来好像也很简单。

戴尔的成功就是创新的成功，而其创新之所以能够成功，就在于他时刻在发现问题，在思考问题，并试图解决问题。正如戴尔自己所总结的："戴尔公司的经验证明，如果要发掘并掌握大家原本以为不存在的机会优势，想要做到以非传统的方式思考，不必是天才，也不必是先知，甚至不必拥有大学文凭，所需要的只是一个架构和一个梦想。"这无疑是在告诉所有渴望成功的人，你不是天才，没有关系，只要你有中等以上的智力，并时时思考、刻刻准备解决问题，你就能发现别人看不到的机会，你就能找到通向财富的道路。

记住，财富是思考出来的。

回报的能力——花钱的学问比赚钱的本领更重要

现在流行"财商"这一个概念，什么是财商呢？简单地说，财商就是一个人认识、把握金钱的智慧与能力，主要包括两方面的内容：一是正确认识金钱；二是正确使用金钱。

一个人怎样使用钱（包括投资赚钱和消费花钱）是检测其财商高低的唯一方法。亨利·泰勒在他的《生活备忘录》一书中就指出："从一个人在储蓄、花销、送礼、收礼、借进、借出和遗赠等方面的做法，就知道一个人能不能赚钱。"

因为人性中的一些最优秀的品质是与正确使用金钱密切相关的，例如，节俭、慷慨、诚实、公平和自我牺牲精神等；同样，人性的一些弱点如贪婪、欺诈、不公平和自私，也能由此表现出来。而一些成功人士在商业活动中，恰恰表现的全是这些优秀的品质，所以，他们有着相当高的财商，比如吃饭，他们是比较讲究享乐的。所以在吃的上面不惜花钱，这样能使他们有一个强健的体魄和充足的精力，就能赚到更多的钱。

《圣经》上有一则关于理财的故事。一个大地主将他的财产托付给三位仆人保管和运用。地主告诉他们，要好好珍惜并善加管理自己的财富，等到一年后再看他们是如何处理这些财富的。

第一位仆人拿到这笔财富后做了各种投资；第二位仆人则买下原料，制造商品出售；第三位仆人为了安全起见，将他的财富埋在树下。1 年后，地主召回三位仆人检视成果，第一位和第二位仆人所管理的财富皆增加了一倍，地主甚感欣慰。唯有第三位仆人的财富丝毫未增加，他向主人解释说："唯恐运用失当而遭到损失，所以将财富存到安全的地方，今天将它原封不动奉还。"地主听后大怒，并骂道："你这愚蠢的家伙，不花钱怎么能够赚钱？"

第三位仆人受到责备，不是由于他乱用金钱，也不是因为投资失败遭到损失，而是因为他不敢花钱，这对地主来说是极其愚蠢的做法。有句话说得好：会花钱才会赚钱。

的确是这样，现实生活中这样的例子很多。有的人将钱存入银行，不敢花钱，就算一时意外发了财，他也肯定管理不好财富，会让财富慢慢流失。索罗斯在亚洲金融风暴之后回答记者问题的时候就说过：赚钱，一个乞丐就可以做到；花钱，十个哲学家都难以做好。

金钱的实际价值并不是其表面的金额，同样多的钱如何花，最终产生的结果也不同。会花的，能给你带来也许是几十倍、几百倍的收入；不会花的，花了就花了，不仅没有任何收益，甚至有可能还要赔钱。

该花的钱一定要花出去，想挣钱还要会花钱。做大亨与一般人的最大不同在于，大亨的工作实际上就是如何花钱，钱花对了，就肯定能赚钱。精明人的花钱观念就是："只有舍得花钱才能挣到大钱，对该花的钱，绝不计较多少。"但他们花一元钱能起到一元钱的作用，花100万能起到100万元的作用，很少花过冤枉钱。

避险的能力——世界是复杂的，不要轻信任何人

19世纪初，德国人梅里特兄弟移居美国，定居密沙比，他们无意中发现密沙比是一片含铁丰富的矿区。于是，他们用积攒起来的钱，秘密地大量购进土地，并成立了铁矿公司。洛克菲勒后来也知道了，但由于晚到了一步，只好在一旁垂涎三尺，等待时机。

1837年，机会终于来了。由于美国发生了经济危机，市面银根告紧，梅特里兄弟陷入了窘境。

一天，矿上来了一位令人尊敬的本地牧师，梅特里兄弟赶紧把他迎进家中，待作上宾。

聊天中，梅特里兄弟的话题不免从国家的经济危机谈到了自己的困境，牧师听到这里，连忙接过话题，热情地说：

"你们怎么不早告诉我呢？我可以助你们一臂之力啊！"

走投无路的梅特里兄弟大喜过望，忙问："你有什么办法？"

牧师说："我的一位朋友是个大财主，看在我的情面上，他肯定会答应借给你们一笔款子。你们需要多少？"

"有42万就行。可是，你真的有把握吗？"

"放心吧，一切由我来办。"

梅特里兄弟问："利息多少？"

梅特里兄弟原本认为肯定是高息，但他们也准备认了。

谁知牧师道："我怎么能要你们的利息呢？"

"不，利息还是要的，你能帮我们借到钱，我们已经非常感谢了，

哪能不付利息呢?"

"那好吧，就算低息，比银行的利率低 2 厘，怎么样?"

两兄弟以为是在梦中，一时呆住了。

于是，牧师让他们拿出笔墨，立了一个借据:

"今有梅特里兄弟借到考尔贷款 42 万元整，利息 3 厘，空口无凭，特立此据为证。"

梅特里兄弟又把字据念了一遍，觉得一切无误，就高高兴兴地在字据上签了名。

事过半年，牧师再次来到了梅特里兄弟的家里，他对梅特里兄弟说:"我的那个朋友是洛克菲勒，今天早上他来了一封电报，要求马上索回那笔借款。"

梅特里兄弟早已把钱用在了矿上，一时间毫无还债的能力，于是被洛克菲勒送上了法庭。

在法庭上，洛克菲勒的律师说:"借据上写得非常清楚，被告借的是考尔贷款。在这里我有必要说明一下考尔贷款的性质，考尔贷款是一种贷款人随时可以索回的贷款，所以它的利息低于一般贷款利息。按照美国的法律，对这种贷款，一旦贷款人要求还款，借款人要么立即还款，要么宣布破产，二者必居其一。"

于是，梅特里兄弟只好选择宣布破产，将矿产卖给洛克菲勒，作价 52 万元。

几年之后，美国经济复苏，钢铁业内部竞争也激烈起来，洛克菲勒以 1941 万元的价格把密沙比矿卖给了摩根。而摩根还觉得做了一笔便宜生意。

也许有人会说洛克菲勒不守商业道德。但是洛克菲勒并不这样认为，他认为自己的行为完全是合法的、正当的。况且商业经营的最高目的是赚钱，其游戏规则是不受道德限制的。

他这种对待精明的坦然心态，是作为一种传统代代相传，在早期教育中就自觉培养的。

洛克菲勒的父亲叫威廉，他曾经说过:"我希望我的儿子们成为精明的人，所以，一有机会我就考验他们，我和儿子们做生意，而且每次只要能打败他们，我就绝不留情。"

洛克菲勒童年记忆中最深刻的一件事就是：一次，父亲让他从高椅子上往父亲怀里跳，第一次父亲将小洛克菲勒接住了。可是当小洛克菲勒第二次纵身跳下时，父亲却突然抽回双手，让小洛克菲勒扑在地上。威廉无疑是想通过这件事告诉儿子：世界是复杂的，不要轻信任何人，每个人，哪怕是最亲近的人，都可能成为你的敌人。

思考的能力——改变观念，你将会获得控制金钱的力量

1882年，19岁的米高·马格斯无以生计，被迫离开出生地俄国，踏进了英国的土地。来到伦敦，马格斯傻了。他举目无亲，身无分文。他不懂英语，无法与本地人交流。他离开了饥寒贫困的家乡，在人生地疏的异国他乡生计无着。他暗自叫苦，深深感到再也没有比缺乏一项谋生之道更苦的了。

马格斯在伦敦难以立足，被迫逃往英国北部的列斯。当时，列斯聚居着6000多名俄裔同胞。同胞好不容易在纺织业中为马格斯找了一个谋生的职业。但是，由于马格斯体质单薄，没有几天，就被迫去贩卖纽扣、毛线、针、带子、袜子之类的小商品，借以糊口。从此，马格斯又成了一名肩挑小贩。马格斯把贩卖的货物挑在肩上，终日在列斯周围的农村、矿区和约克郡的峡谷里艰苦经营。

挨门逐户往返肩挑的小贩赢利小，生活极其艰苦。马格斯弱小的身体难以承受沉重的扁担和没完没了的奔波。他痛苦地认识到要改变自己的艰难处境，必须改变过去的金钱观念，要想获得更多的金钱，就必须让手中的"小钱"运作起来变成"大钱"，让金钱为自己工作。

1884年，马格斯果断地搁下了扁担，在列斯的露天市场摆了一个摊子。这个摊子虽然很小，经营十分艰辛，但他的生意却很"红火"，一摊子东西往往半天就卖完了，然后用赚到的钱继续进货，继续卖，这样自己手里的小钱动了起来，越积越多。尝到了甜头的马格斯此时不再满足于小摊小贩的生涯，扩大经营的强烈愿望使他渐渐转向管理、监督、购货、运输以及赴各地考察、开设新店等多种业务。他奉行精简和节约的经营宗旨，果断地聘请了许多名助手，主持各店的业务。他的一

些举措使生意越来越兴旺。1894 年 9 月 28 日，31 岁的马格斯终于结束了肩挑货担沿街叫卖的艰苦生涯，以"马狮公司"东道主和创始人的身份出现在英国社会上。

马格斯经营的零售生意除了买卖之外，还具有为社会服务的性质。这是马格斯能够在困境中崛起的一个重要因素。

马格斯处事谨慎而认真，勤奋而节俭。他在贩卖商品时，处处都替劳动阶级的顾客着想。

马格斯每时每刻都在考虑顾客到底需要什么。他的经营宗旨是：千方百计寻找顾客有能力购买的高质商品。必要的时候，他还努力把这类商品创造出来。第一次世界大战前，妇女们主要穿斜纹或毛线裙子、天鹅绒短罩衫、厚呢袄、毛线或线袜。这些服装主要是她们自己缝制。战争爆发以后，越来越多的劳动妇女走进了工厂和作坊，她们发现自己的服装太厚，妨碍工作，操作机器时还有一定的危险。因此，她们迫切希望有一种实惠、轻便、好看的服装。马格斯捕捉到这一信息以后，与制造商紧密合作，"创造"了样式新颖、价格实惠、手工精巧而美观的服装，受到妇女们的普遍欢迎，公司的销售量大增。马格斯的这一经营服务方针招来了无数的顾客，使马狮公司的业务迅速发展。

19 世纪末期，英国的许多商店很阴暗，货物常常放在柜台下面的抽屉里，顾客需要询问几遍才知道商店里有没有货。那些偶尔光顾的消费者往往缺乏进入商店选择货物的勇气，甚至还担心店主欺骗他们。马格斯在经营中体会到，让顾客自选货物和自助购物不仅对顾客方便，给经营者也会带来极大的好处。因此，他别具一格，把货摊分成两部分：一边是售价高于一便士的货物，这些货物各自标价；另一边是价值一便士的货物，货物上悬着一块"不用问价钱，全都一便士"的牌子。

"不用问价钱，全都一便士"，这块十分简单的牌子招来了许多顾客。著名评论家李思认为，这是英国工业革命以来最成功的广告口号之一。这个口号不仅醒目、简单和一目了然，还道出了人们的真正需要。马格斯的顾客以劳动阶级为主，他们大都很贫穷，他们极希望能以较小的代价买到满意的日用品。马格斯的货摊具有公开陈列、容易挑选、价格固定等优势，使顾客可以轻松自如地购货。在"不用问价钱，全都一便士"的小牌子下面，马格斯的货摊经营发生了革命性的变化。在

1890 年间，马格斯已经在列斯、卡素福特、威菲特和百根赫特等地开设了五家以"不用问价钱，全都一便士"为口号的廉价货摊。不久，马格斯干脆以固定价格售卖为宗旨，不再售卖价格超过一便士的货物了。

在商品经营中，马格斯定价的方针很简单：先定下一个劳动阶级付得起的货价，然后寻找可以按此价格出售而同时又有利可图的各种各样的货物。在战争时期，物价飞涨，难以再用一便士的通价出售货物时，马格斯仍然确定以五先令为价格的上限，尽可能以最低价格出售最高质量的货物。假如在此价格内缺少某种货物，马格斯就千方百计把它们制造出来。多年来，尽管市场价格波涛迭起，但马狮百货公司以最低廉的价格为广大民众提供生活必需品的基本原则从来不变。马格斯的广告魔术不仅在英国，而且在世界上也产生了很大的影响。香港等地的街头小贩也用"任拣五毫"或"任拣一元"的口号招待顾客。

随着经营业务的扩大，马格斯在商标创设上又大胆创新。全英 250 家商店全部只售"圣米高"一个牌子的商品，所有货物不是由马狮百货公司自己设计，就是马狮与制造商一起设计的。马狮百货公司还雇佣了 350 名技术人员，在商品的选料、质量控制和生产工程方面，与制造商密切合作，保证每种商品都具有上乘的质量。没有多久，"圣米高"就成为英国家喻户晓、信誉最好的商标之一。百余年来，马狮所支付的广告费微不足道，但马狮却以只售自己专用商标"圣米高"名下的货物为最佳广告媒介。罗伯特·高肯在《每周市场》上评论说："马狮已成为今日市场上最大的力量，圣米高牌子已成为高品质创新的代名词。"

这正是一种以一胜万的广告魔术。

在商品流通日益国际化的当今社会，马狮是英国唯一以采购英国本土制造的货物为主的全国性连锁商。1934 年以前，马狮百货公司的货物 94％以上都是英国制造的。偶尔要进口一些商品，也只局限于某些食品和工艺品等在英伦三岛不能自产的商品。马狮公司经销的主要商品是轻工业品。当这些货物的国际制造中心逐渐向发展中地区转移时，马狮百货公司就不厌其烦地同当地制造商联系，让制造商同他们密切合作，共同维护他们与众不同的经营政策。

马狮的这一经营方针不仅在千百万顾客的心目中树立了自己的形象，还关系到数以万计的英国工人的就业，也向全世界证明了"圣米高"商品的可靠性。这种做法博得了广大富有爱国心的顾客的青睐，赢得了"爱国主义"的美誉，马狮公司在英国一度享有"世界优质物品制作所"的美名，并于1978年荣获"女皇出口奖状"。

马格斯创建的公司经营的并不是高科技产品、奢侈品和高价品，但它所采用的管理制度是举世无双的。它成为几十年来全欧洲最具有创业精神和创新力的公司。如今，马狮公司在英国共有总面积达60万平方米的260多家商店，股东25人，以股份市值计算，已成为英国的第四大公司。每周踏进马狮公司连锁店的顾客超过1400万人。

1966年，英国《今日管理》的总编辑罗伯特·海勒评论说："从来没有企业单位能像马狮百货公司那样，令顾客、供应商及竞争对手都心悦诚服。"美国享有盛誉的管理顾问汤姆·彼得斯及南茜·奥斯丁在他们所著的《精益求精》一书中，高度评价了马狮公司的成功。书中指出："在世界上任何角落里，在芸芸零售商面前，只要你说出马狮百货公司的名字，他们就会肃然起敬。其声誉之高实无与伦比。"当今国际上知名度颇高的管理学权威彼得·杜鲁克把马狮公司称之为西方世界的管理巨人。他在《革新与创新》一书中评论说："近五十年来，英国规模庞大的零售商马狮百货公司所表现出来的创新与革新精神，恐怕整个西欧的公司也无一可及。马狮公司对英国经济甚至社会的影响力，凌驾于任何一个机构之上。"

谋生艰难的马格斯改变金钱观从肩挑小贩到创建国际"超级商店"的传奇经历，为我们树立了一个改变金钱观成为富豪的典范。心动不如行动，如果你现在还不是富人，那不要紧，只要你拥有正确的金钱观，你就已经迈开了成为富人的第一步；倘若你还没有形成正确的金钱观，就请从现在起开始改变你的旧观念，树立正确的金钱观，来提高你的财商。改变你的金钱观是提高财商成为富翁的第一步。这第一步是最重要的，但也是最难的。走好了第一步，以后的路才能越走越顺、越走越快，才能胜利地到达财富金字塔的顶端。

改变金钱观没有什么诀窍，最有效的办法是应该树立以下几种金钱观念：

人生最大的财富是健康，千万别为金钱拼命工作。

金钱不是万能的，但没有金钱万万不能。如果没有掌握金钱的规律，绝对不要用过多的钱去投资，维持生计是人类的第一需要。

金钱是具有生命的活东西，可以在流动中创造更大的价值。要想获得更多的金钱，就必须让手中的钱运动起来。

金钱只是没有价值的符号，不是真实的资产。要努力控制金钱，让金钱为自己工作。

金钱不能给人带来安全，不要把过多的金钱放到银行里，要把金钱变成能带来更多金钱的资产。

只要你具有与大众不同的金钱观念，你就能拥有更多的财富。

以上观念不但要牢记在脑子里，而且要融化在血液中，落实在行动上，才能达到预期的目的。

分析的能力——钱是靠钱挣来的，不是靠克扣自己攒下来的

卡恩站在百货公司的前面，目不暇接地看着形形色色的商品。他身旁有一位穿戴很体面的绅士，站在那里抽着雪茄。

卡恩恭恭敬敬地对绅士说：

"您的雪茄很香，好像不便宜吧?"

"2 美元一支。"

"好家伙……您一天抽多少支呀?"

"10 支。"

"天哪！您抽多久了?"

"40 年前就抽上了。"

"什么，您仔细算算，要是不抽烟的话，那些钱就足够买下这幢百货公司了。"

"那么说，您不抽烟?"

"我不抽烟。"

"那么，您买下这幢百货公司了吗?"

"没有。"

"告诉您，这一幢百货公司就是我的。"

谁也不能说卡恩不聪明，因为第一，他账算得很快，一下子就计算出每支 2 美元的雪茄每天抽 10 支，40 年下来的钱就可以买一幢百货公司。第二，他很懂勤俭持家、由少到多积累的道理，并且身体力行，从来没有抽过 2 美元一支的雪茄。但谁也不能说卡恩有活的智慧，因为他不抽雪茄也没有省下可以买百货公司的钱。卡恩的智慧是死智慧，绅士的智慧才是活智慧，钱是靠钱生出来的，不是靠克扣自己攒下来的。

《塔木德》说："当富人没有机会买东西的时候，他会自认为是个贫穷的人。"如果自己拥有了金钱，却守着它们不松动，把它们紧紧地攥在自己的手里不花，是愚蠢的，更是贫穷的。有钱不能花，不正是穷人的表现吗？所以一个真正的富人，不光会赚钱，更会花钱。

因此，那些走向财富自由的人对自己的生活要求有一种很高的品位，他们喜欢豪华的居所，精美的食物和名贵的车辆，因为只有这样才配得上自己所赚取的财富和自己高贵的地位。

节俭精神与他们享受生活并不矛盾。为了赚取更多的利润，就必须节约不必要的资金。但他们也同样认识到赚取财富是为了更好的生活。他们认为如果赚了钱不用来花，那赚钱对他们来说毫无意义，那样做只会降低自己对赚钱的兴趣。

很多人在日常生活中，买自己喜欢的东西，并愿意为这样的享受付出金钱。在纽约这样的大城市，经常可以在晚上看到在装饰豪华的中国餐馆和意大利餐厅中，坐着颇有绅士风度的成功人士，他们和家人、朋友一边吃着精美的食品、一边亲密地交谈，那惬意的神态让人羡慕不已。他们毫不吝啬地把白天赚来的钱花出去，通常可以为了一顿精美的晚餐而一掷千金。为了享受他们是愿意花钱的。

为了钱，追求钱，人生目标简单直接，清晰明确，这对在赚钱上取得成功极有助益。

定位的能力——如果必须为钱工作，就找一个适合你的工作

俗话说："男怕选错行，女怕嫁错郎"，因此对于想要闯荡一番天地的人来说，一定要找准适合自己的方向，一定要选择一个适合自己的职业。当然在选择职业的时候，一定要有独到的眼光。

约克伦，自打移民美国后，一直从事小本经营。开始的时候他也与众人一样，一直辛辛苦苦地经营着，收入情况一般。在他家附近有一座垃圾场，他发现有人整天埋头在垃圾山里拣"宝"。他想这些人整天在垃圾堆里真是浪费生命。但是有一天，当他深入垃圾山调查，才发现，这些人简直就是在淘金。因为垃圾并不全是废物，其中含有不少宝贵的东西，只要设法把它们分离出来、妥善处理，就可变为财富，况且处理垃圾已成为很多城市、企业伤脑筋的事情，他们宁愿花点钱把它清除出去。他想：我何不也从事这一行当呢！

他下定决心，改变了自己的人生方向，要在不引人注目的垃圾中闯出一条成功之路。约克伦在纽约郊区购置了一块土地，作为垃圾堆放场，还雇用了几个工人，买了一些简单的清理和加工的设备，经营起垃圾的生意。

生意开张的那天，约克伦来到堆放场的门口，对那些运送垃圾的车辆热情相邀，可令他遗憾的是，尽管他喊破了嗓子，却没有人注意他，大概人们把他当成了疯子。于是约克伦只好改变战术，在垃圾场门口写下了巨幅的广告牌，这下效果非常明显。

刚开始的时候送垃圾来的只有几个小厂商，一天只能堆一个小垃圾堆，自己的工作不到 2 个小时，就能够处理完毕。但自从他写了那幅广告牌以后，就有很多人知道了这里可以堆放垃圾，所以生意陆陆续续就开始上门来了。

约克伦指挥手下人把垃圾中的塑料、玻璃片、破布、废铜料、化学品废渣等分别拣出来，送交有关厂家处理。有时人手不够，连自己的

家里人也来帮忙，两个半月后，经济效益就看出来了，他赚了 4 倍于投资的利润，这一数字比他原来小本经营所获利润高出了 20 倍。初步的成功使约克伦信心百倍，他看到由于处理能力的局限，垃圾中不少宝贵的东西分离不出来，只好忍痛埋掉。

为了从垃圾中分离出更多的财富，他用赚来的钱购置了新的垃圾处理设备，扩大了从垃圾中取宝的范围。不久，他又购置了一块更大的地皮，挖了大坑，把他的"垃圾山"扩大成"垃圾海"，并购置了综合处理废料的设备。他大量收进工厂送来的废物、废水进行综合处理，从中提取钼、黄金、铜、锌等金属原料，同时生产出多种有机化肥。这样，仅用一年半的时间，垃圾就为他创造了 190 多倍的巨额利润，约克伦登上了"垃圾大王"的宝座。

以后，"约克伦垃圾公司"的业务已深入到许多领域，他组织了各种类型的垃圾处理公司，使工业垃圾、商业垃圾、生活垃圾等分别得到更合理有效的处理和利用。在约克伦看来，在"垃圾王国"里能开拓的事业，正方兴未艾。

中篇

走向财富自由的进阶之路

第一章 打工——靠自己挣更多的钱

人们每天勤勤恳恳地工作都是为了生存、养家、过上好日子。但很多人不知道自己做的工作其实可以拿到更多薪水，有的人甚至迷迷糊糊地成了老板的"白工"。所以，为了更好地生活，你不仅仅要"能赚"，还要"会赚"。

你值几块金

如今，职场竞争越来越激烈，人们开始在职场上进行"真枪实弹"的较量。很多看起来很现实的问题诸如"你值多少钱""你到底几斤几两"之类已经不再让人难以接受。相反，这些问题因为够直接、够现实，越来越受到大家的欢迎。很多人开始就这些问题对自己进行理性分析：我到底值多少钱呢？

一个人到底值多少钱？这是在职场上衡量一个人的市场价值问题。

从经济学的角度来讲，市场价值是指生产部门所耗费的社会必要劳动时间形成的商品的社会价值。我们知道，由于某种产品生产条件不同，因此它具有不同的个别价值。全部商品的个别价值总和构成了这种商品总量的价值总额。如果用这个商品总量除以价值总额所得到的单位商品的平均价值，就是这种商品的市场价值。

市场价值是自愿买方和自愿卖方在各自理性行事且未受任何强迫的情况下，评估对象在评估基准日进行正常、公平交易的价值估计数额。根据这个定义，我们可以总结出影响市场价值变化的因素主要有商品总量、价值总额、商品的稀缺性和正常公平交易。

为了更好地说明这些因素对个人职场在市场价值中的影响，我们不妨来看一个例子。

张俊曾经当过三年兵。在他大学毕业的时候25岁，没过多久就进入某大型IT集团工作。经过短短5年的时间，他已经从一个业务员晋升为公司经理，当然他的薪水也从月薪1000元上升到年薪100万元。

当别人向他请教取得成功的秘诀时，这位职场上的"常胜将军"告诉别人，"想要晋升和获得高薪，就要弄明白影响职场身价的具体因素有哪些，"他笑着说，"我们可以将自己看作商品，按照商品市场价值的因素来推演职场，通过推演我们得出结论，任何一个人进入职场后，身价都会受到四个因素的影响，那就是同类人才数量、市场价格水平、自身资源稀有性和人才竞争环境。比如IT人才很多，但我有过当兵的经历，这个经历使得我的个人性格得到磨炼，我在竞争中总会百折不挠，以军人的心态克服每个困难，这样我的业绩自然就比较突出。事实上，这个经历也让我具有了一定的稀缺性，人们听说我当过兵，总会对我另眼相看，可以说这是我提高身价的法宝之一。你只要像我一样，善于利用这四项因素分析自己所处环境的优劣，就能自抬身价。"

结合市场价值的定义，我们发现：同类人才数量的总量越大，这种人才就越不值钱；人才市场价格水平越高，个人越可能获得高薪；自身资源越具有稀有性，个人身价就越高；人才竞争环境越有序越正常，越有利于真正的人才实现自身的价值，人才的身价越能得到提升。

舍大利取小赢

在职场当中，切实维护属于自己的应得的利益并不容易，因为不免要处身在人际关系复杂的环境中里，此时情况很复杂，有时候需要小利自己得，大利归他人。

比如大猪和小猪共同住在一个猪圈，猪圈一侧有一个踏板，另一侧有一个食槽，每踩一次踏板，自动投食机就会向食槽投放一点饲料，这样一只猪去踩踏板，另一只猪就会去投食机口抢食物。

结果就会出现这样一种情况：如果大猪去踩动踏板，小猪就会坐享其成，吃到食物，大猪只能气喘吁吁地跑过来分得一点残羹冷炙，然后大猪又忙不迭地跑回去踩踏板，在踩踏板和奔跑之间忙碌，可是只能吃到一点剩菜和剩饭；如果小猪去踩踏板，那么小猪的力气是踩不动踏板的，结果大家都会没饭吃。

那么大猪和小猪应该选择什么策略呢？结果只能是大猪频繁奔波于踏板与食槽之间，因为如果小猪和大猪都不去踩，那么大猪能量消耗得就会更快，小猪耗得起，大猪却耗不起。而大猪去奔波踩踏板，反而能获得一些残羹冷炙，与其坐以待毙，倒不如去奔波。

通过以上例子，说明在一个双方共处、共享的竞争环境中，有这种情况：占优势的一方始终是付出多得到少，而不占优势的一方却始终得到回报多付出少或者无须付出。

在职场中，有的人无意中就充当了"大猪"，比如：当任务完成之后，受到奖励，有的人干得多，收到的奖励少；有的人干得少，得到的奖励并不少。员工一起分加班费也常常会出现这种情况。

某名牌大学面向社会公开招聘两名教授，分别负责经济学和会计学。招聘伊始，应聘者甚众，竞争激烈。经过层层选拔后，有两个教授（称之为甲和乙）赢得了机会，开始最终定岗。大学规定，会计学教授月工资8000元，而经济学教授月工资6000元，而甲、乙两人都想去从事会计学，由此开始最后一次竞争。

双方的大体情况如下：二人均有会计学硕士学位，同时又兼有会计学和经济学两方面的教学经验，而且，甲的会计学教学经验还优于乙。依正常逻辑推测，甲教授已经占得先机，获得会计学教授职位顺理成章。甲教授对此也颇有信心。在与校方交谈过程中，他除了详谈自己的会计学教学经验外，为了证明能力，还谈起自己的经济学教学经历。

然而与之相比，乙教授采取的竞争策略却匪夷所思：在与校方交谈中，他极力否认自己具有经济学教学经验，甚至还有意贬低自己，声称如果自己去讲授经济学，实属误人子弟。从甲、乙两教授向校方传达的信息中可以看出，乙故意拉大了自己与甲的实力差距。然而，最终定岗结果却出乎所有人的意料：乙非常顺利地获得了会计学教授职位，而甲只能退而求其次，教授经济学。

首先确定的是该大学在整个招聘过程中，层层选拔，最后选定出两位应聘者后，已付出大量时间和精力，除非出现极其特殊的情况（如天灾人祸），基本不可能再重新招聘。

所以能力稍逊的乙教授充当了会计学教授，也就是月薪8000元，他主动充当了"小猪"角色，释放出"宁可失去职位（实则未必如此），也无能力担当经济学教授"的烟幕弹。甲教授在无意当中充当了知识渊博、能力全面的"大猪"角色。于是甲教授理所当然地去教经济学，拿6000元月薪了。

在职场中，我们只有学会做"大猪"，才能处于主导地位。即使有机会做"小猪"，我们也要努力把自己养成"大猪"。因为如果一旦"大猪"离开和"小猪"同住的那个猪圈，"小猪"会饿死。做"大猪"也不抱怨，因为吃亏是福，你帮助的"小猪"也知道离开你不行，他也会努力，而且他会记得你的帮助，将来会回馈给你的。

互搭便车最省油

现代学科的细分，使得没有任何人能够成为全才，因此在职场中，采取合作的方式更加有利于合作者的经济利益。这正如在生活中，互搭便车最省油一样。找到合适的人，共同谋求发展，对于合作者都是非常有经济利益的。

从前，一只乌龟与一只兔子争辩谁跑得更快一些。最终，它们决定用一场比赛来分出高下。比赛马上就要开始了，兔子遥遥领先，快要到达终点的时候，兔子想要先在树下睡一觉吧，一会儿再接着跑。但是没有想到，兔子睡着了，乌龟竟然超过它跑到了终点。兔子醒来才发现自己输了。兔子的心情非常失落，它知道是因为自己太大意、太自信才输掉比赛。

于是，它邀请乌龟与它再进行一次比赛，乌龟同意了。这一次，兔子全力以赴，一口气跑完，领先乌龟好几千米到达终点。这回该是乌龟反思了，它知道这样的比赛方式它永远也跑不赢兔子。后来，它思考了一下又来找兔子进行比赛，因为线路稍有不同。兔子同意了，两者同时出发。它们承诺要从头一直跑到尾，兔子全力以赴，可眼看终点快到了，却被一条河挡住了。

兔子坐在那里不知道怎么办。这时，乌龟却一路蹒跚而来，冲入河里游到对岸，继续爬行，完成了比赛。这次比赛之后，兔子和乌龟都开始检讨，它们觉得如果再来一次比赛，能够比上一次表现得更好。于是，它们一起出发，先是兔子扛着乌龟，直到河边，然后乌龟驮着兔子过河。到了河对岸，兔子再次扛着乌龟，最后一起抵达了终点。比起前几次，它们都获得了更大的成就感。

这个例子中的龟兔合作，让我们认识到合作可以战胜自身无法超越的困难，这种合作使得双方克服短处发挥长处，到达目标。从经济的角度来看，职场上的这种合作是一种双方各有特长，双方各自发挥所长，那么就更具合作效率。

再看一个合作双赢的例子：

有一个人找到传教士，他想要知道天堂与地狱究竟有什么不同。教士带他走到房间里面，里面有一群人围坐在一日大锅旁相互叫嚷着，尽管他们每人手中都有一把汤勺，但勺柄太长他们根本不能把盛起的汤送到嘴里，所以都只能眼睁睁地看着锅里的美食而饿肚子。接着，教士又带他进了另一间房子，一样的锅和勺子，但每个人却都在享受美味，因为他们在用长长的汤勺喂对方吃。教士告诉他：第一间房子是地狱，这里就是天堂。

职场中，通过不同专长的合作实现双赢，这一观点已经得到了社会各界的普遍认同，所以职业合作正在逐步取代以往占主导地位的职业竞争，不同人才的职场合作正成为现代社会职场上的主流。

在市场经济中，任何谋求发展的个人想要立于不败之地，都必须团结不同特长的人才共同发展，与时俱进，不断创新，才能获得职场的共同发展。

防治职场路径依赖

1993 年诺贝尔经济学奖的著名经济学家道格拉斯·诺斯提出了"路径依赖"这一概念。诺斯认为，事物一旦进入某一路径，就可能对这种路径产生依赖，这就叫"路径依赖"。

人们在职场中的经济生活，存在着一种习惯性机制，这种习惯性表现在如果选择走上某一路径，就习惯于重复每天的工作，这样就形成"路径依赖"。

有这样一个实验：

有人将 5 只猴子放在一只笼子里，并在笼子中间吊上一串香蕉，只要有猴子伸手去拿香蕉，就用高压水枪教训所有的猴子，直到没有一只猴子再敢动手。然后，用一只新猴子替换出笼子里的一只猴子，新来的猴子不知这里的"规矩"，竟又伸出上肢去拿香蕉，结果触怒了原来笼子里的 4 只猴子，于是它们代替人执行惩罚任务，把新来的猴子暴打一顿，直到它服从这里的"规矩"为止。

实验人员如此不断地将最初经历过高压水枪惩戒的猴子换出来，最后笼子里的猴子全是新的，但没有一只猴子再敢去碰香蕉。后来人和高压水枪都不再介入，而新来的猴子却固守着"不许拿香蕉"的制度不变，这就是路径依赖的自我强化效应。

职场中，对于新员工，不要以为他们没经验，而要多听取他们的建议。这样也可以换个角度看问题，避免路径依赖。

从前，一户人家的菜园里有一块大石头，宽约 40 公分，高约 10 公分。到菜园的人，一不小心就会踢到那块大石头，不是跌倒就是擦伤。儿子问："爸爸，那块讨厌的石头，为什么不把它挖走？"爸爸这么回答："你说那块石头喔？从你爷爷时代就一直在那里了，它的体积那么大，不知道要挖到什么时候。没事无聊挖石头，不如走路小心一点，还可以训练你的反应能力。"

若干年后，这颗大石头留到了下一代，当时的儿子也娶上了媳妇。

有一天儿媳妇气愤地说："爸爸，菜园那块大石头，我越看越不顺眼，改天请人搬走好了。"爸爸回答说："算了吧！那块大石头很重的，可以搬走的话，我早就搬走了，哪会让它留到现在啊？"儿媳妇心里很不是滋味，那块大石头不知道让她跌倒过多少次了。

有一天早上，儿媳妇带着锄头和一桶水，将整桶水倒在大石头的四周。十几分钟以后，儿媳妇用锄头把大石头四周的泥土搅松。儿媳妇早有心理准备，可能要挖一天吧，谁都没想到只用了几分钟就把石头给挖了出来，看看大小，这块石头根本没有他们想象得那么大，他们都被它巨大的外表蒙骗了。

"路径依赖"使得很多人习惯于以同样的方式处理工作中的事情。在职场中，人们已经熟悉的工作环境、工作方式使得人们常陷入路径依赖的怪圈。当新的工作机会出现时，人们不敢接受。

认识职场的路径依赖，才能防止这种"习惯病"的发生。人类与动物的不同就在于人类有智慧，能够不断发现未知空间并开拓视野。

在职场中，注意不能用一种老眼光、一种旧习惯来关注我们这个快速变化的社会。只有以新的思维和运作模式应对外部环境的变化，才不会被淘汰。

给我这点钱我可不干

效率工资，指企业或其他组织支付给职员的远高于市场平均水平的工资，用这种方式激励职员发奋工作一种薪酬制度。

20世纪初，美国汽车业迅速发展，汽车工人都具有很强的工作流动性，这在无形当中为企业的平稳发展带来了巨大的压力。同时，劳动市场对于人才的渴望也助长了工人在劳动过程中产生的机会主义。1914年，亨利·福特给自己的员工们开出每天5美元的薪水。按照当时的工资水平，一般职工每天可以挣得的工资在2～3美元之间，然而，福特公司的工资远在均衡水平之上。求职者纷纷而来，在福特汽车工厂的外面排成长队，为了争夺工作岗位几乎发生骚乱。

福特公司为什么要支付远在市场工资水平之上的工资呢？亨利·福

特回忆说道："我们之所以愿意支付这些工资，是在为自己的将来建设，是为公司奠定持久的基础，因为低工资的企业总是没有保障的。我们所做出的最好的减少成本的事之一就是为每天 8 小时支付 5 美元。"

根据当时的一份调查报告显示："高工资让福特摆脱了惰性和生活中遇到的阻力。工人非常听话，而且非常有把握地说，从 1913 年最后一天结束的那一刻起，福特工厂的劳动成本每天都在下降。"高工资在很大程度上提高了职员工作的积极性，增强了企业凝聚力，福特公司职员的辞职率下降了 87%，缺勤率也下降了 75%，解雇率下降了 90%。高工资为福特带来了更高的劳动生产率，福特的汽车价格比其他公司的汽车便宜很多，汽车销售量从 1909 年的 58000 辆一路飙升至 1916 年的730000 辆。

通过支付高工资来达到减低生产成本的目的在常人看来简直是天方夜谭，因为它完全背离了传统经济学的逻辑。但是事实上，正是因为工资高，职工才愿意留在自己的岗位上。这样一来，岗位的稳定性得到了增强，工人劳动生产率得到了提高，成本自然就降低了。不是吗？

福特公司自采用了效率工资后，职员努力工作的动机增强，偷懒等败德行为的动机有所降低，败德行为的概率不断下降，这样就减少了监控成本。福特汽车公司既是一个技术创新者，还是一个制度创新者。福特公司在汽车业可以如此成功，不仅是其流水线应用的技术的不断创新，还是因为其效率工资应用制度的不断创新。

效率工资作为一种激励机制，已经被我国的一些企业采用，主要是因为在知识经济时代，员工的努力程度变得更加难以控制，员工偷懒、泄密等败德行为的风险更大、成本更高，所以，采用效率工资的激励制度可以有效地解决知识企业监控困难。更重要的是，效率工资可以通过高于市场工资水平的高工资为公司挑选出更加优秀的员工，并将其留在企业中。

要补休还是要加班费

《新民晚报》法治视窗栏目里有这样一篇报道：

为了一天的加班费，上海一家货运代理公司的操作工贺小芳向虹口区劳动争议仲裁委员会提请仲裁，要求公司支付加班费。

在前些天，公司接到了一批货物紧急上船的任务，所以提出了让贺小芳加班的要求，她欣然答应了。不久，公司安排她补休。因为想要多挣一些钱，贺小芳不愿意补休，希望公司支付给自己一些加班费。公司一口拒绝，并认为公司一贯的做法就是员工加班安排补休，从来没有支付过加班费。

在仲裁委的庭审过程中，贺小芳提出，休息日加班，要加班费还是补休，自己有权利做出选择。公司强行安排补休，严重侵害了自己的合法权益。但是公司声称：加班的补偿形式有支付加班工资与安排补休两种形式，公司根据《中华人民共和国劳动法》的有关规定做出这样的安排并没有什么不合适，劳动者应该服从公司的安排。

最后，劳动争议仲裁委员会根据《中华人民共和国劳动法》对这项案件做出裁决，贺小芳的请求没有得到支持。

其实，从经济学角度来说，这篇报道反映的是劳动与闲暇问题。

每个人的时间是有限的——一天24小时，每天人们将这种资源配置于两种用途：劳动与闲暇。劳动主要指有报酬的活动，例如上班或者从事商业活动等。闲暇主要指一切没有报酬的活动，例如休息、娱乐和家务劳动等。人们将多少时间用于劳动，多少时间用于闲暇，取决于劳动的价格，也就是实际工资水平。人们选择闲暇是因为在他们眼里闲暇可以比工作带来更大的效益。比如，贺小芳认为劳动的效用大于闲暇的时间，所以她选择了放弃休息，索要加班费。在现实生活中，可能大多数的人会选择补休不要加班费。在他们看来，闲暇的效用高于劳动的价值。

在人们选择劳动还是闲暇的时候，劳动的价格发挥着决定性的作用。实际工资的变动会引起两种效应：替代效应与收入效应。替代效应主要指工资增加，人们用工作替代闲暇。这是因为工资增加时，闲暇的代价就高了。

随着经济的发展，人们的观念也在不断变化。许多人觉得：拥有充足的时间与高质量的闲暇生活是人真正富有的标志。比如，2008 年 6 月 17 日法国总工会与法国民主工会联盟联合发动了全国性的示威。在法国有大约 50 万人涌上街头，表现出对萨科齐政府准备延长法定工作时间与推迟退休年龄等改革措施的强烈抗议。法国人之所以举行全国性大示威，目的就是为了获得更多的闲暇时间。

总之，人们通过不断的努力和选择，在劳动与闲暇之间寻找到某种平衡，从而实现自己最大的满足。

把创新当成一种习惯

创新是企业发展的动力，也是员工增强自身竞争力的有效途径。有创新才能有发展。一个优秀员工必定是做事高效的员工，因为只有高效才能让员工业绩突出，得到老板的赏识。要想高效率做事，员工就必须具备一定的创新能力。而一次、两次的灵光一现，并不能让你真正具备高人一等的资本。只有坚持长期不断地创新，才能在工作中不断提高，超越别人，也超越自己。把创新当成一种习惯，你就是老板需要的那个人。

麦克原先是一家洗衣店的员工。他是一个有着创新精神的年轻人，他一直在思考怎样才能增加人们洗衣的次数。他知道很多洗衣店都要在每一件烫好的衬衣领子上加上一张硬纸板，以防止其变形。于是，麦克便想："我能不能对这张硬纸板进行改进，以使其更具价值呢？"

一天，他突然有了一个灵感，即在纸卡的正面印上彩色或黑色的广告，背面则加入一些别的东西，如孩子们的拼图游戏、家庭主妇的美味食谱或全家可在一起玩的游戏等等。麦克把他的想法告诉了老板，老板高兴地接受了他的建议，并立即着手采取了行动。有些家庭主妇为了搜集麦克的食谱，把原本可以再穿的衬衣也送来烫洗。此举不仅使洗衣店赚到了一笔不小的广告费，而且也为洗衣店带来了巨大的经济效益。麦克的创新之举不仅使他的业务量大增，他本人也因此被老板提拔为助理。

也许很多人认为创新是企业领导者的事，与自己无关，这种认识是完全错误的。正如一位老板所说："我们每个人都有可能成为创新的人，关键是看我们有没有创新的勇气和能力，能否掌握创新的思维方法和运用创新的基本技巧。"其实，创新并不是高不可攀的事，每个人都有某种创新的能力，但问题是有没有发挥你的创新能力。职场中的许多人养成了一种惰性，只是每天重复性地完成工作，甚至就根本不去想创新的事。他们一切都按固定的模式去做，结果做来做去，始终平平庸庸，没有丝毫的改变和进步，这样的人谈何竞争力？

我们知道，一个企业的发展和创新来源于有创新精神和创新能力的员工，而且随着信息经济的飞速发展及产品换代升级的周期愈来愈短，企业的用人观念也不断更新，创新能力被提到了一个重要的位置。在一些企业里，一名员工是否具有创新意识和创新能力，是决定他的前途的重要指标。如果只是埋头苦干，却没有任何思想的人，不到3个月的时间，他就会被辞退。

在一些企业里，每一次面试通常都会有多位老员工参加。每一位员工都要事先分配好任务，有的会出智力方面的问题，有的会考反应的速度，有的会测试创造力及独立思维的能力，有的会考察与人相处的能力及团队精神，有的专家则会深入地问研究领域或开发能力的问题。面试时，他们问的问题也都是特别有创意的。比如，测试独立思维能力时，他们会问这一类的问题：

为什么下水道的盖子是圆的？

请估计本市共有多少加油站。

这些问题不一定有正确的答案，但是他们由此可以测出一个人的思维方式。

从"考碗族"到"钉子户"

你听说过"考碗族"吗？这可不在我国的 56 个民族之中，而是现在大学校园里的一个特别的族群，这个族群的群众是由报考公务员的大学生组成的。这个"碗"是指人们的职业，是人们赖以生存的工作。

人们把中央国家机关公务员称为"金饭碗"，直辖市省级公务员称为"银饭碗"，地市级则为"铜饭碗"，镇街道一级的就是"铁饭碗"了。多数"考碗族"的价值标准是：从单位级别来看越高越好，从经济程度来看，省份越发达越好，从离家远近来看则是离家越近越好。

面对竞争激烈的公务员考试，不少"考碗族"不惜投入大量的时间、精力和金钱，一年又一年，直至变成了公务员考试中的"钉子户"。出现这种情况不仅使旁观者难以理解，就连"考碗族"自己也很困惑，他们在回答公务员工作是否适合自己、公务员是否是最稳妥的出路时也总是面露难色。显然，这些问题的答案是未知的。在"考碗族"火爆的背后，我们也看到了问题的实质在于大学毕业生人数与工作岗位的供求关系。

根据供求关系，我们先看大学生供给：从量上看，随着大学校园不断扩招，毕业生人数也在逐年增加，可以说"供应量"是很充足的。再看需求：虽然经济的快速发展创造了越来越多的就业机会，但随着世界通货膨胀形势的不断发展，全球经济形势也大受影响，新增岗位的数量远低于毕业人数。总而言之，毕业生现在是供大于求的形势。在供大于求的情况下，出现的局面只能是多个学生来争夺一个工作机会。

"考碗族"的出现还有另外一个原因，人们的传统思想认为大学生都是社会的精英，这就致使大学生对自身的认识不够客观，他们认为自己是天之骄子，理应选择诸如国家公务员等在人们看来前景光明的职业。

我们知道，经济学是一门利己的学科。根据利己原则，每个人都渴望谋求自己的利益最大化。从这一点出发，大学生就业时选择发达地区、大型企业、热门职业，都是利己的表现，是可以理解的。

但经济学同时也是一门讲究理性的学科。这些大学生不考虑自己的专业、具体条件，就盲目地追逐大型企业、热门职业，显然是不理性的选择。这种现象对用人单位也会出现不利，如一些欠发达城市、中小企业和普通岗位就出现了用人短缺的现象。

除了"考碗族"，大学生就业还出现了"零工资"现象。大学毕业生与就业市场之间由于供求关系失衡，造成很多毕业生竞争一个职位的局面。为了获得一份工作，很多大学生别出心裁地运用了经济学方式推销自己——零工资。表面看来，零工资降低了企业的用人成本，很具有吸引力，但事实并非如此。

晓丽是 2010 届新闻系的毕业生。毕业时，她在市内某电视台实习，到现在已经将近一年的时间。晓丽虽然已经实习期满，但目前的身份还是"零工资"的实习生。尽管她每次出外景可以拿到一些补贴，但这些微不足道的补贴也只能勉强维持生活。她无奈地说："即使只是拿些生活补贴，总比在家闲着好。没有工资，算是自己为积累工作经验所交的学费。"

应该说，晓丽的心态很好。但是，我们也应该理性地思考一下："贱卖"自己是最好的选择还是最糟糕的选择？没错，大学生就业市场的确是供大于求，一旦求职者怀有"贱卖"心理并在行动上有所表现，就很可能被招聘单位认为是"劣质品"而拒之门外。

总而言之，"考碗族"和"零工资"都是一种不太理智的求职心态的表现，大学生在就业时一定要根据自己的能力，审时度势，做正确的职业选择。

面对内卷化，入坑还是不入坑

内卷化是指一个社会既没有突变式的发展，又没有渐进式的增长，长久以来，社会只是不停地自我消耗与自我重复。任何事物一旦卷入内卷化状态，就会深陷泥沼而无力前进。

内卷化效应这一概念源于盖尔茨对爪哇岛的调查。

爪哇岛作为印尼的第四大岛，是一个人口稠密、风景如画的岛屿。这里作为世界著名的旅游胜地，各地游客纷纷而来。在 20 世纪 60 年代，美国人类学家盖尔茨长期居住于此。他常年潜心于当地的水稻生产，可是他发现年复一年，爪哇岛上的水稻产量却一直维持在毫无进步的情况下。

盖尔茨将这种情况命名为"内卷化"，随后这一概念就被广泛地引入了经济与政治之中。

老刘在公司工作了一辈子，再过几个月就退休了，可是他的心里却是酸溜溜的。这并不是因为他不舍得自己的工作，而是因为回首过去，那些曾经与自己共事的同事，现在全部都升迁了。只有自己这么多年依然在原地踏步，毫无进展，所以心里很不是滋味。

同样地，老赵最近也非常郁闷。老赵是一个文学爱好者，一直酷爱写作，也是自己的职业，年轻时就记得张爱玲的那句"出名要趁早"。在自己年轻的时候，他还曾因为一部小说获得全国性大奖。而今 20 几年过去了，年过半百的他却依然籍籍无名，自己所写的作品也无人问津，而且自己的职位也比较低，过去那些不知名的同行，如今却都成为了大作家，他开始怀疑自己选择的路是否正确。

人们总是说，信念决定命运。可是如果一个人觉得自己的一生都该如此的话，他的命运也基本上就不会再有所改变了，生活就是充满如此多的自怨自艾；如果一个人觉得自己还能够有所作为，并且付出努力与行动，那么终有一日，他会有所斩获。正如那句话所说：拼搏不一定能够得到，但是不拼搏是无论如何也得不到的。

上面所提到的老刘与老赵认为自己一生只适合这个职位，或者只是认为自己能获得更高的职位，而不付出努力与行动，那么他们得到升迁的机会与动力自然就会消失殆尽，他们的前途也就不难想象了。

当然，个人内卷化的一个重要原因也与个人能力有关。通常，个人能力包括"专业"与"处世"两个方面，二者也是相辅相成的。能力是一个人的立世之本，自己的处世能力完全可以使自己的专业能力如虎添翼。可是，如果只重视专业能力而不顾人际关系，你就难以找到用武之地；而那些只重视处世能力而毫无专业能力的人，最终也只会落得个拍马屁的小角色而已。只有将两者完美地结合，个人的才华才能得到充分发挥。

千百年来，中国的许多农民过着日出而作、日落而息的生活。一代一代的农民在那片土地上无声无息地繁衍着，生活观念鲜有改变，而人们却浑然不觉。

曾经有一位中央台记者在陕北采访的时候，见到一个黄土高原上放羊的小男孩，便有了这样一段精彩的对话："你为什么要放羊呀？""为了卖羊赚钱。""那卖了钱做什么用呢？""为了娶媳妇。""娶媳妇是为了干什么呢？""生孩子。""生孩子是为了做什么呢？""放羊。"

小男孩的几句话就清晰地表达了他内心的内卷化状态，这个简单的对话也折射出了许多农民的思想。社会上很多人的生存状态长久以来不做任何改变，他们根本就没有想过要改进自己的生活状态。思想上的封闭，使得内卷化效应的第一道关卡被打破就成为不可能。

不要认为竞争就是应该独享荣耀

一个人敷衍了事，两个人互相推诿，三个人则永无成事之日，这就是"华盛顿合作规律"。这个定律强调的是团结合作的重要性，缺乏团队协作只会使得团队进度缓慢，甚至整个项目失败。

如果考察力的作用，就比较简单：如果作用于同一物体上的两个力的方向相同，那么合力就是两力之和；如果作用于同一物体上的两个力，方向相反，其合力为两个力的差。

职场中，人与人的合作不是人力的简单相加或相减，而要复杂和微妙得多。

假定每一个人的能力都为1，人与人互相合作，那么10个人的合作得好的话，结果会远远大于10，但合作最差时，合力会小于1。

在职场，要避免华盛顿合作定律，就要时刻记住责任是自己的，功劳是大家的。即便你凭自己的努力获得成果，也不能独占功劳。你独享成果，容易使其他同事产生反感，就会为你和同事之间的合作带来阻力。

现代职场是一个充满竞争与合作的地方。初入职场，我们就可能面临着同事之间的竞争与合作。竞争的结果可能是：竞争使你变得更优秀；另一种你虽然已经变得更优秀了，但是你仍然比不过同事优秀，被淘汰出局。

美国有一个家庭日用品公司，几年来生产发展迅速，利润以每年10%～15%的速度增长。这家公司建立了利润分享制度，把每年所赚的利润，按规定的比例分配给每一个员工，这就是说，公司赚得越多，员工也就分得越多；员工明白了"水涨船高"的道理，人人奋勇，个个争先，积极生产自不用说，还随时随地地检查出产品的缺点与毛病，主动加以改进和创新。

通过这个例子，我们要认识到职场的黄金原则就是要与同事合作，利益大家分享，责任人人争着承担。如果你在职场上取得成绩，那么你要明白：你取得的成绩是离不开同事的帮助，你不应该独占功劳。

老梅是一家出版社的编辑，并担任该社下属一个杂志的主编。平时在单位里上上下下关系都不错，而且他还很有才气，工作之余经常写点东西。有一次，他主编的杂志在一次评选中获了大奖，他感到荣耀无比，逢人便提自己的努力与成就，同事们当然也向他祝贺。但过了一个月，他却失去了往日的笑容。他发现单位同事，包括他的上司和属下，似乎都在有意无意地和他过意不去，并处处回避他。

过了一段时间，他才发现，他犯了"独享荣耀"的错误。就事论事，这份杂志之所以能得奖，主编的贡献当然很大，但这也离不开其他人的努力，其他人也应该分享这份荣誉，而现在自己"独享荣耀"，当然会使其他的同事内心不舒服。

当你在职场上因优秀的表现，而获得赞誉时，注意不能独享荣耀，否则你的独享荣耀行为会给你的职场关系造成不良影响。因此获得荣誉后，要与同事分享。

职场中正确对待荣誉的态度应该是：与同事分享荣誉、感谢领导和同事的帮助。还需更加谦虚，工作仍然需要继续努力。

在职业生涯中，圆融的处世之道就是荣誉不独享。时刻注意自己的团队意识，摒弃"单打独"的作风，而要具有"众人拾柴火焰高"的职业意识。这样做不仅会使你的工作更上一层楼，而且也有益于你的人际关系更加融洽。

总之在职场中，功劳大家分对你的职业生涯更有利。

别总想着变得更好，尝试着去与众不同

在职场中，要想脱颖而出，就必须有自己特殊的一面，一个普通职员很难引发别人的注意。只有成为一个在职场不可替代的人，才能在职场长久生存。虽然每个人都具有独特性，但是在职场中能够成为不可替代的人却并不容易，这就要求你需要做出独特的贡献。简言之，就是寻找自己的特长，并发挥出来。

已经毕业两个月了，虽然一直很努力地求职，可张华的工作还是没有一点眉目。漫无目的地走在熙熙攘攘的大街上，一股失落感把张华笼罩起来，他不相信自己就那么的没有价值。

无意中，他看见了一家广告公司的招聘启事，要求本科以上学历和至少两年的工作经验。但只有大专文凭的张华还是决定抓住机会试一试，可根据启事上的信息，面试时间已经过了。

情况总是事与愿违，感到一丝沮丧的张华不知道哪里冒出了一股冲动，奔回家打开电脑查找了这家公司的资料，并记下了面试负责人的名字和联系方式。

第二天，张华拨通了负责人的电话，很有礼貌地说："您好，我是一名求职者，之前由于错过了初试时间，没有赶上面试。希望贵公司能给我一次机会，我相信自己有能力胜任这份工作。"就这样，张华获得了这次宝贵的面试机会。

当面试官得知张华只有大专学历，又是一个没有经验的应届毕业生，便二话不说拒绝了他。这时，不甘心的张华抱着最后一丝希望说："虽然我之前没有接触过广告领域，但是在学校我担任过学生会主席，做过销售员，兼任过报社的记者，有过一定的工作经验。我相信自己完全有能力胜任这份工作。"一面说着，张华一面递上了自己精心设计的面试材料。

见面试官没说什么，张华再次鼓足勇气说道："文凭仅代表一个人接受教育的程度，我相信贵公司要的是能为公司谋利益的人，而不仅仅是'一纸文凭'，很多成功的人也并没有本科学历呀！"

"年轻人，欢迎你加入我们！我欣赏你的勇气和自信！"面试官站了起来，给了他一个有力的握手。

从上面这个例子中，我们知道参加面试，当面试官手中已经抓着厚厚的简历时，我们能够脱颖而出的不是单单依靠学历、文凭。如果想要在众多竞争者中脱颖而出，就必须寻找自己的"卖点"，即你的优势所在，并给面试官以深刻的印象。

在职场中，如果你所做的工作有人可以替代，那么你需要寻找出自己的特点和特长，并与有其他特长的同事相互配合，制造出自己独特的"品牌"。例如：优秀的专业能力，独特的人格魅力，擅长人际交往，出色的团队协作能力，优秀的业绩表现，在某些特殊领域的专业经验，言必行、行必果的诚信态度等都能成为你独特品牌的标签。

罗丝是航空公司的一名高级乘务员。从工作的第一天起，她无论多忙都一定要腾出时间与顾客交流，她很清楚，做到这一点能让顾客感受到自己受到了重视。而同公司的许多其他乘务员大多只是按部就班地照章办事，很快，罗丝的这一工作习惯令她在工作中显现出与众不同的办事能力，受到了上司的赞许。

在职场，意图立于不败之地，就需要寻找自己独特的"卖点"，就是寻找自己具有核心竞争力的价值所在。而你如果想在职场中具有核心竞争力，就需要不仅是例行公事地完成每天的工作，还需要运用聪明的方式把工作做到更精、更好。

理想很重要，但比理想更重要的是利益

许多企业老板都知道重承诺、守信用，是维护买卖双方经济利益的基本保证。可是在劳动力市场，却有许多老板以虚假承诺骗得巨额利润。

在现实生活中，常常有些老板们给员工发薪的时候，虚假承诺。

让员工像马儿一样快跑，又要马儿少吃草，这是老板们的普遍心理。于是这样的老板当然要给作为马的员工虚假承诺：快点跑吧，前方是大草原，跑到那里后，你们就可以歇上一个世纪……实际上那只是一顿想得到、看不着、吃不到的饕餮大餐。

在职场，你终于下定决心和老板谈薪水的时候，老板却充满艺术地大谈理想，大讲发展远景，于是你听得热血澎湃，最后你忘记了薪水问题，愉快地回到工作中去了。

老板都用薪酬、工作机会、工作环境等挖掘员工潜力。那么，企业老板用那些虚假承诺吸引员工呢？

1. 许"黄金万两"

"来吧，努力干，月薪将会超过百万元""努力干啊，现在虽然工资低，等公司发展了，利润分红""加油干，现在没加班工资，但是工资会涨的"……这样的许诺，常常会打动员工。但是最后却让你的付出远远高于得到。

2. 以"精神鸦片"迷惑

"公司没有你就无法正常运转""没有你哪有公司"……常常把肯定员工价值的话语说出来，但是激励仅仅停留在精神激励上，而在物质激励上却吝啬有加。然而，社会是物质的，人是生活在"物质"基础之上的。

3. 给"高官要职"

"我已经计划培养你做部门高管""尽快培养你成为公司骨干"……老板给优秀员工承诺高职位或重要岗位。可是还没等到兑现，老板就已经以员工"不满"，招聘更优秀的人才了。但是还继续以低薪聘用。高职迷惑的另一轮欺骗。

更有老板，限制员工发展，因为担忧员工发展后，会自创企业，强过自己的企业。

好企业就像一所学校，使员工获得专业、技能的进步。太阳能行业的龙头企业之一天普集团曾经给社会"输送"了大批"人才（离职员工）"，这些人才有的到其他企业做了高管，有的自行创业。

4. 承诺"附加价值"

"加油干，到年底安排你去度假，可以带家属去""公司发展后，我给你配车"等，这种号称为员工提供工资以外的福利或待遇，如果兑现，就可以在老板那提升自己的信任度。可是要知道这部分既然是"附加价值"，那么如果分给员工自然是需要增加运营成本的，那么老板对于这部分打折扣你找他怎么说理呢？

5."空口套白狼"

这种老板最坑人，只是空口说，从来不兑现。不仅空口说，而且在这种老板手下工作的员工，既拿不到合适的薪酬，也没有发展技能的空间，说白了就是耽误时间。工作经验长不了，学习机会没有门。

这种老板既不让员工赚钱，又不让员工发展，甚至频频向员工施加压力，使员工没信心，工作没快乐，自然也就没有效率，想跳槽，自己已经没信心了，其实就在这样的公司里产生了内卷化。于是就这样一直处于人生低谷。

总之，争取合适的职场薪酬要有心计，对于老板给你的那些不切实际或者不够具体的薪酬，你需要和单位签订明确的合同。如果老板对你总是描绘美好未来，你只能当他是演讲大师在演讲，不能够当真。如果还希望留在公司干，那么需要你勇敢开口和老板讨论薪水、福利；如果你对老板加薪已绝望了，那么赶紧找新公司吧。

第二章 创业——让别人为我赚钱

对创业者而言，这是一个最好的时代，也是一个竞争最激烈的时代，和打工相比，创业要困难得多，并不是所有人都适合创业，也不是所有人都能够经受住失败、经受住打击的。所以，踏踏实实打工是一条稳妥的路，但如果选择了创业就不要被暂时的失败打倒，不是有句话这么说嘛：再穷不过讨饭，不死终会出头。

平衡才能求得生存

《犹太法典》中记载着这样一个故事：有一天，两个男子正没命似的在前边跑着，后边几个人狂命追奔，显然他们是在追杀前面那两人。前边两人拼命地向山上逃，最后来到一个断崖边，这里没有桥，只有一条绳子通到对面，平时这绳子就是人们过往的唯一出路。二人谁都没有爬绳子的经历。但为了逃命，两人只好硬着头皮沿这条绳子走过去。

说也奇怪，第一个男子就像是走钢丝的高手一样，蹭蹭蹭几下就到了对面。第二个男子紧跟着来到绳子边，他向下一望，下面是深不可测的山谷。他很害怕，就大声问第一个人："你是怎么走过去的？有什么诀窍？"

那人在对面回答："我是生平第一次走这种绳子，我也害怕得很。如果你问我为什么能走到这边来，我只能说当我快要倒向一边时，就在另一边用力，保持平衡的缘故。"

"只有保持平衡，才能求得生存。"这则故事向世人透露的就是这样的观念。那么，如何才能使人们真正得到内心的平衡呢？有人发明了一种人际平衡术，他一反许多公司所强调的顾客第一的原则，而强调"我们的员工第一，我们的顾客第二，这样做，一切都会顺利"。在这个口号中，他巧妙地使用了第一和第二来平衡职工和顾客的关系，从而为争取公司人员的团结奋斗提供了一个好的前提。

合作的基础在于共赢

一次，瓦雷斯乘坐火车去往城市，当轰鸣的火车到达城市近郊时，通过一片大约 1000 英亩的原野。这片土地沟壑纵横，铁路支线的轨道和四轮马车留下的泥泞的车辙相互交叉，此外，到处都是一些刚刚奠基的式样怪异的建筑。

"修这些东西要做什么？"他问身边的人。

"这个鬼地方呀，听说要建新的钢铁厂。还不是谁建谁赔钱！"那个人一边大声咀嚼着嘴里的烟叶，一边简短地回答道。

可是瓦雷斯则陷入了沉思之中，别人看作是鬼地方，但是我认为这里却是一块风水宝地。于是当列车在这里进站以后，本来要去城市的瓦雷斯在这里下了火车，直奔工程负责人的办公室———一个临时搭建的帐篷。

工程主管名叫马斯特，是一个身高 6 英尺的魁梧粗壮的大块头。主管看他的样子就问："先生，有什么事情吗？"

"你好，先生，我叫瓦雷斯，看到这里正在大规模地修建，我来看看我们能否合作呢？"

"合作？"那个主管只是用眼睛打量了瓦雷斯。显然，这个瘦小的男人在他眼里似乎不太可能成为合作伙伴。

"是这样的，我有一个非常专业的施工队，我们能够承担建设任务，无论条件多么艰苦。"

"可是，我们这里人手还有些富余呢！"

"先生，您可以考虑考虑，虽然多用人没错，但是人毕竟有些地方不如机器，我的施工队伍都是机械化作业。"

"留下你的名字和联系方式，"主管直截了当地吩咐说，"如果我需要你的话，我会在一周之内和你联系的。"

"好吧，我等你的好消息。"瓦雷斯走了，满怀期待地走了，他回到家以后天天算计着日子，期待那个主管的电话。

在心急如焚的等待中，一个星期过去了，10天过去了，可一直都没有接到马斯特的电话。由于不堪这种等待的煎熬，认真的瓦雷斯决定再动身去一趟那个钢铁厂。令他惊喜交加的是，马斯特主管居然张开双臂欢迎他的到来。当然二人也愉快地谈成了他们的生意。

为什么会有如此戏剧性的场面呢？原来马斯特一直认为来人不过是说说罢了，并不会当真，而且在他看来瓦雷斯也不像个有钱的人，尽管他十分需要帮助，但是他认为这人不可靠。但是当瓦雷斯第二次来的时候，马斯特相信了他，两个人详细谈了各自的想法，以及双方合作的细节，当然最后二人也成功地进行了合作，实现了共赢。

瓦雷斯为什么能够成功，因为他的真诚合作精神打动了马斯特，而马斯特也认为这种合作能给他带来利润，是一笔不错的买卖。在他看来，充满梦想和合作精神是每一个成功者所必备的。任何人，除非他生活在与世隔绝的深山密林中，靠捕猎为生，不需要与人打交道。否则在当今的社会里，单枪匹马是不可能获得成功的，即便是科学研究这一过去被认为主要是由离群索居的个体从事的领域，现在也变成了一种团体合作的事业。

看不见河底就不要涉水而过

有这样一个故事：

有一个农夫，由于庄稼种得好，生活过得很惬意。村子里的人都夸他聪明，并有人断言只要他做生意，肯定能发大财。

农夫的心就痒痒了，和妻子商量要做生意。他的妻子是一个明白人，知道他不是做生意的料，就劝他打消这个念头。

但农夫主意已定，妻子怎么说都不行。见劝说无用，妻子就说，做生意总得有本钱吧，你明天就把家中的一只山羊和一头毛驴牵进城去卖了吧。妻子说完就回娘家了，找来三个人，对他们如此这般地叮嘱了一番。

第二天，农夫兴冲冲地上路了。他妻子找来帮忙的人偷偷地跟在他的身后。

农夫贪睡，第一个人乘农夫骑在驴背上打盹之际，把山羊脖子上的铃铛解下来系在驴尾巴上，把山羊牵走了。

不久，农夫偶一回头，发现山羊不见了，忙着寻找。这时，第二个人走过来，热心地问他找什么。

农夫说山羊被人偷走了，问他看见没有。第二个人随便一指，说看见一个人牵着一只山羊从林子中刚走过去，准是那个人，快去追吧。

农夫急着去追山羊，把驴子交给这位"好心人"看管。等他两手空空地回来时，驴子与"好心人"自然都没了踪影。

农夫伤心极了，一边走一边哭。当他来到一个水池边时，却发现一个人坐在水池边，哭得比他还伤心。

农夫挺奇怪：还有比我更倒霉的人吗？就问那个人哭什么。

那人告诉农夫，他带着一袋金币去城里买东西，走到水边歇歇脚，洗把脸，却不小心把袋子掉进水里了。农夫说："那你赶快下去捞呀。"那人说自己不会游泳，如果农夫给他捞上来，愿意送给他 20 个金币。

农夫一听喜出望外，心想：这下子可好了，羊和驴子虽然丢了，可能到手 20 个金币，损失全补回来还有富余啊。他连忙脱光衣服跳下水捞起来。当他空着手从水里爬上岸，他的衣服、干粮也不见了。

当农夫回到家，惊奇地发现山羊和毛驴竟然还在家中，他的妻子说："没出事时麻痹大意，出现意外后惊慌失措，造成损失后急于弥补。你连这些基本的风险都预料不到，又怎么能在商海里征战呢，还是老老实实地在家中种地吧！"

有些人尽管精于商道，但对于自己不熟悉的领域，如果没有足够的本领与能力，还是不会轻易涉足的。俗话说得好：看不见河底就不要涉水而过，否则的话，除去失败，没有第二个结局。

想捕到鱼，就必须要编织一张网

福克兰是美国鲍尔温交通公司的总裁，他的成功并没有显赫家室的支撑，而是一切靠自己白手起家。年轻时他只是鲍尔温交通公司的一位普通职员。

有一次，公司老板买了块地皮，这里的位置和各方面的条件都比较适合建造一座办公楼。可是这块土地上居住的一百多户居民让老板感到很头痛。在这里生活了几十年的老住户都早已习惯了这里的一切，突然要他们搬走，他们从心理上不能接受。一位爱尔兰老妇人还主动去联合其他住户一起抵抗鲍尔温公司的决定。住户们团结一心，让鲍尔温交通公司的老板束手无策。

公司老板最后只好提出用法律来解决。年轻的福克兰想，法律固然能够解决这件事，但是公司必须支付大量的费用，况且一打官司，就会影响迁居的速度，最好能劝说住户主动搬迁。于是福克兰把工作重点放在了一位爱尔兰老妇人身上。

福克兰把自己的想法跟老板说了以后，老板虽有些怀疑他的能力，但还是决定让福克兰去试一试。

一天，福克兰看见爱尔兰老妇人正悠闲地坐在台阶上乘凉，便走过去。福克兰装作满腹心事地在老妇人面前走来走去。老妇人看见这样忧心忡忡的年轻人就主动问："小伙子，怎么这样烦恼啊？"

福克兰没有回答老妇人的问话，而是把话题转移到了老妇人那里，他装作很可惜的样子说："您整天坐在这里无所事事，真是太可惜了。听说最近这里要拆迁，弄得人心惶惶的，是这样吧？你可以发挥自己的能力为邻居们找一个安乐的地方居住，一来可以打发无聊的时间，二来可以让邻居们更信赖你，佩服你。"

福克兰的话引起了老妇人欲获得尊重和赞赏的兴趣，也让她感到自己对于邻居是多么重要，于是她便四处奔波去找房子，成功让邻居们有了安宁的住处。至此，鲍尔温公司的问题自然而然地得到解决了，还省了一半的花费。

卡塞尔也是这方面的高手，卡塞尔是一位善于观察、善于思考、善于洞悉别人心理的大赢家。他把这些都用在做生意上。提到"霍氏耳朵"巧克力，想必大家一定不陌生吧。在超市食品橱窗里那种被咬破的耳朵形状的巧克力，就是卡塞尔发明设计的。1998 年，美国一场拳击比赛上，超级拳王泰森在和霍利菲尔德的一场拳击比赛上，咬掉了霍利菲尔德的半块耳朵，当场观众一片哗然。而后这件事被炒得沸沸扬扬，尽人皆知。卡塞尔便突发奇想，为他所属的特尔尼公司设计了一种耳朵巧克力。这种巧克力吸引了大量的消费者，也为特尔尼带来了丰厚的利润。

谁不想尝尝咬坏别人耳朵的滋味呢？尤其这种巧克力酷似霍利菲尔德的耳朵。卡塞尔这种超乎寻常的商业洞察力，给他赢来了 3000 万的年薪。

一个朋友一条路，一个冤家一堵墙

那些令人羡慕的成功者，除了他们本身优越的条件外，还有一点，就是他们身边有一群非常要好的朋友。这些朋友为他出谋划策，对他提出高的要求，不让他有丝毫的松懈和半点的放弃。为了成功，你也需要有这样一群良好的朋友，需要有这样一张良好的人缘网络。

赢得好人缘的前提，不是"别人能为我做什么"，而是"我能为别人做什么"。在回答对方的问题时，不妨补上一句："我能为你做些什么？"

现在，让我们来看一下日本保险推销员吉田是如何赢得好人缘并取得事业成功的。

吉田是日本一家保险公司的推销员。一天，吉田正要去车站搭车，可是人一到月台，电车正好开走，而下一班车还得再等 20 分钟。吉田突然看到月台对面有一块医院招牌，于是吉田大步来到这家医院，才到门口，便凑巧撞上穿着白衣的医生。吉田一时头脑反应不过来，便劈头直说："我是保险公司的吉田，请你投保！"

遇上这么一位冒失的推销员，医生一时间哑口无言。可是当时正巧看诊时间过长，有点焦躁，反而对吉田的单刀直入产生了兴趣。

"这么简单就要人投保呀？有意思，进来聊聊吧。"

进了医院，吉田将平时学会的保险知识全盘托出，最后还加了一句："我正要从上贺茂开始，一直拜访到伏见。"（注：上贺茂位于京都北侧，伏见位于京都南侧）结果医生说："哇，我看再不快卷铺盖逃命，我的老命也不保了，哈哈哈哈……"

虽然医生幽默，开玩笑说要逃命，其实他早已买了好几份保险，也知道吉田还是保险推销的新手。可是看在吉田态度认真的份上，说出了心里话："保险实在高深莫测，说实话，我已经保了五六张，每次都被保险推销员说得天花乱坠，可事后心里还是一塌糊涂，这里有我两张保单，就当是学习，给你拿回去，评估评估好了。"

拿了保单，吉田分别拜访了医生投保的公司——确认保单的内容，然后制作了一本图文并茂的解说笔记，又用笔画下重点，好让医生容易了解。

当医生把解说笔记交给他的会计师看时，会计师极力称赞这份评估报告，而且还当面建议医生要买保险就最好向吉田买，结果，医生就正式要求吉田为他重新组合设计他现有的那六张保单。

于是吉田根据医生的需求，将原本注重身后保障的死亡保险，转换为适合中老年人的养老保险与年寿保险。对吉田来说，这位医生客户不但为吉田带来一份高达8000万日元的定期给付养老保险契约的业绩，同时也给了她一次难得的比较各家保险公司保险商品的机会。

后来，这位医生又将吉田介绍给几位要好的医生朋友。这几位医生，也都请求吉田为他们评估现有的保单。而吉田也不厌其烦地为他们制作解说笔记，详细记录何时解约会得到多少解约金、不准时缴费的结果、残废后的税赋问题等。就这样，吉田获得了更多医师的认同和帮助，结交了更多的人。

随后，吉田不断运用由一个朋友到一批朋友的方法扩大现有的市场，同时努力建立良好的关系。因为关系极为良好，有些客户就会以"回馈一张保单"的方式，向吉田表达谢意，并且再为她介绍几位新客户，使她的业绩一直保持着最高纪录。

可见，懂得编织社会关系网的人，会不断地发展和建立新的关系网，以扩大本身的影响力。在人际交往中，多一分好人缘，就少一分烦恼。一个好的人缘就是一张广大而伸缩自如的关系网，用这张网你可以活得轻松自在、轻松地赚取财富。

金钱好比肥料，撒入田中才有价值

金钱好比肥料，如不散入田中，本身并无用处。这就告诉我们如何使用金钱，在使用金钱的过程中要发挥金钱的积极作用，即对待金钱要用之有益。如果只是把金钱用于自己的享乐，它也必将成为你的负累。因此很多巨商在发财致富中，都有一个共同举措——注重慈善事业和公益事业。19世纪中期至20世纪初俄国银行家金兹堡家族，从1840年创立第一家银行起，经过几十年的经营，在俄国开设了多家分行，并与西欧金融界建立了广泛的业务关系，发展成为俄国最大的金融集团，其家族成为世界知名的大富豪。金兹堡家族像其他犹太富豪一样，在其发迹过程中做了大量的慈善工作。他在获得俄国沙皇的同意下，在彼得堡建立了第二家犹太会堂；1863年，他又出资建立俄国犹太人教育普及协会；用他在俄国南部的庄园收入建立犹太农村定居点。金兹堡家族第二代继续把慈善工作做下去，曾把其拥有的欧洲最大图书馆捐赠给耶路撒冷犹太公共图书馆。

美国商人施特劳斯也注重慈善和公益事业，他从商店记账员开始，步步升迁，最后成为美国最大的百货公司之一的总经理。在20世纪30年代成为世界上首屈一指的巨富。他事业成功过程中，也做了大量的慈善活动。除了关心公司职工的福利外，他曾多次到纽约贫民窟察访，捐资兴建牛奶消毒站；并先后在美国36个城市给婴幼儿分发消毒牛奶；到1920年止，他捐资在美国和国外设立了297个施奶站；他还资助建设公共卫生事业，1909年在美国新泽西州建立了第一个儿童结核病防治所；1911年，他到巴勒斯坦访问，决定将他1/3的资产用于该地兴建牛奶站、医院、学校、工厂，为犹太移民提供各项服务。

事实上，很多商人做善事的同时，也策划出"以善为本"的生意经。他们大量地捐资为所在地兴办公益事业，会赢得当地政府的好感，对他们开展各种经营十分有利。有些富商由于对所在国的公益事业有重大义举，获得了国王的封爵，如罗思柴尔德家族有人被英王授予勋爵爵位；有些人还获得当地政府给予的优惠条件，开发房地产、矿山、修建铁路等，从而拓宽了赚钱的路子。

归根到底来说，商人热心捐钱办公益事业是一种营销策略，这种营销策略为企业提高知名度、扩大影响、博取消费者的好感起到了重大作用，对企业巩固已占有市场及今后扩大市场占有率会产生积极的作用。

人是群居动物，人与人关系的运用，对事业的影响很大。政治家因得人心而昌，失人心而亡；企业家则因为供应的商品或服务受到人民的欢迎而发财。显而易见，与人为善，处理好人与人的关系是经商智慧中不可或缺的一环。

尽量不要拆别人的台，也许你就在台下

要想有成功的结局，就要在追求成功的路上善待每个人。不要因为一点小事或者因为自己的妒忌而为自己树立一个敌人，更不要因此拆对方的台。因为事情未必如你所愿，很可能会向相反的方向发展。

史威特公司的创始人史威特年轻的时候具有极强的事业心，在以色列开了一家以自己名字命名的公司，他的公司主营汽车生产。经过他的努力公司业务很快走上了正轨。随着业务的发展，他的公司大量招聘那些有能力的人来公司，其中就有一个叫伦伯肖的人。他长于销售，连续刷新公司的销售纪录。经过五年的努力，公司的汽车销售状况良好，公司的效益持续走高，伦伯肖也因良好的业绩在公司的地位日益攀升，最后担任了史威特公司的总经理，成为史威特公司中仅次于史威特的第二号人物。

然而，伦伯肖的成功，引起了老总史威特的猜疑，他看到伦伯肖极强的个人能力，加上公司的很多人都认可他的领导，感觉到自己的地位遭到了挑战。于是在嫉妒心的驱使下，他做出了解雇伦伯肖的决定。

当这个决定宣布后，很多人感觉到不公平，甚至觉得这样的决定

无法接受。有些人自发地去找老板史威特请求他收回成命。可是他拒绝了。当然这件事对伦伯肖来说更让他吃惊，当他看到这个决定的时候，有些不知所措，甚至有些茫然，开始的时候他认为可能是公司的秘书疏忽，或者可能是老板一时的糊涂，可是等了一天以后，他知道老板解雇自己的决定千真万确。无奈伦伯肖接受了这样一个事实，但是在他离开公司的时候说了这样的一句话是："记住我的话，你永远不会再一年赚18亿了，因为你压根就不懂我们是怎样把钱挣来的。"

伦伯肖被解雇的消息很快就传开了，对于史威特公司的竞争对手来说，确是一件好事。他们本来担心这个能力极强的家伙，现在好了，他被解雇了，自己少了一个有利的对手。更有些公司知道他是个不可多得的人才，纷纷向他伸出橄榄枝，开出种种诱人的条件，欢迎他的加盟，其中就有一家叫莱克的公司。

当时，作为以色列汽车行业龙头企业之一的莱克公司正处于困难中，一年内亏损数亿美元，两万余名工人处在被解雇的边缘。莱克公司董事长里卡多知道了伦伯肖的处境和想法时，果断地向他发出了聘书，伦伯肖愉快地答应了他。

伦伯肖受聘后运用他卓越的管理和经营才能，对公司进行大刀阔斧地改革。不久，他推出了 M 型轿车，M 型轿车的销售量占小型轿车市场的 15%，并自此之后一直畅销不衰，卖出了 100 万辆。莱克公司自此起死回生，渡过难关。公司纯利润达 24 亿美元，这个数字比莱克公司前些年利润的总和还要多。濒临破产的莱克公司在伦伯肖的领导下，又迅速活跃在以色列汽车市场上。这是史威特自己造就的这样一个强大的竞争对手。

伦伯肖在充分探索市场的同时，还积极引进人才，他先后聘用了经验丰富的乌尔克、杰拉尔德、凯撒科等人。这些人中有的人是因不满史威特的独断专行，有的是出于对伦伯肖的敬佩，追随他而来到这家公司。这批人才的外流使得史威特公司元气大伤。因为销路不畅，史威特公司逐渐陷入困难，经营难以维系。史威特公司解雇伦伯肖后，在以色列汽车市场上，史威特所占的销售份额比例一年小于一年，从 23.6% 跌至 16.6%。仅仅 3 年时间，公司亏损达 30 亿美元。

史威特公司也濒临破产的危机。这时史威特才意识到，自己犯了一个不可饶恕的错误，要靠自己恢复几十年的史威特公司昔日的影响，已经不可能了。危机四伏的局面终于让他明白，留住人才是多么的重要。从此他善待每一位员工，为他们提供成长的条件，与他们和睦相处。企业的效益又有所好转，但还是没有恢复到最辉煌的时刻。

与资本共舞，寻找可爱又可恨的"恋人"

有多少企业牵手资本后经营失策，遭遇两败俱伤的悲剧；又有多少企业借力资本一飞冲天，制造了商业神话。可谓：成也资本，败也资本！因此资本也被称为"可爱又可恨的恋人"。但无论如何，企业的发展离不开资本，为了得到发展所需资金，不仅需要确立经济合理的筹资渠道，更需要具备很强的资金筹措能力，以达到较快的资本积累。通常，开公司时要特别看重制订提高资金筹措能力为中心的各种战略措施。这些战略措施包括以下一些主要方面：

首先，提高公司信誉，在较有利的条件下取得银行贷款。银行在向公司贷款时，主要是根据公司的收益性和流动性，公司产品的特点及其需要情况，公司贷款理由和偿还的可能性，企业的经营状况和经营能力等因素来判断是否向公司贷款以及贷款多少。如果公司经营素质比较好，利润比较高，具有较好的发展前景，就可以在银行取得长期贷款。

其次，扩大公司影响，提高知名度，开辟多种资金筹措渠道。

公司经营得好，可以提高公司的知名度，使企业在社会上建立起良好的公司形象，使公司可以通过各种渠道来增资，发行公司债券，扩大公司信用等，从而有利于公司开辟多种资金供应渠道。增强公司素质是提高公司资金筹措能力的最基本的战略措施，是资金筹措战略的基础。因此，提高公司资金筹措能力的关键在于加强公司内部管理，增强公司素质。

第三，调整公司与金融机构的关系，确保长期稳定的贷款来源。小公司为了在有利条件下稳定地从银行取得贷款，更需要同银行建立良好的关系。

第四，制订灵活的资产筹措政策，适应外部经济环境的变化。公司所处的经济环境是不断变化的，在这种变化中，受影响最大的是小公司。如小公司经常被当作金融的"调节阀"，在金融紧缩时减少对小公司的贷款。反之，增加对其贷款。在这种情况下，小公司就需要采取灵活的资金政策，适应外部环境的变化。

总之，小公司要想通过资金筹措战略来进行资本积累，就必须对公司内外环境进行分析，确定最佳的资金筹措方式和资金筹措渠道，以保证资本积累积聚的经济性、合理性、方便性和安全性。

通常，筹措资金时特别注意"三忌"：

第一，不要弄虚作假。有些私营公司老板，为了及时获得自己所需的资金，往往不择手段。弄虚作假，是他们常用的手段之一。弄虚作假很容易被别人识破。一旦识破之后，不仅借不到所需的资金，也影响了自己的声誉。对于以后的融资也极为不利。

第二，不要融而不投。融资是为了投资，扩大公司规模，增加利润，而绝不是为了挥霍享受撑门面。作为老板应当记住，融资筹集的钱不能轻易乱花，更不能挥霍和浪费。老板要专款专用。如果总是东挪西补，还不如不去融资。

第三，不要贪而无厌。很多老板一心想筹集到更多资金，盲目相信融资越多越好。事实上，这种想法很不正确。对于老板来说，融资时一定要遵循"需要多少，便融多少"的原则。只要能够满足自己投资需求，没必要融更多的资金。

谩骂不能使敌人退却，斗争才能赶走敌人

即使在较高级别的生意场中，也总会有"犯规"的不道德的商人。碰上这种对手，一定要勇敢巧妙地予以反击。

在商界，如果说一个商人从来没有遇到不讲规则的恶劣对手，那简直是在编童话，正像一个人在一生中没碰到过坏人似的不可置信。一个经验丰富的人，一定是打败了坏商人后才取得成功的。

商人在商界对于坏商人，正如同我们在生活中对坏人似的，不可惶惶不安，却也不可无防范之心。

在五彩斑斓的商海里，"坏商人"的脸上是不会写着字让人们看清他的，相反却穿着非常美丽的外衣，巧舌如簧，每时每刻都可能活动在你的身边。他们像一个黑色幽灵，活跃在你的经营活动里，若隐若现，明来暗去，像埋伏在经营者周围的敌人，时刻都可使你遭到不测，甚至使你破产。面对如此的商业竞争，经营者若耳闭目塞，头脑反应迟钝，对骗子没有起码的戒备心，上了当、受了骗，有时自己还蒙在鼓里不知道呢。

没有戒备心，对自己的投资不加分析、思考，往往就会糊里糊涂地上了骗子的贼船，被掀翻在商海中。有一位著名的商人曾这样说："不要迷信号称有极高利润的经营项目，实际上有 10% 的利润已是十分有利可图的了。越是获利高的经营项目，其风险性可能就越大。"可见，经营者投资之前，看准对方的经营实力是最关键的。对于无雄厚资金却试图通过"集资"来经营的人应多加防范。不了解某种经营项目的行情，千万不能光凭对对方的"好印象"而投资（除非有足够的事实让人信服）。

另外没有戒备心，对自己的合作者不加防范，到头来也会时常吃亏。人常说"防人之心不可无"，作为经营者，遇事三思而后行是很有必要的。因为在商场面临"利"字当头的选择时，有许多人，哪怕是好朋友，甚至父子背叛的也有。有很多人财迷心窍，为中饱私囊，有时候就会什么也不顾。

在商场与其他同行合作、搞交易之前，对对方的资信状况、组成人员状况、盈利亏损状况、业务内容、设备设施、创业资历等内容，都应该进行认真的资信情况调查，这样才能熟知对方的底细，也才能看清对方是真心实意而来的，还是虚晃一枪的皮包商。

现代商场，虚假广告常常诱惑着一心想发财的经营者，假冒伪劣产品被一些不法分子以廉价转销给经营者，虚假的无效合同不时地缠绕着经营者，假发票、假信用证、假单据更使经营者受到骚扰。经营者若想与"假"绝缘，自己就要练就一双慧眼，时时保持戒心。

既然行骗者有之，盗密者有之，那么对付这些行为，最好的办法是什么呢？精明的人常常依据自己的根本原则去防范对手，那就是：依法经商，心明眼亮，常有戒备，敢于斗争。

可以常亏，不可大亏；不求常赚，追求大赚

　　犹太人的精明举世闻名，他们从不把钱存入银行生利息。他们善于精打细算，假如把钱存入银行，年息最多不超过10%；而把钱投资在有潜力的项目上，如果对市场走势观察分析准确的话，每次周转盈利不少于30%，一年滚动周转4次，所得利润超过100%。在18世纪中期以前，犹太人热衷于放贷业务，就是把自己的钱放贷出去。从中赚取高利。到了19世纪后，犹太人宁愿把自己的钱用于高回报率的投资或买卖，也不肯把钱存入银行。不做存款是犹太人经商智慧中不可忽视的部分。

　　"不做存款"是一门资金管理科学。"有钱不置半年闲"是一句很有哲理的生意经：做生意要合理地使用资金，千方百计地加快资金周转速度，减少利息的支出，增加商品单位利润和总额利润。

　　在犹太人眼里，衡量一个人是否具有经商智慧，关键看其能否靠不断滚动周转的有限资金把营业额做大。

　　普利策出生于匈牙利，17岁时到美国谋生。开始时，在美国军队服役，退伍后开始探索创业路子。经过反复观察和考虑后，决定从报业着手。对于一个毫无资本和办报经验的人来说，想通过报纸赚钱无疑是痴人说梦，但普利策却坚定不移地按这个奋斗目标前进。

　　为了搞到资本，他靠运筹自己做工积累的资金赚钱；为了从实践中摸索经验，他到圣路易斯的一家报社，向报社老板求一份记者的工作。开始老板对他不屑一顾，拒绝了他的请求。但普利策反复请求，言谈中老板发觉他机敏聪慧，勉强答应留下他当记者，但有个条件，半薪试用一年后再商定去留。

　　普利策为了实现自己的目标，忍耐老板的剥削，并全身心地投入到工作之中。他勤于采访，认真学习和了解报社的各环节工作，晚间不断地学习写作及法律知识。他写的文章和报道不但生动、真实，而且法律性强，不会引起社会的非议和抨击，吸引着广大读者。面对普利策创

造的巨大利润，老板高兴地聘用他为正式工，第二年还提升他为编辑。普利策也开始有点积蓄。

通过几年的打工，普利策对报社的运营情况了如指掌。于是他用自己仅有的积蓄买下一间濒临歇业的报馆，开始创办自己的报纸——《圣路易斯邮报快讯报》。

普利策自办报纸后，资本严重不足，但他很快就渡过了难关。19世纪末，美国经济开始迅速发展，商业开始兴旺发达，很多企业为了加强竞争，不惜投入巨资搞宣传广告。普利策盯着这个焦点，把自己的报纸办成以经济信息为主，加强广告部，承接多种多样的广告。就这样，他利用客户预交的广告费使自己有资金正常出版发行报纸，发行量越来越大。他的报纸发行量越多，广告也越多，他的收入进入良性循环。即使在最初几年，他每年的利润也超过 15 万美元。没过几年，他创办的报纸成为美国报业的巨头。

普利策初时分文没有，靠打工挣得半薪，然后以节衣缩食省下的极有限的钱，一刻不闲地滚动起来，使其发挥更大作用。是一个成功的典型。

别人因你而温暖，你也会因别人而享受阳光

经商切忌做一锤子买卖，要想事业长久发展，必须采取长期合作的发展战略，和合作伙伴一起共担风雨，一起成长。

夏利斯的父亲是一个银行巨头，本来期望他能够子承父业，但他由于喜欢冒险，喜欢海洋，所以他最终选择了海运事业。在商人眼里，"海运"就是风险的代名词，这一行业是在风险中投资，在风险中赢利。夏利斯却勇敢地踏入了这一行业。创业之初，他以 60 万美元买下了一艘旧货船，即"安格号"，然后成立自己的公司，正式涉足航运业。

也许是生活故意要磨炼一下这个年轻人，他的公司刚刚起步时，由于没有人愿意找他合作，再加上公司的运转费用庞大，而他却很长时期都没有揽到业务，所以一下子就陷入了经济危机。摆在他面前的道路有两条：一条是将原来的业务改为租赁，与租船方建立合作关系；另一条

是把公司出售给别人，从而获得一些资金，重新开拓新的事业。这个爱冒险的人经过权衡，选择了前一条路。他决定把自己的船租出去，赚取租金维持公司的运转。他的办法就是坚持低价租赁，双方建立长期的伙伴关系。这个方法很有效，不久他接到了第一笔租赁业务，一家公司准备准备租赁他的船去日本，以后这家航运公司也就成为了他的老主顾。

　　第一笔生意做成后，夏利斯的信心大增。由于他的租金低廉，从而引来许多公司租用他的货船，夏利斯的业务量大增，他的公司利润也成倍地增长。航运市场业务量的增长使得很多公司参与进来，但是这些仍然不能满足客户的需求，所以很多航运公司纷纷采用提高价格的办法，甚至规定单程包租等办法，这样也仍然供不应求。许多人也劝夏利斯这样做，可是夏利斯坚持说：我不想做一锤子买卖，虽然我赚得少些，但是我还是赚钱的，做生意应该重视长期效益。他的公司租赁还同以往一样，这样那些老客户仍然同他合作，采用原先的办法。后来由于参与竞争的企业多了，因此航运价格下跌了，航运业进入了困境。然而由于夏利斯采取的是长期合作、双方共赢的经营策略，因此那些老客户走得不多，所以他的盈利一直保持稳定的增长。他又用这笔钱增置了七艘货船。这时夏利斯在船运市场的名气一下子大增，成了举足轻重的人物。

　　夏利斯添置的七艘货船中，都来自于一个厂家。他十分看重这个厂家，无论船的价格、质量，还是交货期都是别的厂家无法做到的。这令夏利斯十分满意。这个厂家也因夏利斯的信守诺言而与他建立了长期合作的伙伴关系。没过多久，航运市场转暖，利润也丰厚起来，引来许多人的加入，航运业的同行纷纷购买船只，找到该厂。该厂生意兴隆，每天都有很多订单，日程排得很满，为了维持两家的长期合作，他们推掉了别家的订单，尽管损失不小，但他们还是愿意满足夏利斯的要求。

　　市场行情确实千变万化，由于激烈的竞争，可供航运的船只增加了，因竞争使利润下降了，利润下降导致一些船运公司的效益下滑，一些小公司因此倒闭，于是造船厂的业务受到了冲击，许多厂家几乎停业，这其中也包括给夏利斯一直供货的船厂。夏利斯知道情况以后立刻就向那家船厂一下子订购了 2 艘船，总吨位为 20 万吨，使那家船厂度过了低谷。这样船厂的效益得到了保证，他们与夏利斯的关系更加紧密了。

20 世纪初期，中东石油产量猛增，需要大批的油轮进行运输。当时，跑一趟就可赚 500 多万美元，夏利斯抓住这一有利时机，到老朋友那个厂订购了 10 万吨级的大型油轮，采用低价出租的手段，建立长期合作关系。没过两年，中东的油价猛涨，许多石油消费国做出反应，限制石油进口量，因此而导致油轮需求锐减，航运业又进入了危机。而夏利斯的公司由于采用长期合作的经营模式，它的业务不仅没有受到影响，反而依然生机勃勃。

在风云多变的航运市场，夏利斯终于以他的冒险精神开拓了一方天地，他也在此领域书写了自己的传奇人生，成为一代船王。

创业要找最合适的人，不一定要找最成功的人

在事业上找一个旗鼓相当的合作伙伴是成功的一半，合作不仅可以扬长避短，共同承担风险，而且可以增长双方的力量。合作是双赢或者是多赢，只有寻求合作，才能成功。否则孤军奋战，不仅不会成功，反而会失败。

那么如何选择自己的合作伙伴呢？有四条标准：不学无术、无特长的不可合作；对人持怀疑态度、不以诚相待者不可合作；善于巴结逢迎、见风使舵者不能使用；思想僵化保守，不能跟上时代且一意孤行的人不能使用。

为什么这样说呢？之所以不与不学无术、无特长的人合作，是因为这些人没有合作的资本，所谓劳心者治人，劳力者治于人，不学无术、无特长的人可以是很好的雇员，但绝不会成为合作的伙伴。那些对人不信任的人最容易在合作中产生分歧，因为合作中难免会出现双方预料不到的事情，这时最需要的是双方的信任，这样合作才能顺利进行下去，否则因为猜疑导致双方合作无法进行下去，不仅导致无法获得预期的利益，而且还会导致双方已经投入的成本无法收回。对于那些善于巴结的人，也不能与他们合作，因为合作中需要的是双方的利益共享、风险共担，而那些巴结逢迎、见风使舵者，他们关注的是自己的利益，他们寻求的是合作中自我利益的最大化，这样最终无法使合作继续下去。

对于那些思想保守的人也不能合作，因为市场孕育着无限的机会，它需要有打破成见的思维能力，而保守僵化的人是想让市场适应思想，所以容易招致失败。所以，一定不能同以上几种人合作。

那么选择什么样的人作为自己的合作伙伴呢？答案就是要选择既志同道合、素质高的合作伙伴，又能先小人后君子、签订详细、完善的合作协议者。志同道合者是创作合作的基础，因为共同的志向让人们对事业未来有相同的看法，必然有了合作的最初基础。同时合作中会有很多不确定性，必须要彼此相互信任，这样才能让合作不会因为彼此的猜疑无法进行下去，而彼此信任的人能够在事业发展过程中可以先做事，然后再谈事业，这样就能使合作继续下去。

正面碰壁时，不妨跳到一条新的道路上反向前进

在很多情况下，如果我们一味地从正面思考问题，问题并不能得到很好的解决，但如果我们换一下思路，从相反的角度着手，问题可能就迎刃而解了。

大部分的成就都受制于形形色色的人，有些人的决定对成功与否特别重要。这些人就是你成功路途上的门卫，他们在放你通过前，必须对你的计划、产品、思想及求职的要求，乃至你的性格和长相说一声"OK"。

培养逆向思维首先要确定或设定一个可以达到的目标，然后从目标倒过来往回想，直至你现在所处的位置，弄清楚一路上要跨越的关口或障碍，以及是谁把守着这些关口。要把这一切都记下来。详细写出计划是整个过程中重要的一环。

要想让门卫同意通过，你必须找出促使他们开门放行的原因。最佳办法就是直接去问，征求他们的建议和看法，也可向经常与他们打交道的人咨询。

20世纪60年代中期，当时在福特一个分公司任副总经理的艾科卡正在寻求方法，改善公司业绩。他认定，达到该目的的关键在于推出一款设计大胆、能引起大众广泛兴趣的新型小轿车。在确定了最终决定成

败的人就是顾客之后，他便开始绘制战略蓝图。以下是艾科卡如何从顾客着手，反向推回到设定的步骤：

顾客买车的唯一途径是试车。要让潜在的顾客试车，就必须把车放进汽车经销商的展室中。吸引经销商的办法是对新车进行大规模、富有吸引力的商业推广，使经销商本人对新车型热情高涨。说得实际点，必须在营销活动开始前做好轿车，送进经销商的展车室。

为达到这一目的，他需要得到公司市场营销和生产部门百分之百的支持。

同时，他也意识到生产汽车模型所需的厂商、人力、设备及原材料都得由公司的高级行政人员来决定。艾科卡将为了达到目标必须征求同意的人员名单确定之后，就将整个过程倒过来，从后向前推进。几个月后，艾科卡的新型车"野马"轿车从流水线上生产出来，并在20世纪60年代风行一时。

"野马"的成功也使艾科卡在福特公司一跃成为整个轿车和卡车集团的副总裁。

逆向思维的一个基本要素就是分出阶段重点。这样，你不得不将长远目标和近期目标清楚地区分开来，然后再将逆向思维分别应用到每一个目标中去。

举例来说，如果你说40岁想成为首席行政总监，这是不够的。这个目标太过遥远，逆向思维不能得以有效地发挥。你必须瞄准所要取得的具体成绩，逐步实现这些目标才是助你步入高层的高明战术。你想怎样为自己树立声誉并想对公司做出怎样的贡献？在前进道路上，你想拥有哪些特别的工作经验？

你想在哪里工作，与哪些人共事？以上这些问题的回答为逆向思维提供了十分具体的目标。在考虑上述问题的同时，要将长远目标分成一系列明确目标。

一个人能干总是单枪匹马，让能人帮你干才能移山填海

人无完人，每个人都有自己的长处，也都有自己的短处，因此，最好的办法是，如果自己知道自己的短处，那么就请来能人，用别人的长处弥补自己的短处，这样你也能成功。

《华盛顿邮报》是美国首都的第一大报纸，它以独到的见解和勇敢求实的风格而闻名于世，白宫的高级决策者们，每天第一件事就是阅读该报纸。那么谁让这份报纸具有如此大的魅力呢？她就是有着顽强斗志的女强人——凯瑟琳·格雷厄姆。

凯瑟琳是在丈夫去世后仓促接管报纸的。不可否认当今社会依然是男性主导的社会。作为一个一直忙于家庭事务的女性来说，凯瑟琳遇到的第一个问题便是如何同那些男人打交道。她不得不小心对付他们，因为他们办事果断，能说会道，有抱负、有远见，信心十足，同他们相处很容易感到自己迟钝。男人本来就够难对付的了，何况他们又不是一般的男人。有时，看起来他们好像是在用另一种语言讲话，这使她感到惊恐，感到自己格格不入，因为他们懂的比自己多得多。

如何才能让报纸成为人们手边必备的阅读物呢？凯瑟琳知道要让自己的报纸成为人们的阅读物，必须要了解《华盛顿邮报》的问题之所在，然后针对该问题采取相应的对策。经过调查，她发现自己的报纸并不是特别好，存在着很多问题。例如反映问题角度不突出，观点不明确，题材比较陈旧，缺乏引起公众的兴趣的内容，所以报纸的销路非常有限。一旦掌握问题以后，凯瑟琳就开始进行大规模的改革。

凯瑟琳知道要想让报纸成为人们的手边必备的阅读物，必须要有好的题材，而好的题材就需要好的主编，也就是需要一个好的领军人物。于是她开始物色这样的人。经过观察他发现了一个叫希拉德利的人正是他要找的，希拉德利原是《新闻周刊》的主编，在凯瑟琳的丈夫菲尔买下这家杂志之后，曾因一个女职员与菲尔争风吃醋，两人成为情敌。但为了事业的发展，凯瑟琳毅然决定把希拉德利安排到《华盛顿邮报》任

副主编，并很快提升他为社长。事实证明凯瑟琳的选择是正确的，希拉德利不仅善于策划选题，而且还非常善于发现人才，在他周围逐渐吸引了一批普利策奖获得者。这些人组成了一个光彩夺目的记者群，《华盛顿邮报》的面目也就焕然一新。

人才有了以后，新闻的内容和形式都有了根本的改观。由于《华盛顿邮报》的报道具有准确、及时、深入、客观的特点，成为人们手边茶余饭后的谈资。到 20 世纪 60 年代末，该报的财政预算由 1962 年的 290 万美元提高到 730 万美元，工作人员增加了 35%，报纸的页数从 56 页增加到 100 页，发行量增加了 15%，年利润差不多是原来的两倍。

好咖啡要和朋友一起品尝，好机会也要和大家一起分享

让利益成为联系彼此的纽带，而不是让利益成为隔绝彼此的利器。市场经济中，人与人的关系是利益关系。只有把你的利益同他人的利益紧紧地绑在一起时，他人才可以像为自己谋利或避害一样为你着想。所以，与人相处时最好的办法是让他人为自己的利益着想。

为了让自己能够有一番事业的新天地，怀揣梦想的亚默尔来到威斯康星州的米尔瓦吉。经过一段时间的了解，他发现当地对肥皂的需求量很大，当然生产肥皂的企业之间竞争也很激烈。既然有庞大的需求，开一家生产肥皂的工厂仍然值得一试。所以他决定开家生产肥皂的工厂。当听说他又要开一家生产肥皂的工厂时，很多人都劝他不要再"自取灭亡"了。可是亚默尔并不为所动。

当然亚默尔可不是个做事冲动的人，他知道一定要好好考察一番，这样才能生产出适销对路的产品。他分三步完成这个计划：第一步，先让自己先有过硬的生产技术。要生产出好的产品，首先必须有过硬的技术，可是亚默尔对此并不熟悉，他决定学习肥皂生产的工艺技术。经过一段时间的学习，他系统地掌握了肥皂的生产技术。第二步，他又到市场上把各家生产的肥皂都买来做样品，仔细研究其中的优点和缺点。第三步，他又实地到各居民家走访，去问问他们的喜好以及对各家肥皂的意见。

经过这三步以后，他开始在自己创建的小肥皂厂里，反复试验，最终研制出一种质量和外观优于市场上各类肥皂的同时又带有一种香味的肥皂。由于充分地掌握了市场的需求状况，所以亚默尔的肥皂一进入市场，就赢得了家庭主妇们的青睐，她们不仅自己喜爱，还不断互相传递着这个消息，一时间亚默尔的肥皂成为最抢手的畅销货。

当然随着产品的热销，亚默尔这个后起的"暴发户"，成为当地肥皂商的眼中钉、肉中刺，都想"除之而后快"。不知什么原因，亚默尔的肥皂厂着了一把大火，一下子让沉浸在财源滚滚的快乐中的亚默尔陷入了困境之中。没办法，他只好另起炉灶，转战他乡做别的生意去了。

这之后，亚默尔先后又到其他地方做了几年皮货生意后，但是都好景不长，最后还是决定回到米尔瓦吉去重整旗鼓，但这一次是改做肉类生意。开业伊始，亚默尔邀请过去经营肥皂的对头参加宴会。这些经营肥皂的客人一个个都准时赴宴了。

亚默尔对这些老"敌人"幽默地说："我们都是过去互相竞争的很熟悉的老朋友，现在我改行经营肉类生意了，请你们支持我。肉制品的器皿，只有用你们的肥皂才能洗干净。我的生意越好，你们的肥皂也就会卖得越多。我们之间有着共同一致的利益。请各位多多支持与帮助。"

亚默尔的这番话起到了一种化敌为友的作用。这些可能曾经用纵火来表示对亚默尔的嫉妒和仇恨的肥皂生产者成为亚默尔肉类生意的支持者，他立刻在肉类市场上站稳了脚跟。

眼睛能看到的地方需要视力，眼睛看不到的地方需要眼光

商场上机会均等，在相同的条件下，谁能抢占先机，谁就能稳操胜券。而抢占先机最有效的途径就是获取并破译有关信息。

在这方面，罗斯柴尔德家族为我们提供了一个最好的实例。罗斯柴尔德家族遍布西欧各国，这种分布既使这个家族较易于获得信息，也使各种信息具有了特别重大的价值：在某处已经过时了的信息，在另一处可能仍具有巨大的价值。为此，罗斯柴尔德家族特地组织了一个专为其家族服务的信息快速传递网，在交通和通讯尚未快捷的时代，这个快

件传递网发挥的作用决不容忽视。

19 世纪初，拿破仑和欧洲联军正艰苦作战，战局变化不定、扑朔迷离，谁胜谁负，一时很难判断。后来，联军统帅英国惠灵顿将军在比利时发起了新的攻势，一开始打得十分糟糕，为此，欧洲证券市场上的英国股票疲软得很。

伦敦的纳坦·罗斯柴尔德为了了解战局的走向，专程渡过英吉利海峡，来到法国打探战况。当战事终于发生逆转，法军已成败势之时，纳坦·罗斯柴尔德就在滑铁卢战地上。纳坦获悉确切消息后，立即动身，赶在政府急件传递员之前几个小时，回到伦敦。罗斯柴尔德家族靠获取信息之便而占了先手，他们动用了大笔资金，乘英国股票尚未上涨之际，大批吃进。短短几小时后，随着政府信息的公布，股价直线上升，转眼之间，罗斯柴尔德发了一笔大财。

这则轶事属于金融界的传说，但人们也把这种捕捉信息提前决策的金融技巧归之于罗斯柴尔德家族，显然是人们对其利用信息的"精明之处"的认可。

信息来源的渠道是多方面的，很少一部分来自独家情报；更多的信息是来自公众的，但这需要进行专门的收纳、整理、分析，并且需要超常的破译思维。下面这个大商人就是依靠对别人"不起作用"的信息而出奇制胜的。

美国著名的实业家，同时又被誉为政治家和哲人的伯纳德·巴鲁克在 30 出头的时候就成为了百万富翁。他在 1916 年时被威尔逊总统任命为"国防委员会"顾问，还有"原材料、矿物和金属管理委员会"主席。以后又担任"军火工业委员会主席"。1946 年，巴鲁克担任了美国驻联合国原子能委员会的代表，并提出过一个著名的"巴鲁克计划"，即建立一个国际权威机构，以控制原子能的使用和检查所有的原子能设施。无论生前死后，巴鲁克都受到普遍的尊重。

创业伊始，巴鲁克也是颇为不易的。但他就是靠那种对信息的敏感，一夜之间发了大财。

1898 年 7 月的一天晚上，22 岁的巴鲁克正和父母一起待在家里。忽然，广播里传来消息：西班牙舰队在圣地亚哥被美国海军消灭。这意味着美西战争即将结束。

　　这天正好是星期天，第二天是星期一。按照常例，美国的证券交易所在星期一都是关门的，但伦敦的交易所则照常营业。巴鲁克立刻意识到，如果他能在黎明前赶到自己的办公室，那么就能发一笔大财。

　　在那个小汽车尚未问世的年代，火车在夜间又停止运行。在这种似乎束手无策的情况下，巴鲁克却想出了一个绝妙的主意：他赶到火车站，租了一列专车。巴鲁克终于在黎明前赶到了自己的办公室，在其他投资者尚未"醒"来之前，他就做成了几笔大交易。他成功了！

第三章　投资——让钱产生更多钱

投资不是简单的"钱生钱，利滚利"，而是一个需要我们长期研究的学问。虽然储蓄、黄金、复利、股票等这些投资活动可以让人们获得收益，但却是与风险紧紧联系在一起的。搞投资就要有风险，有风险才会有收益，这是市场经济中自古以来不变的真理。

理财是致富的前奏

很多人认为只有在富有之后才谈得上理财，实际上刚好相反：理财是致富的前奏。还有人认为理财规划常常被认为是必须要累积很多钱之后才去做的事，事实上每个人都需要一些理财计划，不论是自己定还是请人帮你准备。

一般情况下，理财规划的主要项目包括以下几种：

（1）现金流量管理与预算；

（2）风险管理与保险；

（3）税；

（4）投资；

（5）退休；

（6）遗产规划。

以上各项目都会互相影响，因而一个完整的财务规划必须结合这六个项目考虑。

比如，人寿保险上的钱就不能拿来作为退休金用。理财规划帮助你根据事情的轻重缓急决定金钱的运用方式。理财规划就像旅行，你首先要知道自己想去哪里，并按既定规划，以最顺利的方式到达目的地。

大部分人在做理财规划时，并非考虑全盘的情况。有一个理财规划专家说，他的客户通常来找他"治疗一个特定的毛病"，像要存多少钱以备退休之用，如何买房，做哪一类的投资可兼顾收益与安全等。

然而，如同身体的健康要靠适当均衡的饮食、运动及良好的物质与精神环境，定期的健康检查来配合一样，财务上的健康也需要你对这些方面投注心力。你的资源如何分配到每个项目中，取决于你的年龄、目标、生活方式、风险忍受程度、收入、财产以及个人欲望，理财的目的就在于将可用的资金导入那些最迫切需要的项目中，如此一来，你就可以获得财务上的安全感，而且这个感觉是有事实依据的。

注意，非专业的亲戚朋友所提供的理财建议不一定可靠，即使他们是善意的，而且并未夸大其词，也不可以全部采纳。过去对他们行得通的投资，将来未必仍旧是好的投资。此外，你的财产是否与亲戚朋友的一样多？你们的年龄相仿吗？你们的目标是否类似？这些问题大概你都无法回答。你们可能从来没有讨论过这些问题。所以，对自己朋友有利的理财规划策略未必就适合自己。

不要相信社交场合中有关投资的"马路消息"，那类场合绝非是获得投资消息的好渠道，有潜力的投资必须是经过研究分析，并且是比较过风险、回报率、经济与市场状况的。

有些客户常常打电话来向理财顾问询问听说到的某一个很赚钱的投资。经过调查后，理财顾问会发现这些公司多半不是上市公司，股票并不流通，或者公司接近停业状态，没有任何财务资料可提供，或者公司的财产、管理或前景有问题。假如理财顾问不详细研究这些投资的话，最好还是不碰为妙。

即使对专业人员来说，研究一项新的投资机会都很不容易，何况对于没有主要研究渠道的个人投资者而言，判断它的价值就更困难了。除非你确信亲戚朋友有专业知识，或投资眼光特别敏锐，而且非常了解你的需要，否则不要随便听信亲戚朋友的话，不要勉强自己去做听起来不对劲的事情。

既然不能轻信别人的话，那么自己就必须有清醒的头脑去做好理财。

理财的黄金法则

《塔木德》曾说：赚钱不难，花钱不易。

赚钱和花钱只是同一规律的正反运用而已。积攒财富并不是件难事，许多人之所以做不到，乃是因为他们理财基础不健全，未得经商的精髓所致。

有人在研究了社会最成功人士的致富之道后，发现了理财的五个基本法则，每个法则便是得知如何创造财富的法宝。据说，这些法定能使生意人所拥有的价值至少增加 10 倍。

理财的第一个法则是拥有理财的意识。比如：我如何能在这家公司里更有价值？我如何在更短时间内创造出更多的价值？有什么方法可以降低成本并提升品质，我能否想出新的系统或制度？有什么新的技术可使公司竞争力提升？

第二个法则是如何维持财富。唯一的方法便是支出不要超过收入，同时多方投资。

第三个法则就是要增加财富。要想加快致富的速度，就要把过去赚得的利润再用来投资——而不是花掉。要做到这一点，就是支出不要超过收入，并且多方投资，把赚得的钱再拿出投资，以求得"利滚利"，这样所赚得的钱往往能以倍数增长。

第四个法则便是保护财富。处在今天这个诉讼漫天的社会里，许多人在有钱之后反而失去安全感，甚至于比没有钱时更没安全感，只因为他们知道现在比任何时刻都有可能被别人控诉。然而别担心，只要目前没有什么官司缠身，就有合法渠道保护你的财产。你是否把保护财产列入考虑范围呢？若是你目前还没有考虑，此刻似乎也应开始跟专家商量，并且多向他们学习，就如同你人生中其他的学习一样。

第五个法则是懂得享受财富。当你致富之后，不要舍不得去享受快乐，大部分人只知道拼命赚钱，等攒到一定的财富时才去享受，不过除非你能够把提升价值、赚取财富跟快乐串在一起，否则就无法长久这么做下去。因此有时候，你得给自己一个奖励。

为自己的钱"上锁"

储蓄主要指货币收入中不被用于消费的部分。储蓄的定义为：居民将暂时不用的资金或结余的收入交由银行或者其他金融机构进行管理。储蓄是信用机构一项非常重要的资金来源。

我国的储蓄存款形式主要分为：活期储蓄、零存整取定期储蓄、整存整取定期储蓄存款等。合理储蓄可以促进经济的发展，为国家筹集足够的建设资金，稳定市场的物价，调节货币的流通量，引导适当消费。

在所有理财的投资项目中，储蓄的安全系数是最高的，当然，如果想要通过储蓄获得巨额资金回报，就需要知道一些储蓄技巧。

小于在一家公司就职已经有 5 年的时间了，在这几年里，小于凭借着自己的聪明才智和不懈努力，从一名普通的小职员逐渐成长为中层管理者，月薪将近万元。在同龄的年轻人里，他也算是一名高收入者了。可即便是这样，小于依旧觉得苦恼，原因在于虽然自己的收入远在其他人之上，但是在资产方面却落于人后。

如今的小于已经是一个年近 30 的大龄青年，他的婚事始终是父母心头的一个疙瘩，父母和小于商量，决定拿 20 万帮他凑足首付，让他准备买套房子结婚。这可把小于急坏了，他不好意思告诉父母自己工作了这么久，银行账户里的数字却从来没有超过 6 位数。

小于非常清楚，虽然父母都是普通的退休职工，每个月的收入不多，但他们却可以将家里的每一分钱都管理好，这些年着实存下了不少积蓄。但是自己呢？收入不低，却从未在储蓄上动过心思，眼睁睁地看着身边的朋友们攒下了本钱，有的已经开始参与股票、基金的投资，并且在理财方面颇有成就。想到这里，小于的心里很不是滋味。

现代社会中，像小于这样收入稳定但是依旧保持着"零储蓄"的年轻人比比皆是。这是为什么呢？一个原因是这些年轻人在生活中花钱大手大脚，刷卡消费从来不心疼，最后难免会成为"负翁""月光族"；另一个原因就是他们没有制订一个合理的储蓄计划。

其实，年轻人有足够的时间可以让资本逐渐升值，这是年长人花再多的钱也买不到的财富。从投资领域来看，时间是最宝贵的财富，他可以让微小的财富随着时间的延长逐渐增长。投资的时间越早，得到的回报就会越高。

不能够持之以恒是年轻人最大的弊病。因此，想要获得更高的投资回报，就要坚持投资，为自身打造出一个最适合的投资计划，让财富逐步升值。

钻石真的比水更有价值吗

亚当·斯密在《国富论》中这样写道："没有什么东西比水更有用，但它几乎不能购买任何东西……相反，一块钻石有很小的使用价值，但是通过交换可以得到大量的其他商品。"一吨水的价值仅为几块钱，成千上万吨水的价值才能换得一颗钻石，钻石的价值在哪里呢？

我们都知道，钻石除了能够帮人炫耀财富外，几乎没有什么用途了。人们不禁产生这样的疑问："为什么水的用途大，价格反而低；钻石的用途小，价格却如此之高呢？"其实这就是经济学中著名的"钻石与水悖论"，简称"价值悖论"。

这确实是一个"悖论"，水的价值如此大，却不值钱，钻石并不具备实用价值，却价值连城。这到底是为什么呢？

在过去人们的印象中，水是取之不尽用之不竭的，而人对水的需要也有一定的限度。就拿喝水来说，随着肚子慢慢鼓胀起来，最后那一单位水对人来说就变成了可有可无的东西。

从经济学上说，最后一单位水对于人的增加"效用"微乎其微。西方边际学派认为商品价值由边际效用决定，两者为正比的关系，而钻石的数量相对人的需求来说非常小，所以其边际效用大，于是价值大。这就足以解释"水与钻石的悖论"了。

其实，这还是因为商品供需关系的差异。众所周知，当供给发生变化时，产品价值也会随之变化。根据这个定理推理，若是工厂可以成批生产大量的钻石，那么钻石的价格就会大幅度下跌。

有一个穷光蛋家徒四壁，仅有的财产只是一个旧木碗，所以他每天头顶旧木碗四处流浪。有一天，穷人上了一只渔船去帮工。非常不幸，渔船在航行的过程中遇到了特大风浪，被淹没在大海中，船上的人几乎都死了，只有这个穷光蛋抱着木头幸免于难。穷人被冲到了一个小岛上，岛上的酋长见到穷人的木碗感觉非常新奇，便用大量的钻石换走了木碗。

一个富翁听说了穷人的奇遇，心中暗想："一只木碗就能换回这样多的宝贝，若是我送去食物，是不是……"富翁满载着希望上路了。

见到酋长之后，酋长欣然接受了富人的礼物，赞不绝口，答应一定会重重答谢，富人非常高兴。但是当富人猛然抬头看见了酋长捧着的"珍贵礼物"便愣住了：居然是那只旧木碗！原来木碗在这个岛上是绝无仅有的，被视为最珍贵的东西。

"木碗与钻石"的故事就是边际价值的最完美的体现。一般情况下，只要有木材的地方，就可以制造出木碗，而这个海岛上的情况却与现实相反：钻石的数量极多，木碗仅此一只。对于这个海岛上面的人来说，木碗的造型奇特，颇具实用价值，显而易见，木碗的边际效用价值远在宝石之上。

套利就是变相的差价获利

套利是指同时买进与卖出两张不同类型的期货合约，投资者买进自认为是便宜的期货合约，同时卖出自己认为高价的期货合约，从两份期货合约的变动关系中赚取差价。

在进行套利的时候，投资者要注意的是期货合约之前的价格关系，而不是绝对的价格水平。也就是说，套利就是在同一时间对两份期货合约进行低买高卖的操作。

套利是国际金融市场上非常常见的一种交易手段，世界上的大型基金均属于采用套利形式来参与期货或者期权市场的交易。套利一般分为跨期套利、跨商品套利与跨市套利。

跨期套利是指买卖同一市场上的同种商品中的不同到期月份的两

份或多份期货合约，利用不同到期合约的差价来获取利润的模式。比如，交易所买入近期交割月份的稀有金属合约，同时卖出远期交割月份的稀有金属合约，期望近期交割月份的合约价格上涨幅度能够大于远期交割月份的合约价格的上涨幅度。

跨商品套利则是指利用不同的两种彼此存在关联的商品之间的价格变动来进行套利的模式。也就是买入某种商品在某一月份的期货合约的同时，卖出另一与之相关联的商品近期交割月份的期货合约，达到赚取利润的目的。

跨市套利则是指在某一期货市场内买入某一月份交割的商品期货合约的同时，在另一市场内以同种合约达到在有利时机的情况下对冲获利的方式，等待两个市场的价格关系恢复正常的时候，再将买卖合约对冲平仓并从中获利的模式。

投资者之所以要进行套利是因为套利的风险性较低，套利交易可以为避免特殊情况或因价格剧烈波动而带来较大损失提供一种保护，但是套利的盈利能力也相对小一些。套利可以帮助扭曲的市场价格逐渐回归到正常的水平，有效地增强市场的流动性。

当然，套利也存在着风险。第一，套利的潜在收益因为风险的稳定而受到限制。第二，绝好的套利时机很少能够频繁出现，套利机会的多少与市场效率有着密切的关系。第三，套利依然存在着一定的风险。

生活中到处存在着套利的现象。比如，一套坐落在城市中心的 150 平方米的公寓，在上海的价值大约是 450 万元，在青岛价值大约 200 万元，在烟台则价值大约 90 万元，而在日本东京的价值大约高达 1200 万元。

假如一个日本人将自己在东京市中心的这座公寓卖掉再搬到烟台居住的话，他的下半生靠着剩下的 1100 多万可以过得非常舒适。这也是为什么很多人在大城市赚够了钱后回到小城市生活的原因——他们能够享受到套利带给他们的好处。

复利是"利生利"的滚雪球赚钱法

复利又被称为利滚利、利上利，简单理解为一笔存款或者投资在得到回报后，将本金和利息合并再进行新一轮的投资，以此类推，不断地循环下去。复利是一种投资收益安排的方式，在它的麾下有无数亿万富豪的身影。

1924 年的时候，有一个名叫基德的人在美国芝加哥出生。小基德出生之后，家庭开支骤然上升，不得已，基德的父母拿出原本打算买车的 5000 美元为儿子的成长进行投资。但是，因为基德的父母对于一些投资知识和技巧不是非常熟悉，更不懂得股票投资方面的知识。为了安全起见，他们选择了较为稳定的投资品种——美国中小企业发展指数基金。

之后的一段时间，基德父母都没有理会这个数额较少的投资，甚至已经淡忘了。一直到基德 70 岁时，一次意外让他在家中的壁橱里发现了这个基金的存在。老基德步履蹒跚地来到银行查询账户，令他感到惊奇的是账户上已经有了 300 万美元！仅在一夜之间，老基德就成了百万富翁。

美国中小企业发展指数基金就是所谓的复利型基金。从投资领域上看，用复利的方式计算自己的投资报酬，效果令人倍感吃惊。运用复利的方式进行投资的话，最终的收益就等于每期回报率再加上本金后，不断相乘的结果。投资的期数越多，获利就会越大。

在复利方式下，如果你可以坚持投资的时间越长，那么最后你的回报率也会越高。只要你可以将这些利润重复投资，那么你的资产就会像滚雪球一样越滚越大。

假设小王和小张两个人都采取定期金额的方式每年在投资基金存入 2000 元，假如基金投资的平均回报率为 9%，可是，小王是从 22 岁开始进行投资，他连续投资了 9 年，到 31 岁时他就结束了投资，此时，他的累计投资金额达到 1.8 万元。再说小张，他是从 31 岁开始进行投资，虽然较小王迟了 9 年，但小张不间断地定投了 30 年之久，直到 60 岁时，那么此时小张共投入 6 万元。待到两个人都 60 岁时，小王的户头上有 35 万元。虽然小张的累计金额较大，但是此时他的户头上只有不足 30 万元的资金。

由此可见，时间对复利有多么重要。只要你可以长期持有，时间越长，你所能够得到的复利收益就越多。

而且，复利投资需要一定的技巧与知识，懂得投资的人在进行投资时可以有效地抵御市场风险，顺利实现赢利。虽然在复利积累初期你可能很难见到较高的投资回报，因此，很多投资者毅然决然放弃继续投资，但是，一旦度过漫长的积累阶段，复利投资将会给你带来更大的惊喜。

做资金生意，就是经营风险

谁都希望自己的投资没有风险，但人们都知道，在购买基金时就连基金公司都会在基金公开说明书的内容里面做出风险提示。

由于市场总是在不断变动的，过去操作成功的方法对于未来管理不一定管用。俗话说："人倒霉，喝凉水都会塞牙缝"，就更不用说投资了。只要存在市场，就一定存在风险。理财没有不担风险的，但是风险并不是不可避免的。想要做好理财投资，就要先学一下理财投资的基本知识。

从前，有一个 20 多岁的年轻人想要成为武林高手，于是不远万里来到少林寺，请求少林寺僧人传授功夫绝学给他。少林寺师父只是微微一笑，什么也没有说。得到了师父的默许，年轻人感觉非常欣慰。可是第二天的事情完全出乎他的意料，少林师父竟然让他从日常的煮饭烧菜、打扫挑水开始做起，最多就是要他蹲蹲马步。

就这样过了很久，年轻人一直没有得到师父的教导。心情急躁的年轻人终于忍不住和师父抱怨起来，师父悉心地告诉他："你连基本功都没有做好，还奢望进入下一个阶段吗？"年轻人被师父的这句话噎得哑口无言，许久没有缓过神儿来。

年轻人学功夫，就好像人们投资理财，最重要的就是基本功。如果连基本功都没有打好，学高深的理财秘诀无异于天方夜谭。

投资理财是一门高深的学问，不同的投资工具有不同的操作方法。理财专家指出了以下几个投资法则供人们参考：

投资法则1：权衡资产负债和现金流量

一般而言，个人或家庭承担的负债水平，都是先扣除每个月的固定支出与储蓄所需之后，剩余的可支配所得的部分。若是手中有多余的钱进行投资，一定要小心谨慎，盲目投资大多都不会获得预期的投资报酬率。因此，首先要对投资进行了解，之后再进行分散投资。

投资法则2：根据投资属性和机会成本，自主选择投资目标

投资的奥妙之处就在于怎样最有效地利用自己多余的资本。面对多种多样的投资方式和商品，一定要弄清楚哪一种才是最适合自己的。对于年轻人来说，因为都是工薪阶层，没有足够的时间关注市场动态，这就需要在各种投资工具中选择那些不必花费过多精力的投资工具。

投资法则3：风险控管和紧急危难预防措施不可少

理财商品只有3种情况：保本保息、保本不保息、不保本不保息。投资人进行投资之前要进行必要的考虑：首先是这种产品可不可以确保最低本金不至于丧失；再者是收益是不是在可以接受的波动范围之内；最后，是不是和其他金融工具产生连动。如果三个条件都在自己能够承受的范围之内，并且你也愿意接受可能产生的最大损失的结果，那么这项金融商品是可以进行投资的。

一定要在自己的理解力允许的范围内投资

俗话说"隔行如隔山"，投资者选择自己熟悉的行业，就可以掌握更多的行业信息。了解市场发展方向，就可以做出正确的判断和决策。

小张原来是做教学软件代理工作的，工作了几年下来攒了一些钱。后来，他因为听说代理网络游戏可以赚钱，就脑子一热代理了外省一个还没有投入运行的网络游戏。

在代理之初，小张也不知道这款游戏的发展前景究竟如何，就预先交了 100 万元做到了省级总代理。但是那款游戏因为内容、技术等方面的原因，迟迟没有推向市场。如果小张想要退出，又会涉及到打官司的问题，所以这 100 万元就变成了他的"学费"。

小李最初开了一家大型的美发机构，后来听了其他人的游说，决定与别人合伙开始做起了美容生意，但是因为业务不熟练，而且在管理方面存在很多的不足，她的创业也遭遇了"滑铁卢"。

是的，"隔行如隔山"。投资新行业，就一定要懂行。要知道水的深浅，要有这方面的经验和人才，要熟悉其中的运营作业流程，要清楚地知道这个行业的发展趋势与经营过程中可能要承担的风险，要清楚自己的竞争对手，同时还要知晓自己的目标市场份额。

很多人都厌倦了为别人打工的日子，想要圆一圆自己的"老板梦"。但是，并不是任何一个人都可以做"老板"的。有些人只见到成功赚钱的"老板"，却没有看到因为亏本破产的"老板"。

马云曾经对刚刚毕业的大学生说过："在 100 个创业者中，有 90 个在悬崖上还没有来得及喊就掉了下去。还有 9 个手抓着悬崖边在挣扎，但是最终还是掉了下去，只有 1 个可以活着过来。"这句话表明了创业的残酷性，而马云也通过这个例子告知了人们自己创业的艰辛。

有的人曾有过做小本经营的经验，比如说快餐店、时装店等，选择做小本生意的原因是他们缺少做大买卖的资金，而且又不一定可以处理很多的财务上的问题。因此，如果有适合的人选，两个人就可以合作开创一番事业。

通常来讲，拥有资金而且具有创业意识的人，比有一技之长、有创业意念却苦无资金创业的人多，因为后者可以选择从小做起，而前者可能苦无门径，永远没有办法开展自己的事业。

一个拥有一技之长的人，例如懂得如何开锁，并不表示他可以开卖锁店，他可能会忙着时装店的生意也不足为奇。对一个人来说，只要可以获取更高的利润、拥有可观的发展前景就足够了。

值得注意的是，不是每一行业都可以小本创业，也不是每一个行业都有正当创业的机会。如果你认为有一门行业可以用来创业，就应该大胆付诸行动。付诸实践的步骤不是立刻开业，而是先做资料搜集和各项准备工作。创业者的准备工作若做得充足，信心、冲劲自然较高，这样就已经迈出创业的第一步了。

黄金是最好的避险资产

不管在什么时候，黄金都是投资者们青睐的对象。马克思说过："金银天然就是货币。"黄金，作为一种财富的象征，在人们的心中的地位一直居高不下。

黄金具有不变质、能保值、易流通、好投资等多项优点。另外，黄金具有很强的抗通货膨胀能力，投资的税率又远远低于股票投资，价格走势较为平稳，产权转移方便快捷。这些特点让黄金成为了真真正正的"货币之王"。

第二次世界大战结束之后，两位美国士兵每人得到政府发放的 35 万美元的补助费用，其中一位士兵很快就将这 35 万美元兑换成了黄金。当时黄金的价格非常便宜，仅为每盎司 35 美元，这位士兵一口气兑换了 1 万盎司的黄金。另一位士兵目光短浅，投资知识较为匮乏，在拿到补助以后，就将这 35 万美元锁在保险柜里。

一天，两个人约好出海钓鱼。不幸的是，两人在出海的时候遇到了海难被冲到了一个岛屿之上。因为没有人营救，两人只好想办法在荒岛上面生存。40 多年就这样过去了，终于有一艘货轮来到了这个岛屿，把这两人带回了美国。

回家之后，两个人都打开了自己的保险柜，查看自己锁在里面的财富。这个时候，依照当时的黄金价格，那个将美元兑换成黄金的士兵，如今已经成为拥有 800 多万美元的富翁，而那个直接把 35 万美元藏在保险柜中的士兵，在 40 多年后拥有的还是 35 万美元。

许多人都把黄金作为投资方式之一。随着全球经济形势的逐渐恶化，黄金成为一个重要的投资避风港，得到了世界各国的青睐。从总体上来看，国际金价呈现上升的趋势。虽然价格时有波动，但是从长期来看，黄金的保值能力远在其他投资方式之上。

黄金交易也在一定程度上成为广大投资者投资理财的主要途径，为了获得更多的收益，越来越多的老百姓加入了"炒黄金"的大军中。

虽然黄金具有非常高的保值性，但是疯狂炒作一样会让黄金的价格超过其实际价值，在市场上形成投资泡沫。

黄金投资存在抗通货膨胀、超强保值的特性，但是这并不意味着黄金投资就不存在风险。当股市连续疲软、房价进入下跌通道、银行理财产品收益输给 CPI 的前提下，用客观、理性的头脑投资黄金产品是值得鼓励和提倡的。

黄金投资可以成为你理财计划中的首选，应该尽量调整黄金理财在众多理财方案中的比重，有效地分散投资降低风险，仔细分析自身能够承受的经济压力，切不可盲目投资。

债券投资未必高枕无忧

债券是政府、金融机构、工商企业等机构直接借债筹集资金，继而向投资者发行，并且承诺按照一定的利率支付利息，并按制定的条件对本金进行偿还的一种债权债务凭证。

与股票相较而言，债券具有相对稳定性。在股市、偏股基金一路走低的时候，在风险投资中加入债券，可以使收益相对增高，风险相对降低。

1815 年，英国政府为筹措战争经费，发行了一笔巨额债券，数额超过了当时英国经济总量的 10%。当时正是滑铁卢之战的前夕，拿破仑屡战屡胜，几乎没有对手可以与之相抗衡，人们一致认为这一次英国会战败。基于这种原因，虽然债券以低于市面价格的 13% 发行，但是认购并不是很踊跃。

李嘉图在深入研究了英法双方的战事之后，毅然做出了英国获胜的大胆推断。于是，他倾尽自己的全部财产购入便宜的政府债券。谁也没有想到战局真的被李嘉图料中——英国在这场战役中取得了胜利，而这批国债的面值立刻随之疯涨。仅此一次，李嘉图就获利近百万英镑。

人们普遍认为，债券是一种低风险低收益的投资。债券作为一种投资手段，其风险要比股票小，但并不意味着没有风险。

2008 年，雷曼发行了一批"巨鲸迷你债券系列 36"，它作为雷曼在香港市场上发行的"迷你债券"的典型代表出现在大家视野里。虽名为"债券"，却是一种用定息与债券包装的高风险结构产品，即信贷挂钩票据。

"迷你债券"是一种带"毒"的债券。这些和香港大蓝筹股挂钩的债券，实际上和挂钩资产没有一点关系，被装进去的资产是高风险结构产品——债务抵押证券（CDO），而担保人正好是宣告破产的雷曼兄弟。

在迷你债券的相关介绍中，并没有说明雷曼持有 CDO 资产，而仅仅是 AAA 信用评级，更重要的是内容里根本就没有提到担保人雷曼对债券的重要性。雷曼将持有的 CDO，通过组合成一种结构性产品，出售给散户，从中获取利润，事实上与蓝筹公司毫无关系。

从 2004 年年底开始，雷曼和新金融集团将目标定在散户市场，联手打造出七八个系列此类的产品。由于最低入场费仅为 5000 美元或者 4 万港元，年利率最高可达 7%，因此受到散户的热烈追捧。

香港有超过 4 万的投资者购入了"雷曼迷你债券"。因为雷曼的破产，这些投资者陷入了巨额亏损的境地。据相关资料显示，普通投资者平均投资达 50 万港元，最少的也有几万港币，多的五六百万甚至一两千万港元。经过这次事件，人们只希望今后不要再重蹈覆辙。

有些金融方面的专家这样说："买入'迷你债券'，其实就是在和雷曼'对赌'，赌挂钩的公司不会出现所谓的'信贷事件'。但是不幸的是，现在和你'对赌'的雷曼宣告破产，这样你先前下的注就付诸东流了。"

持有股票一定要比现金好

此前有一句流行语说"现金比一切都更安全，更直观"。然而，当社会进一步发展到证券和资讯时代时，这种说法显然过时了，于是又有了另一个新鲜的口号，那就是"持有股票一定要比现金好"。提出这一口号并加以证实的，正是投资大师巴菲特。

世界股王沃伦·巴菲特从来都是从企业的营运成果中得到投资资讯的。暂且不论他领导的柏克夏的投资结果，他的这种卓有远见的目光就值得称道。他深信股票市场可能会暂时忽略了企业的财务成果，但随着时间的推移，公司提供持股人更多的股权价值后，市场价格终将证实一家公司经营的成败。华尔街著名投资人格兰姆告诉巴菲特："短期来看市场是个投票机器，但长期来看则是个秤重器。"他乐于忍耐。事实上当柏克夏企业的股权价值以令人满意的速度上升时，他希望从股票市场慢一点知道消息，这样他才有足够的时间以便宜价钱购买更多的股份。

当巴菲特判断某家公司会是很好的投资目标时，股市也会很快地加以正面回应。这种情况一旦发生，他不会因为股价短期上涨而强迫卖出手中的股票，而是认为华尔街的名言"只要有利润，你就不会破产"是个愚蠢的建议。

费歇曾经告诉他："你手上持有的股票一定要比现金好，否则它就不是一个好的投资。"

巴菲特认为，只要企业的股东权益报酬率充满希望并令人满意，或管理者能胜任其职务而且诚实，同时市场价格也没有高估此企业，那么他就相当满足于长期持有任何证券。如果股票市场确实过分高估某家企业，他就会将其股票卖出。此外，如果他需要现金，以购买别家可能被过分低估的或是有同样的价值，但他更了解企业的股份，就会出售公认或被低估的证券以兑换现金。

即便在这种炒股的策略下，巴菲特在1987年也说有三个普通股，不管股票市场如何过分地高估它们的股价，他都不会卖出。它们分别是华盛顿邮报公司、GEICO和美国广播公司。1990年，他将可口可乐的普通股也列为永久持股。

这种始终不渝的态度，使得这四个投资和柏克夏所控制的企业地位相等。巴菲特从不随意赋予这种永久性地位的。还有一点值得注意，一家公司不是在巴菲特购买它之后就自动地被认定为"永久性"持股。柏克夏·哈斯威已经拥有华盛顿邮报公司的股份20余年，也拥有GEICO的股份18年。巴菲特在1977年首次购买美国广播公司。他虽然在1988年就已经购买了可口可乐的股票，但到1990年它才被提升到永久持股的地位。

买对保险让你坐在家里数钱

保险，其实是一种风险分散机制，它是对未来风险进行的风险转移，将未来不确定的损失转变为确定的成本。一般情况下，人们通过购买保险公司的保险类型，支付相对的保险费用，用这种方式换回保险公司的信用和承诺。

若是所投保的事件发生时，保险公司就会对其进行相应的赔偿。保险并不是所谓的消灭风险，只是相对的风险转移。只是一个风险转换工作，原来的风险由投保人自己来承担，如今由保险公司全权承担。

小峰已经做保险业务员很多年了，一次他负责向一名男子推荐该公司的一种新险种。这个新险种每天缴纳的费用非常少，但是在被保险人身故后，受益人能够得到一笔数目可观的身故保险金。

这名男子的爱人在前不久的一次车祸中丧失了双腿，目前经济状况不甚乐观，仅能够为一人购买保险。小峰对这两个人的健康状况进行了分析，男子的妻子很有可能会先他而去。若是他为妻子购买的话，在妻子离世之后，男子就会得到一笔高额的赔偿金，还能够继续生活下去。

小峰觉得这就是利益的缺口，很有可能会打动男子。于是，小峰话语连珠地讲述这个险种在将来为男子带来的诸多好处。但是，男子说道："如果她不在了，我要钱来干什么？我可以凭借自己的能力好好地生活。但是，若是我不在了，她又该怎么办呢？"

小峰看着男子远去的背影陷入了深思。从此，小峰不再试图寻找利益突破口，他会真心地告诉每一位前来购买保险的客户：为自己买上一份保险吧，可以在你无法庇护你爱的人时，为他们留下一份资金。几年之后，他变成了一位非常出色的保险销售人员。

在生活中，每个人都有可能发生意外，但是我们很难确定地说伤害会不会发生以及什么时候会发生，而且意外导致的后果不可预知，光是沉重的医疗费就可能会让一个家庭走向崩溃。

出于这样的考虑，保险公司创建了意外伤害保险。购买保险的人，只需要缴纳为数不多的保费，就可以形成一个规模强大的保险基金，由基金承担每一个人可能发生的意外伤害损失。

对于投保人来说，保险就是在平时付出一点费用，但在风险发生之后就可以获得足够金额的补偿，将自己的压力降到最低。在这个环节中，保险公司实际上是在扮演合理收取、管理、分配投保人互助基金的中间人的角色。

基金就是用别人的头脑为自己赚钱

基金的全称为"证券投资基金"，主要是依靠金融机构发售基金份额，把大多数投资者的资金汇集起来形成一种投资资金，交由基金管托人进行托管、基金管理人实行监理工作，通过投资组合的方法实行证券的投资。基金是一种利益共享、风险同担的投资方式。

如果你对上述概念没能充分理解，可以试想：现在你的手里有一笔资金打算升值，对于投资理财经验匮乏的你来说，想要和别人一起出资分担风险，还要聘请一位投资专家管理投资产品，继而实现投资升值。由于投资者与投资专家交涉有诸多不便，因此就要推举一个最懂行的投资专家来操办这件事。

基金是在投资专家的监督和指导之下进行的，信息透明度非常高。这种理财方式较其他投资来说更加方便快捷，资金的流动性强，再加上是组合投资，降低了个人承担的风险，所以一直是投资业的宠儿，备受关注。

2004年，在银行工作多年的小王开始了自己的投资生涯，他决定和许多同事一起推广基金理财。当时的市场很不景气，股市正是低潮期，花费一年的时间很有可能连基金的手续费都赚不到，大多数基金的净值低得可怜。

慢慢地，小王发现了一个问题：即便自己绞尽脑汁、磨破嘴皮向客户推荐基金，但是收效仍旧微乎其微。小王这样告知客户：目前的股市正值淡季，若是现在这种情况下买进股票型基金作为投资选择的话，收益一定会翻倍，这是迟早的事情。但是，客户希望看到的是立刻见到回头钱，这才是最实际的，所以对小王所说的话，都持以质疑的态度。对此，小王很无奈。

于是，小王自己买进了几只股票型基金。谁知几年都没有什么收益的基金竟然在 2007 年出现了大逆转，小王惊奇地发现股票型基金的净值开始飞速上升。几年的投资终究没有白费，小王利用这笔资金买上了房子和车子。

相对股票而言，基金更适合于那些时间相对紧张、投资经验较为贫乏的中小型投资者。由于基金是一种长期投资型品种，持有的时间越长产生的效果越好。不要像股票投资一样进行频繁的买卖，更没有必要频繁关注基金的行情。

在所有基金类型中，收益最大的当属开放型基金，但是大多数基金属于股票型基金，这种基金与股市的涨跌有着千丝万缕的联系。

挑选基金也是需要一定技术含量的，买基金同买股票是一样的，都属于投资行为，投资就要承担风险。所以在你购买基金前，一定要仔细分析自己的风险承受能力和经济状况，切忌盲目跟风。

期货就是用现有的思维预估未来的市场

有句玩笑话这样说：若是你恨一个人，就让他做期货，因为他会因此迈向地狱；若是你爱一个人，也让他做期货，因为他会因此走向天堂。

期货是投资方式中的一把双刃剑，它会让你受宠若惊，可以让你一夜暴富，也可以让你在一夜之间变成乞丐。期货哺育了高利润与高风险这一对孪生兄弟，所以想要做期货投资，首先就要拥有一颗健康、强壮的心脏。

期货，主要指买卖双方没有必要在买卖发生的早期就交易实际货物，而是选择在约定的未来的某一个时间交易实际货物。卖家依据自己的判断，觉得手中的货物在一个特定的时间段价格可以达到最高，于是选在那个时间段卖出货物，达到利润的最大化。同时，买家也在思考，自己所需的货物在某一个时间段价格可以降到最低，于是就选在这个时间段买进货物，从而实现成本的最小化。

为了在短时间内实现自己的黄金梦，小路选择了期货投资。他瞄准市场，在每吨玉米 2000 元时，他觉得玉米的价格仍旧会持续下跌，于是他在期货市场与买家签署了一份期货合同。

双方达成协议，在未来的半年里，他可以随时将手里的玉米卖给买家 10 吨，价格定在每吨 2000 元。4 个月后，果不出所料，玉米的价格跌到了每吨 1400 元。小路觉得玉米的价格已经到了最低限，于是他立刻以每吨 1400 元的价格收购了大量的玉米，继而以每吨 2000 元售出。最终，小路凭借自己的头脑赚得了 6000 元的差价，一夜暴富。

由上述材料可知，在小路的手中并没有握着玉米，他巧妙地运用了卖开仓，在期货的基础上采用了做空机制。尽管期货交易凭借的是实物，但实际上并不是真的在卖东西。

期货商品的价格是围绕实物的价格上下波动的。因此，从这个角度上说，期货市场所要承担的风险远在股票之上。相对来说，股票是作为实体物品出现的，而不是虚拟的，所以投资期货会时刻不得安宁。

作为一名优秀的期货投资者，你需要清醒地认识到交易中存在的巨大风险，还要为此进行不懈的努力。如果能够做到这些，期货投资一定是一个不错的选择。可以这样说，再也没有任何一项投资可以像期货投资这样充满投机性和诱惑性。

进行期货投资之前，需要清楚地认识到自己所在的位置，充分发挥自身的优势，选择一项适合自己的品种，将风险降到最低，以求获取更高额的利润。

进行期货投资过程中，最重要的是懂得主动放弃不确定和没有完全把握的市场机会，将风险控制在自己的能力范围之内，学会用一种平和的心态进行投资，真正达到"有所为，有所不为"的境界。

收藏品投资：精神与物质的双重满足

收藏品投资和股票、期货等投资形式有所不同，收藏品是靠着时间升值的，投资对象是收藏品的未来价值。随着经济的飞速发展，人们手中的财富越来越多，将眼光投向收藏品界也不再是什么新鲜事。

美国著名的经济学家和未来学家奈斯比特曾经提出：在 21 世纪，收藏品投资将成为人们的主要投资方式，并取代房地产投资和证券投资的地位。事实证明，收藏品确实已经成为了一大投资热门。

当然，不管是什么类型的投资，都有一定的风险性，并不是所有人都可以通过投资收藏品赚钱。需要注意的是，收藏品投资具有特殊性，需要与其他类型投资的区别开来。

第一，并不是所有的收藏品都具有收藏的价值。收藏品投资有投资失误，也就是误投到赝品上的风险。相信不少人，特别是刚刚进入收藏界的投资者都有过类似的经历。

由于现今的仿冒技术十分高超，收藏品鉴别也愈发困难。自古收藏品鉴赏就是一门学问，随着科学技术水平的发展，用于鉴赏收藏品的新方法层出不穷，准确度也有了很大幅度的提升，但同时仿冒的手段也更加专业，甚至有规模化的趋势。

所以，如果投资者无法判定一件收藏品的真伪，不如选择放弃。没有把握的冒险是鲁莽，会导致"赔了夫人又折兵"的后果。

第二，收藏品变现难。收藏品具有很高的价值，但是想让这种价值变为现金却比想象中困难。首先，与股票基金相比，艺术品的交易信息和交易过程相对分散。再者，人们的欣赏水平和角度不同，一个人欣赏的收藏品另一个人不一定欣赏。所以，当一个投资者急于将手中的收藏品变成现金的时候，就很可能遭遇对方的压价。

第三，收藏品价格存在虚高的风险。有投资的地方就有炒作，社会上真正具有高水平鉴赏能力的人并不多，因此，某些人对收藏品的炒作更容易掀起盲目跟风的浪潮。在时机不成熟时入手的收藏品多会变成鸡肋，投资者需要很长时间去消化。

第四，保管收藏品是一件费时费力的工程。收藏品是靠着时间升值的，但是污损、受潮、发霉或者生锈的收藏品将会身价大跌，能够保持原本风貌的收藏品才有升值的空间。所以，在运输、搬运、摆放和鉴赏的过程中，需要注意对收藏品的保护。

第五，涉及法律法规的收藏品还有政府禁止流通文物和误买赃物的风险。

　　高额的回报总是让人垂涎三尺，即使有风险，人们对收藏品投资的热情依然不减。如何投资成功就成了很多人每天研究的课题。

　　投资收藏品的时候要关注收藏品的潜在吸引力，可以说，这是收藏者投资成功与否的关键。潜在吸引力指的是收藏品在未来所能够获得的吸引力的大小。收藏者应该扩大视野，延长视线，选择那些最有可能在未来获得关注的收藏品。

　　最后，投资者要时时刻刻记得：收藏有风险，投资需谨慎。

驾驭风险的同时远离错误

　　投资理财有风险，很多人纵使因为通货膨胀而逐渐丧失购买力，也不愿意把钱放在保障最低利息以外的投资工具上。有些人害怕犯错，他们拒绝学习有关个人理财的知识，宁愿继续以不懂为托词，或干脆以不行动来避免做决定的压力。这是错误的，生活将教育他们必须学会理财。我们要做的就是在防范风险的同时，远离错误，使自己的财富不断增值。

　　人们常犯的理财错误包括：

　　（1）没有目标与计划；

　　（2）太晚规划长期的目标；

　　（3）认为自己无法实现理财目标；

　　（4）不正确或不切实际地估计生活费用或对各项理财目标的期望值过高；

　　（5）不知道钱是怎么花掉的；

　　（6）紧急预备金不够甚或没有；

　　（7）粗劣的记账内容；

　　（8）没有去追踪储蓄或投资的表现如何；

　　（9）不知道所有的存款和投资将会有哪些风险；

　　（10）将钱放在跟不上税赋和通货膨胀率的低利率存款中；

　　（11）不适当的资产分散；

　　（12）进行自己不了解或不符合自己风险承担程度的投资；

（13）对投资过于感性或情绪化，而未能考虑所有的事实情况；

（14）从不用借贷的钱放在投资上；

（15）太过依赖理财专家；

（16）当有需要时却不寻求理财建议；

（17）挥霍一笔意外之财；

（18）对房屋或其他贵重物品投保不足；

（19）购买不适当或不适合的保险；

（20）没有贷款、房贷、信用卡、买保险和买股票的概念；

（21）没有建立个人的信用；

（22）花钱混乱，有一点儿花一点儿，从不循环使用；

（23）所得收入必须用来偿还大量债务；

（24）未能合法地节省所得税；

（25）未能充分利用节税的投资；

（26）不正确地预缴所得税；

（27）没有为子女存钱；

（28）不正确地与人共同持有财产；

（29）有关钱的事情与家人缺乏沟通；

（30）空想有人将来会照顾你（例如家人或政府）；

（31）忽略了金钱的时间价值；

（32）未能在理财规划上吸收新理念；

（33）有拖延的习性。

在这些问题中，拖延是最重要的一个问题。当没有财务危机发生，不需立刻采取行动时，一般人就会很容易地拖延，并且忽视理财规划的重要性，等到要用钱时，就感到生活的重压几乎让人难以承受。

大部分人宁愿过着日复一日的生活，也不愿意去应付一个遥远而未知的将来。况且，理财计划也不都是好玩儿的，有时候它包括买辆新车或一次加勒比海旅游，但同时它也包括重大疾病和紧急事故在内的财务计划。

理财是一件严肃的事情，不慎重对待理财的人必不能慎重地对待生活。

精致的消费并不是精致的生活

在你养成消费的习惯之前，必须先知道怎么处理你的金钱。

通常在人们还没改变消费习惯之前，是不会开始储蓄的。除非你能增加所得，否则要多存一点儿，就必须少花一点儿。以下是 7 个错误的消费习惯：

（1）冲动的消费

你是不是一个冲动的消费者？如果是，必须先来算算这个习惯的成本。试想如果每一周都冲动地买个价值 15 元的东西，一年下来得花 780 元。当然，偶尔还是要慰劳一下自己，但也不要太过分。如果经常有别人陪着购物，并且对方还鼓励你去买超过预算的东西，那么，最好还是自己一个人去购物。

（2）用循环信用购物

大部分信用卡的循环利息为 14％～21％，所以信用是很昂贵的。一台 4000 元的电视机如果用利率 15％的贷款购买，3 年下来会值 4900 元，也就是说，总价会超过用现金购买的约 25％。如果一定要用信用卡，将消费的余额越快清偿越好。

（3）消费的时间不恰当

买刚刚才送到商店里的衣服或当季的货品，是很昂贵的。事实上不久后，商品价钱就会降下来，特别是在淡季里。其实可以等到新产品（如计算机、电脑和电子设备等）上市后开始降价时再买，可以替自己省下不少钱。

（4）安慰型消费

有些人以花钱作为武器，疏解自己的压力或沮丧的心情，譬如说，如果对另一半发脾气，他们就会跑到最近的购物中心去大肆消费，以作为对另一方的一种惩罚。这是相当愚蠢的。

（5）买"错"了东西

货比三家可以省钱，如果你想要买家用器具，参考一下《消费者导报》之类的刊物，其中有各种品牌、形式和等级的说明介绍。有些百货公司自营商品的品质，事实上和某些名牌是同质品，因为它们都是由同一家制造商所制造的。

（6）买个方便

省时的速食价格昂贵，譬如说，一个知名品牌的冷冻面条，要比同样分量的一般面条贵上 2 ~ 5 倍的价钱。另外，便利商店的东西也是比较贵的，因为它们的货物加成费用要比超级市场里的高。

（7）买个身份地位

信用卡使用上的方便，常会使人立即当场就购买商品或服务；有些人在和朋友或亲戚比较物质生活时，会昏了头。在很多人的心目中，金钱和占有就等于成功。追求身份地位的人，会去买较贵、较好的东西，要靠家里住房的大小或者是衣服的品牌标签，来证明他们比别人更成功，这是盲目虚荣的表现。

让钱留在家里，替你上班赚钱

在穷人眼里，少用就是多赚。

穷人最津津乐道的事情就是鸡生蛋，蛋生鸡。但是将希望建立在一只母鸡的身上毕竟是很脆弱的。在富人看来，手里的钱不是攒出来的，而是生出来的。

在古代的巴比伦城里，有一位名叫亚凯德的富翁，因为有钱而闻名于世，而让他成为知名人士的另外一个原因却是他的助人为乐、乐善好施——他对慈善的捐款毫不吝啬。可就是这样，他每年的收入也远远大于支出。当他的朋友问他为什么可以拥有这么多的财富时，亚凯德向他们详细地说明了"投资致富"的法则。

钱和人类有着密切的关系，它被视为人类最好的朋友。特别是你要它帮你赚钱的时候，根本就不需要花费多少心思，它就可以帮你把更多的钱放入你的口袋。

我们作一个假设：假设你将 500 元存入年息为 5% 的定期账户里面，你什么都不需要做，一年之后你的钱就帮你赚进 25 元钱。

虽然这 25 元钱看起来不起眼，但是若是你每年存 5000 元，存期长达 10 年，让这 5% 的利息利滚利，等到 10 年之后，你的账户里面就会有 6603.9 元——其中 5000 元是你的本金，1603.9 元是你滚利赚进的利息。

如果你很早就已经开始储蓄了，在你存到一定程度的时候，你就会发现你的利息作为生活花费还绰绰有余。这就好比你生在一个富有的家庭里面，家人每月都会送上你的生活所需，这不正是许多人梦寐以求的吗？

这个时候，你完全可以经济独立，做想做的事，去想去的地方，让你的钱留在家里，替你上班赚钱。当然，若是你没有尽早储蓄，并且每个月固定拨出一笔钱进行投资，那么这一切将只是一个梦想。

一般人可以分为以下几种：一种人是边储蓄边投资，慢慢就会有所收益；第二种人会把所有的钱都花光；第三种人再把所有的钱都花光之后还会欠下信用卡公司巨额债务，在这种情况下，必须付出一笔利息，换句话说，就是他的钱没有赚钱，而是成为了别人的钱。

显然，一个人的财商可以影响一个人的理财，在以上三种情况中，财商高的人，会毫不犹豫地选择成为第一种人。

让你的理财规划追得上你的人生规划

既会花钱，又会赚钱的人，是最幸福的人，因为他享受的是两种快乐。

其实，正确的理财观念并非以累积越来越多的财富为目的。在赚钱之前，都应该有一个大致的目标。我赚钱用来干什么？这便是理财的目的，理财只是为达到这个目的的一种手段。

常有人整天眯着眼睛思考："有没有什么办法赚大钱。"越是这样的人，越不容易赚到钱。

有人去问一位著名的富翁："什么是生财之道？"那位富翁反问："我可以教给你，不过，你可否告诉我，你赚到钱之后，准备用来做什么？"一般情况下求教者会说："我也不知道，因为我从来没发过大财。"富翁说："那怎么行！发财之后要到墨西哥的哥阿卡普可港去玩一趟，赚了钱以后要买房子、买汽车……预先有个详细的目的，这就是赚钱的规则。"

要想赚大钱，成功的要诀是及早发现："赚钱并不是目的，而是一种手段。预先订好一个目标，再谈赚钱的计划。如果只是糊里糊涂地为钱卖命，那又何谈赚钱的意义？"

尤其是年轻人，必须给自己订立赚钱之后的计划，并学会用钱。

当然，赚钱之后不一定完全按计划行事，计划也不可能十全十美，但是，起码的计划是必要的。

理财有了一个总的目标之后，还要根据具体情况确立不同时期的目标，就一个人的一生而言，在不同阶段生活的重心和重要方面是不一样的，其理财目标也不一样。根据这个标准，我们可将人生分为以下几个阶段，各个阶段的理财目标也随之变化。

（1）独身期

从正式就业起至结婚前的一段时间，称为独身期。独身期大概从20岁左右开始。在独身期内，要进行的一项重要投资就是：将收入的一部分存入银行。开始应存活期，因为该项存款流动性很强，可帮助应急。当活期存款达到较大数额时，可着手存定期以获取较高的利息。储蓄不仅可保障未来的生活，而且也可为你进入其他获利较高的领域奠定基础。

如果有了一定积蓄后，近期又不想结婚，那么将多余的钱用于较高风险的投资，将是一件很有意义的事。因为青年时期是人一生中最冲动、最爱冒险的时期，生存压力、家庭负担都较小，从事有一定程度风险的投资，既可以考验自己的实力，又能给生活增添一份挑战，何乐而不为呢？许多成功的投资者都是从青年时期就开始写下辉煌的篇章的。

（2）家庭成长期

结婚后至孩子受完教育所历经的一段时期，称为家庭成长期。在这个时期，一方面，家庭开支，尤其是孩子的抚养及教育费用将逐年增加，因而必须存一笔较多的钱，用于应付日常各项开支；最好不要将之用于其他投资。另一方面，收入基本呈稳步上升的趋势，投资方面的知识也逐年丰富，因而这个时期是从事个人投资的黄金时期。此时，可对你偏好的一些投资做一番尝试，寻找出自己所擅长的投资工具。

（3）家庭成熟期

子女受完教育至自己退休的这段时期，称为家庭成熟期。在这一时期，你的职业收入基本稳定，不会有太多的增长，但固定开支也明显减少。你此时的投资可根据前半生的投资经验而定。

（4）退休期

退休后的时期称为退休期。在这段时期，家庭的许多开支尤其是医疗方面的开支将逐渐增多。由于生理的因素，应避免风险高、时间长的投资，而应投资在时间短且收益稳定的资产市场上，好好运用、安排过去积累的财富，过一个舒适的晚年。

在人生的不同阶段，理财的目标也不一样，各种目标有主有次，因此在设定理财目标时必须注意：

首先，此刻所处的阶段和具体情况。

其次，要达到的理财目标。

最后，如何达到理财目标。

只有将这三个问题弄清楚后，才能制订出切实可行的理财目标。

当然，目标只是一个假设可以达到的位置，因环境的变迁，有时就算是人生的目标也要随环境的变化而做出修正。理财的目标当然不可能一成不变，也要随个人环境因素的变迁而随时体察实情做出合理的修改，这才是有弹性的、灵活的理财方式。不过在弹性之下，理财的目标修改也应有一个限度，如果今日打算在60岁退休时希望可以储蓄到15万，明天却做出大幅修改，希望40岁退休，到时可储蓄50万。这种荒诞的修正，会远离合理理财所应有的弹性程度。那些被经常改得面目皆非的理财目标，如同儿戏，而不是理财方法。理财目标在今日改、明日又改的情况下之下，将永远无法达到。

成功地理财，就是制订合理可行的目标，贯彻执行，而在相互适应的前提之下，做出合理的修订，最终达成目标。

下篇

走向财富自由的四大支柱

第一章　梦想与人格——你有哪些特质最值钱

古语有言："锦上添花人人有，雪中送炭世间无，不信且看筵中酒，杯杯先劝有钱人。"有钱真好，但不是每个人都可以成为有钱人的，那些飞黄腾达的人士与其自身的人格特质密不可分，如果你想成功，就得好好修养自己，从现在开始逐渐培养这些特质。

进取——永远不要满足现状

曾有这样一个故事：

有一天，徒弟做完了自己的事情去见师父。

"师父！我已经学够了，可以出师了吧?"

"什么是够了呢?"师父问。

"就是满了，装不进去了。"

"那么装一大碗石子来吧!"

徒弟照做了。

"满了吗?"师父问。

"满了。"

师父抓来一把沙，掺入碗里，没有溢。

"满了吗?"师父又问。

"满了。"

师父抓起一把石灰，掺入碗里，还没有溢。

"满了吗?"师父再问。

"满了。"

师父又到了一盅水下去，仍然没有溢出来。

"满了吗？"

可见，在人生当中有许多事情看似已经满了，其实里面还可以装下许多东西。现实生活中，往往会有一些人说："我只要一点儿就满足了。"事实上，这是不知进取的表现。要想成为一名成功的商人，必须学会不满足，学会不断进取，学会更新知识，只有这样才能使自己永远走在时代的前端。

如果我们的企业今天安于现状，那么明天就会被别的企业所超越。时代在不停地发展着，不前进就意味着落后，所以永远都不能满足于现状。

温州商人是国内最富有的商人之一。那么他们为什么富有？这就是因为温州人不安于现状，不墨守成规，不甘于贫困。为了追求财富，追求更富裕的生活，他们不辞艰辛，善于学习，敢于冒险，勇于进取，无论到哪里都能扎根、生存、发展。

人类的整个历史，以及个人的全部生命过程本身就是一个求知、求学的过程。无论从哪一个角度考察，人类社会的每一个进步，一个人生命的每一次完善都不可能与求知、求学无关。

日本八佰伴集团在破产那年，集团总裁和田一夫已 68 岁。无论古今中外，像他在如此的年龄还能够在事业遭受灭顶一样的惨败后，仍不懈追求的人可以说是寥寥无几。有些人往往以所谓看透人生的消极态度来打发余生，乃至不乏消极等死的。可失去了巨额资产的和田，却使自己在精神上富起来。他在刚破产后足不出户，闭门思过，总结人生。半年里，他曾阅读过多部伟人传记作品。其中邓小平一生"三落三起"的经历使他深受鼓舞。他看过之后，觉得他和邓小平的一生很相似，所以他要向他学习。就这样，和田一夫先生不甘失败，勇于挑战命运，勇于学习，在接近古稀之年又重新创业，重塑人生。

和田一夫让人感到可贵的地方，就是他能够在自己人生的道路上经得起重挫，经得起惨败，同时还能够经得起滚爬摔打。他追求进取，追求成功，他勇于学习新事物，不满于现状，并不懈地追求着人生的美丽境界。试想，如果和田在当初失败时一蹶不振，而且也没有后来对知识的追求，只是停留于现状，那么他是绝对不会有第二次成功的。从这里可以看出，不满于现状，对知识的探索对经商者是多么重要。

知足的人小富即安，不思进取，停滞不前；不知足的人不断地自我加压，自我激励，自我挑战，自我超越，一往无前。不知足通常是好事，只有不知足才能深入地去研究、去开拓，才能创新、才能提高、才能超越，才能走在时代的前列。

知识不同于其他财富，它永远属于你，它永远忠实于你。科学技术日新月异，突飞猛进。因此，要不断学习更新的知识，不断地充实、丰富自己的头脑。否则，很难适应社会和时代的需要。如果止步不前，将会被时代的列车越落越远，永无出头之日。

信念——做自己命运的主人

有一只掉进深井的狐狸，想不出逃脱的方法，因此就像囚犯一样被拘禁在井底。

就在这时，有一只山羊因为禁不住口渴而走到井边。它看到井里的狐狸，于是就问狐狸井里有水没有。狐狸以欢欣的态度掩饰悲惨的处境，说这口井不但有水，而且水质也特别甜美，并鼓励山羊下到井底。山羊只顾及口渴，便不假思索地往井里跳。

等到山羊解渴后，狐狸告诉它目前它们所共同面临的困境，并提出脱困的方法。狐狸说："你把前脚放在墙上，头部低俯。我跳到你的背上，便可爬出这口井，然后再帮助你脱困。"

山羊接纳了狐狸的建议，接着狐狸马上就跳到山羊的背上，抓住山羊的两只角，稳步地爬到井口，然后拔腿就跑。山羊痛骂狐狸毁约，狐狸则转身大叫："老笨蛋！假如你的头脑能像你的须子那样多，你就不会在弄清出路之前，就纵身往井里跳，也不会让自己置于无法逃脱的困境中！"

有些贫穷者就像故事中的山羊一样，做什么事总是依赖别人，依赖他所信任的人。他们总是把自己当作一个小孩看待，每做一件事都要和家里人或他所熟悉的人、所信任的人商量，有时他们还爱凑个热闹。

一个人不能完全依靠别人，因为别人是靠不住的。

美国电影《肖申克的救赎》感动了很多人，蒙冤入狱的安迪并没有因此自暴自弃，反而一边争取更好的生存条件，一边耐心地挖地道以求出逃，最后用了12年的时间逃出监狱，重获自由，并让贪赃枉法的监狱长得到了应有的惩罚。即使他穿着监狱制服，做着最粗陋的工作，你也不得不承认，这个人带有一种难以掩饰的高贵，安静又耀眼，即便像鸟儿一样被关在笼中，他的翅膀上都闪烁着自由的光芒。

一个人在逆境中能直面苦难，积极寻求解决之道，这种品质包含着求生的意志、不屈服的骄傲，让人尊敬。生活中，谁都无法避免贫穷，当面对贫穷时，我们应勇敢地走到底，靠自己的努力来改变自己的命运。

段宏，大连懿恒生物科技开发有限公司法人兼总经理，其企业已安置多名下岗失业人员。20世纪90年代末，在改革大潮中，段宏下岗失业。他先后经历找工作的苦涩，在外地打工的艰辛以及自己创业的得失。曾因水土不服，身上起了疙瘩，腿上长了疮，住澡堂、吃泡面、喝自来水，所有的一切他都不以为意。"勤劳的双手与坚定的信念可以实现一切。"在面对创业的诸多坎坷与困难时，段宏始终凭着这样坚定的信念坚持下来。

如今，回想自己的创业之路，他只是觉得自己所经历的和所做的事情并没有什么特别之处，同所有的失业再创业的朋友一样，要成功就要付出，人生是要靠自己来改变的！

甘保润一家共四口人，父母除了要供养上大学的他，还有一个上初中的弟弟。家里唯一值钱的电器便是舅舅送来的一台黑白小电视和一台电风扇，昏暗的房间，破烂的茅草屋顶还透着光，只要雨一大，全家人根本不敢睡，怕雨水流不出屋而把土墙淹垮。在甘保润和弟弟的房间中没有台灯，而为了不影响弟弟休息，甘保润只好借助堂屋里的15瓦灯泡，在昏暗的灯光下学习到深夜。这样昏暗的灯光，让他戴上了400度的眼镜。

为了节约开支，甘保润每天中午都回家吃饭，每天花一个小时骑自行车来回于龙泉中学与家之间。为了省下一两元的晚饭钱，当下午放学后同学们都去吃饭时，甘保润却留在教室中复习功课，直到晚上9点半才回家吃晚饭。当有人问他饿不饿时，懂事的少年只轻描淡写地说了句："忍一忍就好了！"

母亲谈起甘保润的懂事也禁不住流了泪："这孩子有先天性心脏病，每次说要去检查他都以节约为由拒绝了。"一位邻居说，甘保润平时很节约，一双凉鞋穿成两半了还要用铁丝套起来穿，当家人让他把破鞋丢掉时，甘保润说："将就穿！这总比没鞋穿好！"

艰苦的环境能磨炼人的意志，为了节省路费甘保润放弃了中国青年政治学院，选择了离家近的西南财经大学，最终被西南财经大学经济学基地班录取。这位农家子弟表示，自己将勤工俭学，靠自己的双手改变命运。

生活对我们来说是一种磨炼，贫困对我们来说更是一种磨炼和激励。生活中，有很多人埋怨自己的命运，但是，他哪里想得到，现在的困难、贫穷只是暂时的，只要坚持下去，就能靠自己的能力和勤劳的双手摆脱贫穷。比尔·盖茨不也是这样起家的吗？一粒沙想在蚌的口里成为一颗美丽的珍珠，就必须经受种种痛苦的磨砺；同样的道理，一个人只要努力地、坚持不懈地追求，他就能达到目的。

洙水河上有一个古渡口，古渡口上拉着一条绳索，绳索下有一条木船，过往的人们就是坐在船上一手换一手地拉着这根绳索，作为行船的动力来回摆渡。而这个渡口平时过往的行人特别少，常常是"野渡无人舟自横"。

这一天，惟信禅师访友归来，路过洙水河，刚登上那条渡船，身后就赶过来一位脏兮兮的讨饭的小伙子，他爽手利脚地也登上了这条渡船。惟信禅师一看又上来一位，就赶紧走下船来，坐在岸边的石块上。小伙子说："老和尚不必这样，我来拉绳还不行吗？你何必要下去呢？"

惟信禅师平静地说："我不渡你，也不被你渡，我要自渡。"

小伙子听得迷迷糊糊，还要急着去讨饭，就撇下惟信禅师，独自渡过河去。可是，就在他吃饱喝足，返回洙水河对岸时，看到惟信禅师还端坐在水边的石头上。两个时辰过去了，居然一个人没从彼岸过来。小伙子拉着船绳独自过来，非常不解、非常遗憾地对惟信禅师说："你这个老和尚啊，偏偏不与我一同渡过河，这不是和自己过不去吗？"

惟信禅师依然心平气和地说："干任何事儿都要依靠自己，指望别人是没有保障的。所以，我不渡你，也不被你渡，我要自渡。"

直到这时，讨饭的小伙子方醍醐灌顶，悟出了惟信禅师话中的禅机。他马上跪在老禅师的面前，感激地说："谢谢您的指点，我不会辜负您，也不会辜负我自己，我要自力更生，重新振作……"

转眼就是几年，一天，一位气宇轩昂的施主来到老禅师跟前，二话没说，就跪下了。惟信禅师微启双目，静静地说："你就是当年的那个叫花子吧？"

施主说："正是。受您点化之后，我经过几年的努力，先做石匠，后来做了工匠，现在已是建筑师兼董事长了。我这次来，就是为报答您的，要为您修建一座更气派的寺院……"

惟信禅师依然心平气和地说："佛不要报答。你就在古渡口处修建一座石桥吧。"不久，洙水河上就架起一座彩虹似的石拱桥。

从这个故事中，我们可以明白：求人不如求己，最可靠的就是自己。人生终究是自己的，不管是机会还是命运，都要靠自己去创造和改变。从某种意义上讲，只有自己能改变自己的命运，拯救自己的灵魂。就像《国际歌》中唱的那样："从来就没有什么救世主，也不靠神仙皇帝。要创造人类的幸福，全靠我们自己。"

乐观——坚信付出就会有回报

你想有所收获吗？首先要有最起码的付出。问题就是这样的简单。想要做的事情，就一定要付诸行动，进行学习，而且一定要按照计划完成，一定要产生结果。不按这个做法去做，或者是不付诸实践，半途而废，最后就会以失败而告终，不仅浪费了精力与财力，而且也耽误了时间与效益。

著名船王和希腊航运巨头——奥纳西斯，更是 20 世纪六七十年代世界上屈指可数的大富豪。他有一儿一女，儿子叫亚历山大，女儿叫克里斯蒂娜。奥纳西斯对爱子寄予了很大的厚望，准备把自己的事业交给他接管；对女儿则百般宠爱，因此克里斯蒂娜长大后成了一个挥金如土和娇生惯养的千金。她的不学无术与傲慢孤僻是与她的家庭背景有关的。

哪知道，天有不测风云。爱子亚历山大在一次飞机事故当中丧命，奥纳西斯由于经受不了这么大的打击，不久也撒手人寰。作为唯一的继承人，理所当然，克里斯蒂娜就成为庞大的奥纳西斯王国的女王。

当她父亲还在世的时候，她是一个百事不问和挥霍无度的公主，而今她却在董事会上郑重其事地宣布："先生们，从现在起任何需要商讨或者决定的事都一定要先向我请示。"俨然成为了一个唯我独尊的女王。同时她也深刻地意识到自己的才疏学浅，而且在业务上一无所知。她后悔当初对父亲让她学习一点专业知识的建议的不理不睬。父亲曾经带她到纽约船运公司学习业务，但是，她总是草草应付。现在她才真正意识到知识的重要性，一切都需要从头开始。她一反常态，开始虚心地向公司内的高级职员和技术人员求教，学习海运方面的知识与企业管理的经验。对此那些平日里看惯了公主高傲姿态的职员都不敢相信。克里斯蒂娜还仔细研读了父亲留下的笔记，在那里面记载着老船王这一生叱咤风云的经历，他发财致富的奥秘也就隐藏在其中。就这样，克里斯蒂娜经过一段时间的思考、学习和实践，终于以一个机敏、自信和能干的女强人的姿态出现在世人的面前，带领公司安全地度过了大萧条的时期，并使家业有了长足的发展。同时，她自己也成为全世界最富有的女人之一。

看来，只有拥有知识才是真正富有魅力的，才可以让你的伙伴和下属，甚至对手信服，事业上才可能会成功。在此基础上，还要付出行动，从一点一滴的小事做起。

丛林法则告诉我们，竞争意味着适者生存、优胜劣汰。我们是在和别人赛跑，也在和自己赛跑，我们能掌控的是自己，但是时间却在不停地向前走。因此，在时间的海洋里，我们只能不停地奔跑，不断地付出，只有这样，成功才会属于你。

只有那些不停奔跑的人才能拥有这个世界，他们为了生活而忙碌着，他们为了自己心中的目标，一步一步地向前迈进。如果停止奔跑，我们就有被别人甩在身后的可能，更可能因此而失掉积极进取的斗志，这样的人，最后会被社会所淘汰。消沉和坐以待毙不但是对自己生命的不尊重，更是把宝贵而有效的时间白白地浪费掉了，将可能的财富和机会拱手让出，这既是可恨的，又是可悲的。

《圣经》里有一个这样的故事。

挪威的渔民出海去捕沙丁鱼，他们将鱼放入鱼槽运回码头。抵达码头时，如果鱼仍然活着的话，就可卖很高的价钱。但是，沙丁鱼却很容易在抵达港口前就死掉，于是，渔民们千方百计地要让鱼活着回海港。

但是，除了一艘渔船外，其他渔船的种种努力均告失败。这艘渔船的船长一直不公开他的秘密，直到他死了以后，人们去参观他的鱼槽，秘密才被揭开：鱼槽里只不过是多了一条鲶鱼。

这到底是为什么呢？为什么放入一条鲶鱼，就能让沙丁鱼活下去？

原来，把鲶鱼放进鱼槽内，它就会四处游动，处处挑起摩擦和骚动，而大量的沙丁鱼发现多了一个"异己"，就会很紧张，于是便不停地游动。这样一来，一条条活蹦乱跳的沙丁鱼就被运到了港口。

这就是所谓的"鲶鱼效应"。它告诉人们，只有不停地游动，生命才会顽强地保持下去。只有一直奋斗，在竞争中我们才能立于不败之地。

每个人都有这样的感觉：当我们跑步时，如果中途停了下来，休息一下再跑的话，就会感到四肢乏力；假如我们一直跑下来，中间不停下来，面对越来越近的目标，我们便会充满力量。人就是这样，只有在不断奔跑中才不会失去力量；只有在不断的奋斗中，意志才不会被削弱。有一位著名的登山运动者在回答记者："你已经是登山者中最成功的一位了，为何还要去登那座无人敢登的山"的提问时，他淡淡地说："因为山就在那儿。"是的，生命的意义就在于不停地奔跑，同时也要不停地冲向更高的山峰。

在生活中，人们有美丽的愿望自然是好事，但一味地空想，不但会一无所获，而且还会耽误你进取的步伐。人们总是希望拥有美好的生活，但是，人们却不愿意为之付出相应的代价。很多人甚至连一丁点儿的付出都不愿意，只是盼望着天上能够掉下馅饼，这是非常愚蠢与可悲的。在这个社会上，你要得到多少，就必须先付出多少。

总之，你获得的任何一样东西都是你以前付出所得到的回报。另外，你所付出的额外努力也会为你带来更多的回报。想想种植小麦的农民吧！如果种植一株小麦只能收成一粒麦子，那么，他们的劳动根本就是对时间的浪费。但实际上他们的收成必定多出他们所种植的好几倍。有时候，即使你的慷慨付出并不能保证得到回报，你也要毫不气馁地去付出更多辛勤的汗水。

自我——找到自己身上的闪光点

有人说："垃圾是放错了地方的宝贝。"爱默生也曾说过："什么是野草？就是一种还没有发现其价值的植物。"我们每个人都有自己天生的优势，也有自己天生的劣势。要想赢得更大的成就，就应该在自己更容易做好的领域进行科学的规划。所以，成功的人生规划就在于最大限度地发挥自己的优势。

爱因斯坦在念小学和中学时，功课不是太好。教他希腊文和拉丁文的老师对他很厌恶，因为怕他在课堂上会影响其他学生，竟想把他赶出校门。但他对数学、几何和物理方面有着浓厚的兴趣，就凭借他在这些方面的优势，他最终成为了伟大的物理学家。比尔·盖茨尚未读完大学就被迫退学，但他凭自己在计算机上的优势和天分为自己获取了不菲的财富。在人生的道路上，这些人都取得了伟大的成就，就是因为他们抓住并最大限度地发挥了自己的优势。

每个人在这个世上都是独一无二的，每个人都有自己的优势和缺点，通常我们为了成功所做的事情是去改正自己的缺点，但我们常常对自己的优势视而不见，认为理所当然。但是，去发扬自己的优势所能得到的成效和提升，会远远超过改正缺点得到的效果。

某单位的外贸部有两位年轻人，一位是日语翻译，一位是英语翻译。两人都是名牌大学毕业，风华正茂。在单位领导的眼里，两人都是未来的外贸部经理候选人。

对此，两人心照不宣，在工作上暗暗较劲，你追我赶，每年的业绩完成得均十分理想。

单位原先有日商的投资，因此单位管理层经常需要和日本人打交道。理所当然的，那位学日语的年轻人经常在公开场合露面。一时间，他在单位里的口碑好于那位英语翻译。

英语翻译坐不住了，照此下去，他肯定会处于劣势，失去很好的晋升机会。

于是，他决定凭着大学时选修过日语的基础，暗暗学习日语，准备超越对手。

为了不让别人知道，他学日语是在暗中进行的，他几乎把业余时间都花在了日语的学习上。

几年过去了，他拥有了一张日语等级证书。他开始尝试着与日商进行会话，帮助营销员处理一些日文的翻译事务。

同事们对他掌握两门语言十分佩服，他自己也有一种成就感。但就在他自我感觉良好的时候，由他翻译的澳大利亚商人的贸易合同上关键词出现失误，给公司造成 10 万美元的损失。虽然事后公司通过谈判，挽回了部分损失，但公司董事长对此十分震怒。

他也十分内疚，但实在想不明白，为什么会误译一个并不生僻的单词。

反省再三，他醒悟过来，这些年忙学日语，早已疏于对英语词汇的充实和温习，错误的发生其实是不可避免的。

他在自己的专业上败下阵来，而且他的日语即使苦学几载，也无法达到对手的水平，他悔之不及。

人的优势，也就是自己的本性，是在 3 岁以前确立，并且在几十年的生活中逐步得到发扬和确定的。你可以减弱自己的缺点，但永远不可能把你的缺点变成你的优势。你擅长做的就是擅长做的。那么，要取得最好的成绩，就是顺应自己的优势，去做那些工作要求和你的优势相匹配的事情吧。让你每天都有机会做自己最擅长的事情，这样的工作才是最有效率的，你也才能从工作中得到最大的成果和乐趣。

因此，如果我们能够准确地发现并发挥自身的优势，经营自己的长处，用积极向上的心态对待人生，那我们一定会把理想的风帆驶向成功的彼岸。

思维——你的价值是脑袋而不是手

有这样一个故事，说的是财富和头脑的关系：

有一个富翁和一个穷人在一起，那个穷人见富人生活是那么的舒适和惬意，于是就对富人说："我愿意在您的家里给您干活三年，我不要一分钱，但是你要让我吃饱饭，并且有地方让我睡觉。"富人觉得这真是少有的好事，便立即答应了这个穷人的请求。三年后，服务期满，穷人离开了富人的家，不知去向何方。

十年又过去了，昔日的那个穷人已经变得非常富有了，而以前的那个富人相比之下，就显得很寒酸。于是富人向昔日的穷人请求：愿意出10万块钱买他这么富有的经验。昔日的那个穷人听了哈哈大笑："过去我是用从你那学到的经验赚取了金钱，而今你又用金钱买我的经验呀。"

原来的那个穷人用了三年时间学到了经验，于是他获取了很多财富，变得比那个富人还富有，那个富人也明白了这个穷人比他富有的原因是因为穷人的经验已经比他多了。为了自己拥有更多的财富，他只好掏钱购买原来的那个穷人的经验。

要想富有，就必须学习富人的致富之道。只有先去学习，你才会得到他们富有的经验。

有些人在经商的时候显得很轻松，他们其实都是在思考问题。如何获取财富是需要靠脑袋去思考的，有句名言说，"你的价值是脑袋，而不是手。"

钞票有的是，遗憾的是你的口袋太小了。如果你的思维足够开阔，那你的钱包就会随之增大了。

无知的人不能成为圣人。只关注世俗事务，喜爱钱财的人，只是平凡的人。

作为商人，任务就是想办法使自己的思维足够开阔。

梦想——假如你有梦想，就有责任去捍卫它

梦想是成功的秘诀。梦想的实现需要一段时间，它需要不懈地努力，需要制订合理的计划，一步一步靠近目标。

有很多事例证明，一个人树立一个怎样的理想，他们就会成长为怎样相应的人。尤其是青少年，他们就如一张白纸，理想对于他们而言，就犹如一个模板，给他们的成长烙下了深深的印记。

然而，现在的很多的家长似乎不明白这一点，而是认为给孩子最好的生活条件，让他们上最好的重点学校，给他们请最好的家庭教师，这样孩子就可以被培养成才。这是很大的误解。

事实证明，从小就心怀梦想的人，有明确目标，会很自觉地处理在人生旅途中遇到的所有麻烦和问题，根本不需要别人操心，不需要别人告诉他应该怎么样。

一位叫布罗迪的英国幼儿教师，在整理自己家阁楼上的旧物的时候，发现了一叠练习册，是皮特金幼儿园 B（2）班 31 位孩子的春季作文，题目是：《未来我是……》

他原来以为这些东西早就丢失了，不料，竟安然地躺在自己家里，而且一躺就是 50 年。

布罗迪随手翻了几本，孩子们千奇百怪的自我设计很快迷住了他。例如，有个叫彼得的小家伙说自己是未来的海军大臣，因为有一次他在海里游泳，喝了 3 升海水都没被淹死。还有一个说，自己将来必定是法国总统，因为他能背出 25 个法国城市的名字。最让人称奇的是一个叫戴维的小盲童，他认为，将来他肯定是英国的内阁大臣，因为在英国还没有一个盲人进入内阁。总之，31 个孩子都在作文中描述了未来的自己。

布罗迪读着这些作文，马上有一种冲动，想把这些本子再发到孩子们手中，让他们看看现在的自己是不是实现了 50 年前的梦想？

1 年后，布罗迪手里只有戴维的作文本还在。这个人也许已经死

了。他想，毕竟50年了，什么事都可能发生。

在布罗迪准备把这个本子送给一家私人收藏馆的时候，他收到了内阁教育大臣布伦克特的一封信。在信中他说："我就是那个叫戴维的孩子，感谢您还为我们保存着儿时的梦想。但是我已经不需要那个本子了，从那以后，我的梦想就一直在我的脑子里，一直都没有忘过。50年过去了，我可以说已经实现了那个梦想。"

一个农夫带着他的儿子在地里耕作，累了，就坐在田头休息。儿子望着远处出神，父亲问他在想什么，他说："等我长大了，每天就待在家里，不要种地，也会有人给我邮钱。"父亲笑一笑说："你这是做梦。"

儿子上学以后，从课本里了解到埃及金字塔，于是他对父亲说："等我长大了，我要去埃及看金字塔。"父亲很不高兴地对他说："你别做梦！"

但是，十几年以后，他成了畅销书作家，天天待在家里写作，报社和出版社不断给他邮来稿费，他去了埃及看金字塔。

这是一个真实的故事。这个"做梦"的人就是台湾作家林清玄。

有些人向往未来，对未来抱着十分大的希望，虽然有的希望离现实很远，看起来仿佛在做梦，不要动辄嘲笑他们："你别做梦！"实际上有梦想是一件好事。梦想可以引导他们向一个目标前进，激励人们奋发努力，催促人们加快速度，是人生的一大动力。

梦想造就成功的人生。梦想是可以成真的，只要你愿意努力。反之，连梦都没有的人生是苍白的。假如害怕困难，安于现状，不思进取，这种人不会有发达的一天。

尊严——它能支撑你的脊梁，让你高傲地活着

尊严，是做人的基本准则，是为人处世的底线，无论贫富，每个人都应保持自己的尊严。

古往今来，围绕尊严发生了许许多多动人的故事。在大是大非面前，有许多先烈志士，视尊严如生命，他们宁为玉碎，不为瓦全，在历史的长河中留下了许多千古美谈。西汉时苏武出使西域，身陷大漠牧羊

几十年，但始终心系故土，忠于汉朝，在威逼利诱之下，不为所动，才有了《苏武牧羊》的绝唱。刘胡兰面对敌人的铡刀，昂首挺胸，大义凛然，被誉为"生的伟大，死的光荣"。在他们看来，国家、民族、信仰就是尊严，是置于自己的一切利益之上的，是千万不能丢弃的。

当年，韩信如果受不了胯下之辱，怎么会有后来名震天下的淮阴侯呢？司马迁如果受不了宫刑之辱，怎么能写出"史家之绝唱，无韵之离骚"的《史记》呢？

提到这些，也许有人会说他们都是历史中的人物，离我们现在的生活太远了。在现代的平凡日常生活中，同样有一些人能够脱颖而出，突显骨气，体现出穷人特有的人格尊严，描绘出动人的篇章。孙天帅，这个神州大地上众所周知的青年，在韩国老板大发淫威，责令全厂职工下跪的时候，只有他一个人高高昂起尊贵的头，宁失工作，不失尊严。他只是一个打工仔，一个地地道道的穷人，但他却能保持自己的尊严。穷人虽然穷，没有太多的金钱，但他们有尊严。如果人没有尊严，无异于行尸走肉，会失去生活的意义。

现实生活中，有一些人认为只有上过学、有文化的人才能富起来。"我是个农民，没有文化，只能穷一辈子""我没有上过大学，没有学历，不可能有好的工作，只能做一个普通的工人"等等，自我设限，导致人们使自身命运不可突破。人们给自己太多的捆绑：我是个农民，我不能富；我没有文化，我不可能富；我是个穷人，就没有尊严。这种限制最后就导致了一些人的贫穷和没有尊严。

贫穷并不可耻，可耻的是因为贫穷而放弃尊严。正是因为贫穷，你才更应该保持自己的尊严。

平庸的人对"尊严"的理解是错误的，好像有钱、有地位就有尊严。可实际上有相当一部分有钱、有地位的人内心是非常丑陋的，所以，钱证明不了一个人的尊严和人格。有钱的人如果没有尊严更可悲。没有钱的人，也同样拥有尊严；有了尊严人自然会去努力，拥有财富是必然结果。

穷人，能为尊严而活着，是很可贵的。放弃了尊严与信念，就算吃得大腹便便，脊梁也永远是弯的，也会被世人所唾弃。

穷人不能因为贫穷而丧失人格与尊严，要学会在贫穷中保持尊严，也只有自己懂得尊重自己，别人才能尊重你。

尊严不是靠虚伪与虚荣来装点的，而是建立在正确地认识自己并且对自己充满自信的基础上表现出来的一种精神风貌。

有一对衣着普通的夫妇，带着一个七八岁的小男孩到了一个高级餐厅。他们坐定之后，服务员递上菜单，问他们需要点什么。但是，他们却只点了一份价格最便宜的牛排。服务员脸上露出诧异的神色，迟疑问道："一份牛排？你们三位够吃吗？"小男孩的爸爸腼腆地笑了笑，说："我们都吃过了，牛排是给孩子吃的！"

很快地，那一家人所点的牛排全餐，包括餐前的浓汤及生菜沙拉，送到了小孩的面前，父母亲慈爱地看着他们的孩子用餐。

这一家人的举动，引起餐厅里所有人的注意，餐厅经理也注意到了，他找来服务员问道："那边的三个人怎么只点了一份牛排？"服务员简单地回答："他们说自己都吃过了，只点了一份最便宜的牛排，给他们的孩子吃，对孩子也太溺爱了。"

经理了解情况后，就对这一桌特殊的客人多注意了些。他发现，这对父母是在教孩子使用桌上的刀叉，而且对于孩子的用餐礼节，亦要求得相当地严格，反复而有耐心地、一次又一次教他们的孩子，直到他做对为止。

餐厅经理看到这个细节后，知道这一家人的情况并非与服务员所说的一样。于是，经理又叫来那个服务员，交代了几句话。很快地，服务员端着两杯饮料，到了那一家人的桌前。小男孩的爸爸连忙挥手，正要说他们没点……经理走上前去，礼貌地告诉他们，这是餐厅免费赠送的。随后，经理和这对夫妇聊了起来，终于了解了这一家三口人，却只点了一份牛排的真正原因。

那位爸爸说："不怕你笑话，我们的经济条件很差，根本吃不起这种高级餐厅里的晚餐，但我们对孩子有信心，知道在贫困环境中长大的小孩，会有不凡的成就，我们希望能及早教会他正确的用餐礼仪；更重要的是，我们也想让孩子在成长过程中，记住自己曾在高级餐厅中，接受过备受尊重的服务的那种感觉，希望他将来做一个永远懂得自重，也能尊重为他服务的人。"

这位爸爸的话虽简单，却掷地有声。的确，贫穷并没有什么丢人的，但也不能失去自尊。

有一个偏远山区的女孩，家里很穷，是父母借债供她上学。外人都对她的父母说："你们借这么多钱供一个女孩子读书，到底能有多大价值，干脆把她嫁出去算了。"这个女孩子听了别人的话，感觉非常痛苦，因为贫穷让她感到非常自卑。

其实，贫穷并不可耻，可耻的是因为贫穷而放弃了尊严。一个人在贫穷的时候，也正是建立尊严的时候。如果一个人很有地位、很有钱，再谈尊严就没有什么力量了。一个人前呼后拥的谈不上什么尊严，只是地位证明的荣耀。当你很贫穷、很弱小的时候维护自己的尊严，在困境中保持自己的尊严和人格，这种价值和意义更为重大。

贫穷，完全不会成为我们保持尊严的障碍；相反，面子心理却是最大的障碍。只要愿意，穷人都能够在贫穷中保持尊严。

人活在这个世界上，各种困难纷至沓来，从最根本上说，都是为了能混口饭吃。吃得饱吃得好以后，就会去追求更高层次的享受。

饥饿是可怕的，所以，有些穷人会仅仅为了一口饭而改变自己生命的初衷，对别人点头哈腰、卑躬屈膝。吃饱之后，他们会觉得心安理得，以为得志。甚至有人在填饱自己肚皮之后，转而拿剩余之食去诱使他人低头弯腰，以求一快，从而达到心理上的平衡。俗话说"天下没有免费的午餐"，你白吃了一顿饭，却有可能失去比金钱更可贵的东西。

有人会不理解了，人的一生，还有什么比生命、金钱更重要的？说来说去，不就是所谓的尊严吗？在物欲横流的今天，尊严是当不了饭吃的。于是互不理解，互相嘲笑。诚然，物质化的生活使人很少去想精神上的东西，可是，那些精神上的东西却一直存在着，这是不争的事实。只是有极少数的人去想、去坚守而已。所以从古至今，宁为操守而饿死的，就那么寥寥几人。

贫穷是由各种因素造成的。贫穷并不是耻辱，你不必因为穷困在别人面前抬不起头来。自轻自贱不仅于事无补，反而会使贫穷的你陷入悲观失望的泥潭。试想，一个连自己都鄙夷和轻视的人，怎么能借助自身的力量战胜贫穷呢？

第二章 冒险与担当——你真的敢挣钱吗

法国作家纪德曾经说过："若不离开海岸，是永远不可能发现新大陆的。"当今社会，敢于冒险，敢于担当，敢于尝试自己所不曾进入过的"雷区"，才能不断开拓新的领域，尝试新的事物，往往也能发现更多的机会。而不具备这种精神的人，面对未曾涉足的领域和新鲜事物总会显得畏首畏尾，害怕失败，害怕承担风险，则看不到一点成功的可能。

创新的身价是没有上限的

今天，来自四面八方巨大的竞争压力，让一切创业者和守业者无不在寻找自己的生存、发展法则，在压力下警惕市场中的各种变化，不断检讨自己的工作，避免被淘汰。

世界不断变化，唯一不变的就是一切都在变。面对瞬息万变的经济环境，企业只有通过不断创新才能保持领先的竞争优势，才能在市场份额中占有一席之地，才能维护企业的生存和企业的利益格局，才能提高企业的效益和保证企业的可持续发展，"不创新，就死亡"，彼得·德鲁克的这句忠告成为当今企业生存发展的真实写照。

任何一个企业都和人一样，有有始有终、有生有死的生命运动。所不同的是，人类是靠生育后代繁衍生息，而企业是靠不断创新来保持活力和竞争力，只要创新活动停止，企业就会逐步走向衰亡。什么是创新呢？创新就是通过企业自身的变革，去迅速适应瞬息万变的外部经济与市场环境。

企业在成长过程中，开始时会有一个起飞期，之后就会开始稳定、老化、衰退，改变稳定、老化、衰退局面的最好办法就是不断创新，就是改变一下思维模式和制订一个新的战略，把企业的习惯领域不断扩大。

企业是社会经济的支柱，是创新的主体，企业家是企业的核心，是创新的指挥员，必须抓好创新工作，使企业的技术创新、产品创新、市场创新、管理创新、营销创新、观念创新、制度创新、机制创新、企业文化创新等构成企业创新体系，全面地、系统地、持续不断地进行创新，只有通过创新去塑造企业的核心技术、核心产品、核心经营、核心管理和核心竞争力，才能对企业的利益最大化产生巨大的推动作用，才能在激烈的市场竞争中立于不败之地。这主要包括：

1. 提高创新意识

在残酷、无情的市场竞争中，企业家只有不断提高创新意识，不断鞭策自己超越现状，才能成为时代先驱者，将企业推向可持续发展阶段，未来才能不断延伸。

美国福特汽车公司的创始人亨利·福特，就是一个创新意识极强的人。在技术上，他亲自领导自己的技术部门，全力以赴寻找各种创新途径。在生产上，他使零部件具有通用的性能，即"标准化"，这种生产方式成了世界工业的"通用法则"，后来他还将"流水线生产"的概念推广到汽车制造的总装线上，使一辆汽车的生产速度大大加快。直到现在，"流水线生产"仍被称为"福特生产方式"。在销售上，他采用"薄利多销"的营销方针，提倡以最小的成本来生产，再以最小的利润把汽车卖出去，以达到整个销售额的增加，让汽车这个高档商品走进千家万户！

2. 树立创新精神

我们来到这个世界，都是大胆追求的人，无论你愿不愿意，永远不要忘记：一个人活着，就是要以一种积极的态度去挑战人生、挑战自我！"破则立，不破则不立"，企业发展就是在不断地自我否定中前进。

英特尔公司的主要创始人摩尔，经过几次战略调整，在电子器件领域取得了极大成功：1971 年，英特尔推出了"1702"存储器，开创了可擦写可读存技术实际应用的新时代。在 1972 年和 1976 年，英特尔又分别推出了高速运行的"2102"和"2147"两种存储器。1985 年 10 月，摩尔决定：放弃存储器市场，进军微处理器市场，很快成功推出了"386 微处理器"；1989 年推出了"486 微处理器"，1995 又推出了"586 微处理器"，直到后来的奔 1、奔 2、奔 3、奔 4……其企业创新精神，就像它的产品广告词一样："INTEL，给电脑一颗奔腾的心。"

3. 勇敢面对失败

企业要创新，企业家就要敢于冒险，就不能畏惧失败，一个真正的企业家，总是热爱创新，引导创新，正视失败，转化失败，最终战胜失败、征服失败。

华特·法兰克是加拿大最成功的房地产经纪人之一。他得了小儿麻痹症，必须依赖轮椅行动。他本来不想活了，可还是顽强地同命运抗争。

最终，他应聘成为一家房地产公司的业务员，凭借着不服输的精神，他挨家挨户地上门拜访。第二年，他成了渥太华名列第一的推销员。3 年后，他创建了自己的公司，后来成为加拿大数一数二的不动产公司。

这只是一个小人物的故事，他的成功在于他勇于评判自己的能力，而不是怨天尤人，为自己的不幸找到一个出口。

4. 保持不满状态

不思上进是一个人走向失败的导火线。许多企业家的后代没有那种因为不满而产生的追求未来的雄心壮志，没有因为不满而产生的要建功立业的抱负，从来都不想改革创新，从来都不想励精图治，企业只能走向衰落。

在企业前进的道路上，第二、三代守业者是需要有一点不满足精神的。没有追求，没有理想，没有志向，只能是庸庸碌碌、虚度一生。一个企业只有时刻存在着不满，才会不断地克服困难，才会积极地向更高的目标进取，才会更上一层楼。人不要害怕犯错误，但必须时刻检验对错。很多东西都需要检验，否则就会事倍功半，甚至掉进失败的泥潭中。我们只有善于检验对错来使企业起死回生，才能培养自己成为深谋远虑的人，具有承担企业兴衰的勇气。

5. 勇于持之以恒

创新贵在持之以恒。只有持之以恒，才能在持续发展中再次创新，才能从再次创新中谋求长远的持续发展。

麦当劳连锁店的创始人克罗克运用文化概念、管理创新和技术创新，使产品标准化，设计出生产流程和加工器具，制订各阶段的工作标准，并以"质量、清洁、服务和价值"这样一丝不苟的企业文化准则和经营理念不断开拓新市场，争取新顾客，以至在克罗克退出经营后仍使麦当劳的创新精神和经营传统得以坚持，并持续发展。

勇于开始，才能找到成功的路

在这个世界上，想成功而又不想冒险，那无异于水中捞月。所以，成功往往和冒险在一起，这并不奇怪。敢于冒险去寻找发展的机遇，是每一个商家遵循的成功法则。我们知道在竞争激烈的市场上，谁第一个捕捉到了有利于自己的信息，谁最先勇敢地迈出一步，谁就会成为"王者"。

被誉为中国大陆木地板大王的彭鸿斌先生，就是这样一位大胆冒险的商界英杰。

据国家统计局 1999 年 4 月 18 日发布的统计数字表明，1998 年，全国地板销量第一位的品牌是"圣象"，它的持有人便是彭鸿斌。

彭鸿斌原先在外交部供职。1993 年 4 月，彭鸿斌做出了一个令人惊讶不已的决定：辞职下海经商。外交部的同事们都惊呆了，许多人纷纷问他："为什么要辞职呀？""放着金饭碗不要，图个啥呀？"……各种议论纷至沓来，说什么的都有。并且，部里坚决不同意他辞职！

怎么办？此时的彭鸿斌已经铁了心，一定要独自创业，发家致富。所以。他毅然选择了不辞而别。这对于很多人来说，他这无疑是在冒险。但他坚信，只有在商海中搏击，才能充分施展自己的才华，才能更好地实现自己的人生价值。

下海做什么呢？略加思索之后，他选择了电脑产业，他一头扎入中关村，卖电脑去了。在那竞争趋于白热化的电脑市场上，彭鸿斌的小公司显然微不足道，而且也没有碰上最佳入市时机。所以，虽然他奋力拼搏，却没有赚到什么钱。但是，他的收获也并不小，为他日后在生意场上拼搏积累了不少宝贵经验。

在商海折腾了两年多之后，彭鸿斌终于悟出了做生意的门道和感觉。他悟出了这样一个道理："要想在激烈竞争的商场上出人头地，非学会钻市场空隙不可。"于是，他毅然选择退出电脑行业，另觅佳径。

1995年5月，他关闭了他的电脑公司，自费去欧洲进行商务旅行，寻找适合自己发展的市场信息。在德国，彭鸿斌终于逮住了这种机会。

德国人素来严谨。他们生产的木制家具和木工机械都是全球最好的。这天，彭鸿斌来到了一家建材超市。里面有一种名叫"强化木地板"的产品令他眼前一亮：它取材于天然林木，经过当代最先进的工艺加工制作而成，是当代最新的环保型的高科技产品。彭鸿斌一见到这种木地板，立马被它迷住了，于是，当即决定深入了解它。

经过了解，彭鸿斌发现了许多奥秘。原来，这种强化木地板的剖面就像一块结构紧密的三明治。中间层是高密度纤维板做成的基材，它比传统技术生产的木材更能抗冲击，抗压力，更不易变形。基材上面是表面层，它是由耐磨层、装饰层组成的。装饰层是用现代高科技滚筒印花，可以表现各种名贵原木的纹理和质感，这样就比传统的实木地板多了丰富的色彩和款式的选择。而且具有科技突破意义的耐磨层的应用，使其抗磨强度达到了传统实木地板的30多倍！同时，这种强化耐磨层还具有阻燃、防潮、防虫蛀等各种功能。

基材下面是平衡层，不但起到防潮的作用，而且能增加木地板的平整性。不但如此，这种强化木地板与传统的实木地板相比，还无须刨光、上漆、打蜡，能够始终光洁如新，省去了很多烦琐的保养手续。这对于追求现代生活快节奏的人来说，无疑更是一种惬意的选择。

彭鸿斌了解之后，立即心花怒放，马上意识到这种行情的优势，把握市场信息的脉搏，及时、迅速地收集、筛选、利用重要的市场信息，从而把有用的市场信息转化为财富。

市场预测并不是主观臆测，而是需要进行规范化的分析、科学的研究和精确的预测。因为要作出正确的经营决策，企业家需要在进行市场调查、掌握信息的基础上，紧紧地抓住关键的市场信息来进行市场预测。

光是敢于冒险不行，还得抓好关键性的信息，可以借助现代化的先进手段，对市场信息进行定性分析和定量分析，从而迅速而准确地预测出市场动态趋势，给商务活动打下坚实的基础。

俗话说，"机不可失，时不我待。"市场机遇往往稍纵即逝，一闪而过。所以，企业家在拍板定夺时，要敢于冒险，坚决果敢，切忌糊糊涂涂，黏黏糊糊的，举棋不定，犹豫不决；优柔寡断只会贻误良机，害人害己，于事无补。

我国著名企业家王光英先生曾经有过这样的经历。有一次，他得知有一批二手汽车需要卖出的消息。但是，这个信息却非常扑朔迷离，不知道这批汽车是在中东还是在欧洲，也不知道这批汽车是什么型号？数量有多少？价格又如何？如果贸然出手，一定有很大的风险。

一向生意头脑机敏的王光英迅速作出判断：这是一条非常重要的信息，应当马上作出反应。于是，他马上作出部署，经过几天的顺藤摸瓜和跟踪追查之后，最终决定做这笔生意。

原来，南美智利有一家铜矿宣告倒闭，而矿主事前订购了美国的"道奇"、西德的"奔驰"牌各种型号大吨位载重车、翻斗车共计1500辆，全部是新车。为了偿还债务，矿主必须将这批新车折旧拍卖。

时间就是金钱，速度就是财富。王光英当机立断，决定授予赴现场验货采购的人员拍板成交的权力。终于，经过讨价还价之后，矿主同意以原价的38%将汽车全部出售给光大公司。仅此一项，就为国家节约了外汇2500万美元！

由此看来，在商业竞争中，敢于冒险是一种必备的素质，对竞争的成败有着特殊的意义。

即使再大的风浪也挡不住冒险者

美国的菲利浦·阿莫尔年轻时加入淘金的人流，赶着骡车，带上全部家当，穿越大沙漠来到金矿上。他辛勤劳动，年年都有稳定的收入。6年后，他在米尔沃基从事谷物仓储业务。不出9年，他已挣了50

万美元。后来他又从格兰特将军"向里士满推进"的命令中看到了大好机会。

1864 年的一天，他敲响了猪肉生意合伙人的门。"我要乘下一班火车赶往纽约，"阿莫尔说，"'空头'卖出猪肉，格兰特和谢尔曼已经扼住了南方叛军的喉咙，猪肉价格将跌到每磅 12 美元。"千载难逢的机会。他赶到纽约，以每磅 40 美元的价格大量卖出猪肉，猪肉被抢购一空。

精明的华尔街投机商嘲笑这个西部小伙子的鲁莽，告诉他肉价要涨到 60 美元，因为战争离结束尚有时日。但阿莫尔先生继续抛售猪肉，而格兰特将军则继续进军。

里士满被攻占后，猪肉价格随之跌至每磅 12 美元，阿莫尔先生净赚了 200 万美元！

机会！约翰·洛克菲勒先生在石油中看到了自己的机会。他发现美国有许多家庭的照明条件很差，石油资源丰富，但炼油工艺粗糙，产品质量差，使用不安全，洛克菲勒的机会就在于此。

洛克菲勒与同在一个车间做工的萨缪尔·安德鲁斯合作，采用后者改良的工艺，于 1870 年创办了只有一个油桶的"炼油厂"。他们炼制的油质量很高，生意十分兴隆。在 20 年的时间里，这间小炼油厂由当初的厂房和设备总价不值 1000 美元，发展成为标准的石油公司，资本总额达到 9000 万美元。洛克菲勒先生成为全世界最富有的人之一。

心理学研究表明，一般人往往喜欢把自己取得成功的主要原因归结为主观努力，而失败的人则往往把原因归咎于运气不好，这是人类社会普遍存在的一种现象。

现在是一个容易成功的时代。因为现在无论你是做善事或是干恶事，一下子就会传遍全国。如果在从前，可能要一两个月甚至两三年时间全国的人才会知道。过去在北京、上海销路很好的商品，想在深圳打开市场，可能要很长一段时间，可是现在一经网络传播，马上全国都知道了。现在有很多协助你成功的机构。如果你想登广告，就有很多可以为你提供有效策略的广告公司，等着为你服务。只有你有心，任何事都可以办。

机会常常以神奇的面目出现在人们面前，对一个人的成长和事业起着一种特殊的作用。但是，机会并不是纯粹偶然出现的，成功者能够抓住机会也不完全是靠运气。对于有心人来讲，机会是无处不在、无时不有的，关键的问题是要学会观察、寻找、捕捉机会，特别是不要因为一时疏忽而错过任何一个机会。

为了不让任何良机从我们身旁悄悄溜走，有心人必须努力培养独特的智慧和眼光。有眼光才能发现机遇，有眼光才能抓住机遇的关键所在，有眼光才会懂得如何将机遇变成金钱。

机会稀有而珍贵，形势不断变化，每天都可能产生机会。机会虽然俯拾皆是、无处不在，但是良好的机会往往就只有那么一个，却有千百万人互相竞争。机会出现时，你不好好把握，转瞬间就会被别人捷足先登，后悔是没有用的。

当某一个良好机会出现时，只有那些具有充足的准备又眼明手快的人才能夺取头筹。机会就像精于化妆的小丑、害羞的少女、顽皮的小孩、凶悍的恶魔：它来临时，绝对不会大张旗鼓地告知天下，它总是悄悄降临于人世，等待着眼明手快的人果断地采取行动，把它据为己有。

而这样一个眼明手快的人必须要具有"人定胜天"的豪情，具有依靠自己的能力白手创业赚大钱的信心和毅力，具有超人的胆识和勇气，才能果断地抓住机会。

既然选择了远方，便只顾风雨兼程

做任何事情都是有成功的机遇与失败的风险的。某种事业的价值越大，困难越多，风险往往也就越大。

许多名人的成功经历启示着我们，只要你选定了一个认为极有价值的目标，那你就应全力以赴，要敢于承受最大的风险。

"海王"牌胶体蓄电池的发明人王莲香就是这样的一个人。

王莲香曾是某军工厂的一名普通职工，多年来一直在与蓄电池打交道。她看到，铅酸蓄电池是一种对环境有着极大危害的产品，不仅会污染环境，而且有害人的健康。于是，她便萌发了改造蓄电池，从而消除铅酸污染的想法。

然而要解决世界化学界全力攻关都未见成效的难题，对于既没有资金，又没有场地，还缺乏专业知识的王莲香来说，谈何容易。

然而，生性刚毅的王莲香一旦认定自己的设想具有重要价值，她就毫不犹豫地投身其中，虽然她也很清楚，这其中的风险是何其的大。

没有场地，她家那间 13 平方米的小屋便成了实验室，桌上、地下到处摆满了这些瓶瓶罐罐。没有经费，她便变卖家产以换取现金。王莲香的丈夫在远洋轮上工作，家底还算丰厚，但不到几年时间便被她折腾光了。她不仅耗尽了家中的全部积蓄，还卖掉了丈夫从国外买来的高价家具、电器，甚至是心爱的衣物。当家里再也找不出一件比较值钱的东西时，她只好冒险向人借钱来搞试验。

缺乏专业知识，她就不分昼夜地加强自己的化学知识，查阅凡能搞到手的专业资料。本可在艺术上颇有造诣的大儿子被她说服改学了化学，对蓄电池颇为精通的丈夫也成了她的技术顾问。

为了攻克一个个技术难关，王莲香常忘了洗脸，忘了吃饭，也几乎忘了做母亲的责任。两个儿子也常跟着她一起饿肚子。1986 年的阴历大年三十，家家欢聚，丈夫从国外返家，满心欢喜地推开房门，却被眼前的景象惊呆了：王莲香正蓬头垢面地做着试验，大儿子在替母亲解化学方程，小儿子正在啃一块干面包。

为了解决胶体电解质的稳定性的问题，王莲香不顾身体有病，四处奔波求教。国内哪儿有类似产品，她就跑到哪里进行考察。几年内，她跑遍了全国二十多个省、市、自治区！

为了检测高能胶体电解质的耐低温性能，她在寒冬腊月前往内蒙古通辽去做试验。晚上住的是没有取暖设备的房间，白天做耐寒检测，她被冻得手脚生疮。

为了寻找蓄电池的最佳配方，她同大家一起共测试了整整 40 个月，每天要不间断地测试 24 次。仅记录就写满了上百本。

王莲香最终获得了成功。一种高能、无污染、无腐蚀性且耐低温的胶体蓄电池问世了，该产品不仅能满足各种设备的大功率启动的需要，且寿命是铅酸蓄电池的 3 倍还要多。

当"海王"牌胶体蓄电池取得成功的消息传到国外，德国一家驰名大公司大吃一惊，断言这不可能是中国人干的。当他们知道了这一切是真的时候，马上就邀请王莲香访德，并急切要求订货。

科学研究，是世界上所有投资中风险最大的领域，通常都由政府或实力雄厚的大公司来承担，因为其失败的可能性太大了。但王莲香却敢于向这一领域的尖端难题发出挑战，并自费承担了全部的商业风险，这不能不说是一项壮举。在科研的过程中，她所表现出的高度的敬业精神，也可谓是世人的楷模。

王莲香的成功告诉我们：如果你认定某一目标是有意义有价值的，那它就是一项值得冒险的事业。为了抓住成功的机遇，你应当作出最大的投入。

机会来临就不要犹豫，马上行动，这是你走向成功的必经之路。比尔·盖茨说：你不要以为那些取得辉煌成就的人，有什么过人之处，如果说他们与常人有什么不同之处的话，那就是当机会来到他们身边的时候，立即付诸行动，毫不迟疑，这就是他们的成功秘诀。

人生中总有好多机会到来，但却总是稍纵即逝的。我们当时不把它抓住，以后就永远失掉了。

有计划而不加以执行。使之烟消云散，这将对我们的品格力量产生不良的影响。有计划而努力执行，这就能增强我们的品格力量。有计划没有什么大不了的，能执行订下的计划才算可贵。

许多成功的人之所以能取得成功，就是因为他们敢想敢做。

比尔·盖茨就是这样的一个人。我们来看看最初的他是怎样来寻找赚钱的机会的：他在承接信息科学公司的项目成功后，信心大振，又同保罗·艾伦琢磨起了新的赚钱路子。

不久，他们便成立了一家自己的公司，名为交通数据公司。他们为什么要办这样一家公司呢？

当时，几乎所有市政部门都使用同一种装置来测量交通流量，这种装置是由一个金属盒子连接一条横跨路面的橡胶管组成的。金属盒中有一盘 16 轨纸质磁带，当有车从橡胶管上经过之时，这台机器就会在磁带上打上 0 或 1 这两个二进制代码。这些数字可以反映出车辆经过的时间和流量。市政部门雇用私人公司将这些原始资料译成信息，用以供有关工程师们分析研究，例如，以此来决定何时该亮红灯或者绿灯。

原先为市政公司提供服务的私人公司效率低而且要价高，这为比尔·盖茨和艾伦提供了一个竞争取胜的机会。他们用电脑来分析这些磁带，然后把结果卖给市政部门，他们比对手既快又便宜。比尔·盖茨雇用湖滨中学几个七八年级的学生，将把磁带上的数据全写到电脑卡上，然后比尔·盖茨把它输入到电脑里。而接下来，他用自己设计的程序将这些数据转换成易读的交通流量表。

当交通数据公司开始正常运转之后，艾伦决定制造自己的电脑以便直接分析磁带，这样就可免去手工的劳动了。他们聘请了一位波音公司的工程师来协助设计硬件。比尔·盖茨拿出 360 美元，购买了一个英特尔公司的新型 8008 微处理器芯片。他们把一台 16 轨纸质磁带阅读器连接到这台电脑上，然后把交通流量记录磁带直接输入进去。

同后来的微机相比，这台"土制"电脑非常原始，只是勉强能用而已，还不能保证它不出故障。有一次，比尔·盖茨扬扬得意地在餐厅向一位市政官员演示他的这一交通数据电脑时，机器突然卡了壳，比尔·盖茨鼓捣了半天，机器就是不听其使唤。那位官员因此失去了兴趣。比尔·盖茨和艾伦利用交通数据公司赚了大约有两万美元。但是市政公司并非天天需要进行交通流量分析，因此，这是一种越做越小的生意，公司不会有多么大的发展前途。当比尔·盖茨为交通数据公司招揽生意时，他又萌生了一些新的赚钱计划。

不久，比尔·盖茨又与埃文斯合作成立了一个"逻辑仿真公司"。

逻辑仿真公司的业务范围包括了设计课程表、进行交通流量分析、出版烹饪全书等等。比尔·盖茨此时的生意经验毕竟还十分稚嫩，只能说处于摸索阶段。他的公司业务范围如此广，看起来赚钱的机会更多，其实并非如此。这样没有明确的业务范围，自然也没有固定的客户，赚钱必然有限。

1972 年 5 月，在他们结束三年级的前夕，湖滨中学校方授权他们设计全校 400 多名学生的课程表程序。校方希望这套电脑软件可以从秋季 72~73 学年开始投入使用。湖滨中学原本是让那位受雇于本校教授数学，并帮艾伦设计过电脑的前波音公司工程师从事这项工作，然而不幸的是，此人死于一场坠机事故。于是，这个任务就落到了比尔·盖茨和埃文斯的头上。

真是祸不单行，接受任务还不到一周，肯特·埃文斯在一次登山事故中不幸遇难。悲痛的比尔·盖茨要求艾伦来帮助他完成这项工作。他们约定于当年夏天，艾伦放暑假回来后，共同来完成这项任务。

夏天刚开始，比尔·盖茨去了华盛顿特区，作了一名众议院服务员。这份工作是他父母通过国会议员布罗克·亚当斯而找到的。比尔·盖茨很快就显露出他的经商才能。他以每枚 5 美分的价格买进 5000 枚麦戈文–伊格尔顿的纪念章。当麦戈文把伊格尔顿挤出总统候选人名单时，比尔·盖茨就以每枚 25 美元的价格出售了这些日渐稀少的像章，并从中赢利几千美元。

当国会夏季休会时，比尔·盖茨回到了西雅图，与艾伦一起进行设计课程表的工作。他们利用上次同信息科学公司的交易中所得到的免费电脑机时来进行这项程序设计。同时湖滨中学也为设计课程表的电脑及时支付了费用。

任务完成后，他们最后获得了 2000 美元的酬金。同信息科学公司的那笔交易相比，这只能算是为母校做贡献。当然，这也是比尔·盖茨和艾伦所愿意做的，后来，他俩发财后，为湖滨中学捐了 220 万美元。他们还将捐款所建的演讲厅命名为"埃文斯"厅，以纪念那位过早去世的战友。当然，这已经是后话了。

课程表软件设计取得极大成功后，比尔·盖茨又继续寻找其他机会赚钱。他给周围的学校发函，表示愿意替它们设计课程表程序，并愿意提供九五折优惠。

他在联络信中这样说道："我们应用了一种由'湖滨'设计独特的课程管理电脑系统。我很荣幸地向贵校推荐这一产品。服务上乘，价格优惠——每个学生收费 22.50 美元。望有机会进一步与贵方商洽此事。"

然而可惜，他的业务联系未取得效果。因为不是每个学校都需要这种服务。

后来，比尔·盖茨终于揽到一笔生意——为华盛顿大学实验学院设计一套学籍管理的软件。他这笔生意是跟华盛顿大学学生管理协会进行洽谈的，正好他的姐姐克里斯蒂娜是该协会成员之一。当学校的报社了解到她的弟弟是该项设计的承接人之后，便指责管理协会以权谋私。

结果，比尔·盖茨只从这项设计中赚得很少的钱，大约只有 500 美元。比尔·盖茨尽管聪明，以他当时的电脑水平，肯定不会有多了不起，但这种赚钱心切的态度，确实十分了不起。他毕竟只是个十几岁的中学生，却到处找门路赚钱，发财的欲望这样强烈，焉能不发财？

很多事就是这样，当你有了达到某一目的的强烈愿望，并以这种愿望作为行动的内驱力时，就极有可能达到目的。

这是因为，不管是聪明也罢，愚蠢也好，都不可能要风得风，要雨得雨；也不可能处处倒霉，步步不顺。如果达成目的的愿望不够强烈，一遇到什么不顺利，就可能退缩不前，又怎能步入后面的顺境？而具有坚定信念的人，眼光盯着自己的目标，不以一时一事而动摇自己的决心。这样，将逆境闯过去，在顺利时求发展，自然能一步一步地走向成功。

以上事例告诉我们，要想成就一番事业，就要敢想敢做敢于尝试，才能获得成功。与其不尝试而失败，不如尝试了再失败，不战而败只能说是一种极端怯懦的行为。

如果想成为一个成功者，就必须具备非凡的勇气与胆略。

当然，敢冒风险并不是铤而走险，敢冒风险的勇气与胆略是建立在对客观现实的科学分析基础之上的。顺应客观规律，再加上主观努力，力争从风险中获得利益，这是成功者必备的心理素质。

没有捕捉不到的猎物，就看有没有野心

如果不从道德上讲的话，以大欺小，似乎是合情合理的。但反过来思考，小可不可以欺大？其实在商界常有此类事情发生。

纽约的一条街道上，同时住着 3 家裁缝，手艺都不错。可是，因为住得太近了，生意上的竞争非常激烈。为了抢生意，他们都想挂出一块有吸引力的招牌来招徕顾客。

一天，一个裁缝在他的门前挂出一块招牌，上面写着这样一句话："纽约城里最好的裁缝！"

另一个裁缝看到了这块招牌，连忙也写了一块招牌，第二天挂了出来，招牌上写的是："全国最好的裁缝！"

第三个裁缝眼看着两位同行相继挂出了这么大气的广告招牌，抢

走了大部分的生意，心里很是着急。这位裁缝为了招牌的事开始茶饭不思：一个说"纽约最好的裁缝"，另一个说"全国最好的裁缝"，他们都大到这份上了，我能说世界最好的裁缝？这是不是有点儿太虚假了？这时放学的儿子回来了，问明父亲发愁的原因后，告诉父亲不妨写上这样几个字。

第三天，第三个裁缝挂出了他的招牌，果然，这个裁缝从此生意兴隆。

招牌上写的是什么呢？原来第三块招牌上写的口气与前两者相比很小很小："本街最好的裁缝！"

"本街"最好，那就是这三家中最好的。你看，聪明的第三家裁缝没有再向大处夸自己的小店，而是运用了逆向思维，在选用广告词时选了在地域上比"全国""纽约"要小得多的"本街"一词。这个小小的"本街"却盖过了大大的"纽约"乃至大大的"全国"。

这只是一个小故事，有些商人在经营实业中也常常用蛇吞象的办法，逐步扩展其经营领域和经营规模，以达到垄断地位。

19世纪时，罗思柴尔德家族发展出国际性的金融组织——国际辛迪加；20世纪美国的实业家发展出了投资银行；到20世纪60年代时，又在创造一种新的实业组织形式，站到了前列，这种新实业形式就是联合大企业。

联合大企业是一种实现多种目的的控股公司，它由各种性质不同的利润中心构成，其主旨是对各中心加以协同。与传统的控股公司不同之处在于，联合大企业的主要目的，一是通过兼并和盘购，使被控公司原先闲置或使用不当的资产得到较为合理的利用，从而促进资本增值；二是通过兼并和盘购，不断组成新企业，在证券市场上不断发行新股票，通过股票的出售和买卖来赢利。

这两点共同表明，在联合大企业的主要盈利中，只有一部分来自新产品、市场渗透、收入增长以及价格赢利率的提高等生产经营方面，更大一部分还是来自于证券市场上的股票交易。这种情况本身又意味着，联合大企业的兼并和盘购活动，在某种程度上都是采取先向投资银行借贷，等出售股票之后再以筹集到的资金来支付贷款，进而再盘购企业，再扩大联合企业。显然，这种发展方式使一家小公司可以毫不费力地吞并一个大公司。而联合大企业本身的存在首先决定依赖于这个循环过程的不断持续。

这种新型实业组织形式是美国金融家和实业家于 20 世纪 60 年代发明的。当时，美国经济正处于持续繁荣之中，证券市场极为活跃，而政府又采取相对来说较为放任的政策，从而给实业家们实践这种"创造性资本经营的最高形式"创造了良好的条件和环境。

发明这一新型实业形式的是一批投资银行，如特克斯特隆公司、莱曼兄弟公司、拉扎德·弗里尔斯公司、洛布·罗兹公司，以及戈德曼·萨克斯公司；而在建设联合大企业中，林－特科姆－沃特公司、利斯科数据程序设备公司、梅里特－查普曼和斯科特公司等一批犹太企业最为热情。其中梅里特－查普曼和斯科特公司被认为是第一个联合大企业，其经营者路易斯·沃尔夫森被视作联合大企业之父，虽然第一个想出这个点子的，是特克斯特隆公司的罗伊利特尔。梅里特－查普曼和斯科特公司鼎盛时，包罗了造船、建筑、化工和发放贷款等方面的业务，其销售总额最高达到 5 亿美元左右。在此期间，沃尔夫森属于全美国薪水最高的经理之一，完税前的收入为一年 50 万美元以上。

在 20 世纪 60 年代联合大企业以其连续滚动的蛇吞象发展形式大行其道，许多地位确定的老企业，即使没有被接管，也惶惶不安，大有兵临城下之感。

然而，随着 1969 年证券市场崩溃，紧接着的经济衰退以及不那么放任的共和党上台，联合大企业在各个方面都受到了限制。从尼克松上台伊始，就指令司法部的反托拉斯部门采取针对所谓"犹太人与牛仔的勾结"的行动。

结果，两个月内，13 家联合大企业的股票大跌，共损失了 50 亿美元的市场价值。不过，联合大企业并没有完全垮掉，只是它们的表现开始趋于稳健罢了。

在这些实业家中，能比较有代表性地反映联合大企业的特点及其盛衰的，除了斯坦伯格的利斯科公司之外，也许就是伊利·布莱克及其联合商标公司了。

伊利·布莱克在 20 世纪 60 年代以"公司掠夺者"甚至"海盗"闻名美国商业界，因为他极擅长于对企业进行估价，并采取相应的行动。

可这样一个天才的实业家却是半路出家的。

布莱克随父母一起从波兰迁来美国，在长岛担任过3年拉比。以后，他觉得传教没有什么意思，便放弃了拉比的职位，转而去哥伦比亚商学院学习。

离开学校后，他在莱曼兄弟公司干过一段时间，管理罗森沃尔德家族的财产。此后，他买下了一个陷入困境的瓶盖制造公司，美国西尔－卡普公司。

用布莱克自己的话说，这是"一个规模极小而问题极大的公司"。布莱克对该公司进行了大改造，易名为AMK公司之后，便走上了盘购的道路。

不久，布莱克的这家资产仅为4000万美元的瓶盖制造公司开始"追求"另一家问题重重的公司——约翰·莫雷尔公司。这是一家肉食品罐头企业，规模为AMK公司的20倍，资产达8亿美元。

布莱克刚把约翰·莫雷尔公司连同它的种种问题一股脑儿塞入自己的皮包，转身又去追求一个历史悠久，以波士顿为基地的香蕉种植和运输公司——联合果品公司。联合果品公司在中美洲有几十万公顷的种植园，拥有自己的冷藏船队，共有37艘冷藏船，年销售额达到50万美元。公司的股票在证券市场并不被人看好，只能算一种疲软的保本股票，因为公司的经营情况时好时坏，须凭自然或外国政治家的脾气而定。不过，这家公司有两个不为人注意的优点，一是它没有债务，二是它有1亿美元的现金和流动资金。正是这两点吸引了布莱克这个精明的估价人的眼光。

布莱克偶然从一家经纪行得到消息，该行早在2年前就曾以较高的价格向委托人推荐过联合果品公司的股票，而现在又在寻找对象把它盘出去。布莱克瞅准时机，马上采取行动，先将这些经纪人手上的股票买下来，抢先了一步。布莱克从摩根保证信托公司为首的银行集团借贷了3500万美元，以每股56美元，也就是比市场价高4美元的价格买进了73.32万股股票。这笔交易是纽约证券交易所历史上名列第三的大宗交易。

布莱克领先之后，希望不动干戈就把联合果品公司收购下来，但其他精明的人也看到了该公司有油水，结果导致了一场混战。几个月之内，3 次投标出价，使股票的价格由每股 50 美元涨到了 88 美元。1968 年正是 60 年代哄抬行情中兼并狂潮达到高峰的时候，布莱克以 80 美元到 100 美元的价格将可更换股票的债券和认股证书一揽子收进的交易，极有诱惑力。硝烟散尽，AMK 成了胜利者，布莱克通过戈德曼·萨克斯公司又收进了 36 万多股股票。

布莱克把新组建的联合大企业命名为"联合商标公司"，这个食品加工综合企业，规模极为庞大，令人望而生畏。然而，经营情况却与此并不相称。

1969 年股市崩溃和随后的经济衰退，打断了布莱克蛇吞象的连续作业，而连续的天灾人祸，则使其亏损不断上升。

1970 年公司亏损 200 万美元，1971 年为 2400 万美元，1972 年和 1973 年还可以，收支扯平。1974 年公司总收入为 20 亿美元，而亏损却达到了 4360 万。

联合果品公司接连遭受自然灾害：飓风毁坏了中美洲的许多水果作物；干旱和歉收导致全球范围粮食紧缺，牛饲料价格也随之猛涨。更为糟糕的是，后来又遭遇了中南美洲 7 个国家效法欧佩克的打击。

这 7 个香蕉输出国为了冲抵自 1973 年以来因石油价格上涨造成的赤字，联合决定对每箱 40 磅的香蕉课以 50 美分或 1 美元的出口税。实际征收这项税的只有 3 个国家，洪都拉斯是其中之一。洪都拉斯定下的税额是每箱 50 美分。

由于联合商标公司的香蕉有 35% 是在洪都拉斯生产的，每箱 50 美分，累积起来将达 1500 万美元之巨。这对联合商标公司来说，是一笔大开销。

就在这时，洪都拉斯官方渠道又放出风声，说出于某种考虑，可以适当降低税额：如果联合商标公司另行支付 500 万美元，洪都拉斯总统就会减半征收。这样，公司可以少纳税 750 万美元。这是明目张胆地索贿。公司经过同洪都拉斯方面的谈判，商定支付 250 万美元的贿赂。随后，通过公司在欧洲的高级职员，将 125 万美元存入了一家瑞士银行的账户，同时答应将余款陆续存入。后来，布莱克因默许贿赂受到极大的压力，所以，余款再也没有送去。再往后，连送去的必要也没有了。飓风毁坏了洪都拉斯 70% 的香蕉林，造成公司的损失高达 1950 万美元。

严重的亏损迫使布莱克只好出卖子公司弥补赤字，联合商标公司的股票则跌到了 4 美元一股。这家总收入在 20 亿美元以上的公司在公众的眼里只值 4000 万美元。这时，行贿洪都拉斯总统的事又东窗事发。在这所有压力之下，布莱克垮了。这位因其道德心和事业心无法忍受失败与丑闻的实业家，终于在 1975 年 2 月 3 日从位于泛美大厦 44 层楼的办公室里，跳楼身亡。

布莱克的失败原因中有许多偶然因素，所以并不意味着联合大企业这种实业组织形式的必然失败。有人在 1969 年就评论过，布莱克的才能表现为"一个资产管理人，至于他能否区别香蕉树与盆栽棕榈，是完全不相干的"。

他的能力在于发现巨额价值，逐步加以控制，并使其进入运行，再进一步发现更多的资产。从抽象的角度来说，企业的运行无非是资本的增值过程，所以企业的经营可以有多个层次，可以有技术有管理等等的层次，但最高的层次必然顺应资本增值的一般规律，也就是满足资本自行存在和发展的一般要求的金融或资产经营。这同样是一个需要灵感、需要直觉、需要创造力的领域。

潜水的人惧怕鳄鱼，就取不到昂贵的珍珠

经历风险是所有超越平凡、脱颖而出的成功者的必须阶段。所以那些成功者在时机面前从不等待，他们都是积极行动的信奉者。

桑福特·韦尔读完大学之后，多次应征经纪所的招聘，结果屡屡失败，他一度觉得前途非常迷茫。然而，韦尔是一个雄心勃勃的年轻人，绝不甘心命运的摆布，他很快又投入到新的创业中去。

1955 年，韦尔在华尔街当信差，周薪 35 美元。次年，他做了股票经纪人；1960 年，他联合了 3 名经纪人集资 3 万美元创办了一家公司。从此，韦尔在华尔街大展宏图。

随着业务的发展，公司兼并了一些商号，韦尔也独霸了整个公司。韦尔是一个目光敏锐、判断力极准确的经济强人，他能够抓住许多有利时机，大胆去干，从而发展自己的事业，跻身于高手如林的金融界。

在 20 世纪 70 年代，股票行情一直不稳定，股票价格也飘忽不定，较小的经纪所往往朝不保夕，纷纷倒闭，但韦尔的经纪所不但没有遭受损失，反而扩大了规模。他不仅乘机吞并了大批较小的商号，而且接管了一部分经济不景气的大商号。韦尔接管洛布·罗兹公司，就是一件令同行交口称赞的壮举。

洛布·罗兹公司也是一家投资商号，它的经济实力在华尔街与韦尔经营的希尔森公司不相上下，然而它的机构不够灵活，管理方法有些落后。韦尔看到这一点之后，就提出与洛布·罗兹公司合并。在合并谈判过程中，韦尔先躲在幕后操纵，然后在关键时刻亲自出马，充分发挥自己的才智，最后取得合并成功。

1974 年，在韦尔的苦心经营下，希尔森·洛布·罗兹公司宣告成立，它成了华尔街第二大证券公司。韦尔以此为基点不断扩充，使这家公司在 1981 年销售额达到 9．36 亿美元。

韦尔就是这样既摆脱了困境，又赚了大钱，从而在华尔街巩固了地位。然而，韦尔并不是轻易地搞吞并的。他常说："涉及到合并的谈判，人人都会紧张，因为处处都有陷阱。"

1981 年 6 月，韦尔做了一件令人费解，出乎人们意料之外的事，他居然把辛辛苦苦花费了 20 年时间创建的希尔森公司出售给拥有 80 亿美元销售额的美国捷运公司。虽然美国捷运公司是一家经营赊账卡、旅游支票和银行等业务的大公司，但韦尔初入美国捷运公司，并不被重用。因此，许多人认为韦尔吃亏不小，然而一段时间后，人们就不得不对韦尔的决策叹服。后来韦尔在捷运公司的职位仅次于董事长和总裁，他的股份总额有 2700 万美元，个人年收入高达 190 万美元。

当然，韦尔为发展捷运公司也是兢兢业业。在他的一手策划下，捷运公司用 5.5 亿美元买进了南美贸易发展银行所属的外国银行机构，这家银行机构经营外汇、通货市场、珠宝贸易、银行业务等，因此这桩大生意的成交，不仅是韦尔津津乐道的一件值得自豪的事，而且使韦尔在捷运公司身价百倍，成为华尔街的热门人物。

由于公司的董事长常要外出应酬，所以美国捷运公司的实权掌握在韦尔手中。在韦尔的领导下，公司各部门齐心协力，互相配合，使捷运公司的利润不断增值。

韦尔管理公司有方，突出的一点是善于协调上下级的关系。他常说："领导的责任在于给下级鼓劲。我善于和下级融洽相处，不时倾听他们的呼声。同样，下级有责任发表意见，不让问题愈积愈多，最终不可收拾。当领导的要当机立断，不能含含糊糊，使下级无所适从，或让有些人钻了空子。"

韦尔的成功经验有许多，然而最重要的却是他能够抓住时机，敢想敢做。创业之初，对于合并与否，他果断地拍板；后来他吃小亏获大利，与捷运公司合并，成为该公司第二号人物。

美国哈佛大学有一门成功学，叫"行动成功学"，其最主要的精神就是告诉人们：一旦看准，就大胆行动。

幸运喜欢光临勇敢的人，冒险是表现在人身上的一种勇气和魄力。冒险与收获常常是结伴而行的。险中有夷，危中有利。

"一旦看准，就大胆行动"已成为许多商界成功人士的经验之谈。甚至有人认为，成为成功人士的主要因素便是行动，做人必须学会正视行动的正面意义，并把它作为走向成功的唯一条件。因为成功就像"冷美人"，只爱热情似火、主动示爱的"男人"。

想发财就要有冒险精神，因为你的想法要超出别人，才有可能获得胜利，如果你的想法与别人的一样，你就不会成功。冒险就是你要在别人不敢做某事时，大胆地去做。当别人看不见希望的时候，你却看见了发财的机会。

"立即执行！"可以影响你各方面的生活。它能帮助你去做你所不想做而又必须做的事，同时也能帮助你去做那些你想做的事。它能帮助你抓住宝贵的时机，这些时机一旦失去，就决不会再回来。

奇迹只属于那些相信自己能创造奇迹的人

对于创业者来说，决策最重要的就是把握时机。一个好的决策，假如能够与决策者把握的时机相匹配，无疑会达到如虎添翼的效果。

在生产经营中谁赢得了时间，谁就赢得了空间。也意味着赢得了主动，赢得了胜利。

然而，在激烈的市场竞争中，要全盘准确地掌握时机是不可能的，有时错失时机，正确的决策也会酿成错误，所以这时非依仗胆识进行冒险不可。奇迹只属于那些相信自己能创造奇迹的人。

风险决策是常遇到的一种情况，凡属开拓性的新经营事业，从没有不带有风险性的。风险和利益是相辅相成的。

如果风险小，许多人都会去追求这种机会，利益由于均分也就不会大而持久。如果风险大，许多人就会望而却步，所以能够拥有独占鳌头的机会，得到的利益也就大些，在这个意义上讲，有风险才有利益。

风险决策，是对决策者素质的检验。真正十拿九稳的事也就无须决策。然而，冒点风险在于"化"，要把风险化成效益决不能蛮干。"实施强攻无节制就会失败。"要在客观条件限度内，能动地争取经营的胜利，同时充分发挥自觉的经营能动性。勇气和胆略要建立在对客观实际的科学分析上，顺应客观规律，外加主观努力，就能从风险中获得利益。

1899 年，乔瓦尼·阿涅利与他人联手创办了一家汽车公司。1906年，阿涅利又将公司定名为意大利都灵汽车制造厂，后来它改制为菲亚特股份公司。

1949 年，阿涅利的孙子贾尼·阿涅利被指定为菲亚特公司的副董事长，1966 年，被正式推举为菲亚特公司的董事长。在贾尼·阿涅利的领导下，菲亚特公司发展迅猛，旗下的菲亚特汽车公司不仅成为意大利最大的汽车制造企业，也是世界最大的汽车公司之一。

然而 20 世纪 70 年代前期，国际汽车市场疲软，在意大利国内工资升高、物价上涨等情况的冲击下，再加上公司内部出现了管理问题，菲亚特汽车公司经历了历史上最令人不堪回首的日子，公司连年亏损，在世界汽车生产商的排名榜上持续下跌。此时，菲亚特集团的决策层中有不少人主张甩掉汽车公司这个沉重的包袱。消息传出后，菲亚特汽车公司上下一片恐慌，都不知哪一天公司就会被卖掉或是解散。

1979 年，贾尼·阿涅利任命 47 岁的维托雷·吉德拉担任菲亚特汽车公司总经理。吉德拉能给心神不定的员工们带来什么呢？他看起来似乎没有什么办法。他总是带着微笑与大家在一起交谈、访问，把遇到的问题都记在小本上。

不久，吉德拉的小本已经记到了最后一页。一天，他合上笔记本，召开了公司管理人员会议。

"诸位，近年来我们公司每况愈下，好像要从欧洲汽车生产商的序列中消失了！对此，我作为一名老菲亚特人，深感痛心！今天，请大家思考，菲亚特的问题究竟在哪里？"

下面一片沉默。吉德拉随即宣布："散会。"众人表情惊愕地离开了会议室。

看着大家的背影，吉德拉满意地笑了。他知道，他的计划已成功了一半。他相信今天的会议已经调动起了大家的情绪，首先是高层管理人员的斗志，别以为大家默不作声，事实上都已经开动脑筋了。只有这样，才能为下一步的计划铺平道路。

几天后，吉德拉又召开了公司管理人员第二次全体会议，这一次，他并没有马上宣布散会，而是举起了他的"三板斧"："我们要进行大幅度的机构调整，大家要有足够的心理准备和承受能力。"接着吉德拉严肃地说，"菲亚特汽车公司机构重叠，效率低下，这是导致企业缺乏活力的重要原因……"

吉德拉的"第一板斧"开始了。

吉德拉动手果断，他很快关闭了国内的几家汽车分厂，淘汰冗员，职工数量一下子减少了 1/3，由 15 万人降至 10 万人。在这次机构改革中的另一个重点是对菲亚特汽车公司的海外分支机构的调整。这些海外机构数量众多，但绝大部分效率低下，所需费用却很庞大，经常入不敷出，成为公司的沉重包袱。吉德拉毫不犹豫地撤销了一些海外机构。他停止在北美销售汽车，同时还砍掉了设在南非的分厂和设在南美的大多数经营机构。

吉德拉的"精兵简政"遇到了强大的阻力。菲亚特汽车公司的员工人数在意大利首屈一指，被称为"解决就业的典范"，这次裁减人员的数量如此巨大，自然引起各方的议论，然而吉德拉丝毫不为所动，坚定地完成了计划。

吉德拉的"第二板斧"是对生产线进行改造。

吉德拉通过在工厂的实地调查，认为公司技术落后、生产效率低下是造成它长久陷入困境的重要原因之一，于是大量采用新工艺、新技术，利用计算机和机器人来设计和制造汽车。根据计算机的分析，可以使汽车的部件设计和性能得到充分改进，使其更为科学和合理化，劳动效率也随之提高。新工艺、新技术的采用带来的另一个结果是公司的汽车品种和型号大幅度增加，更新换代的速度大大加快，这也就增强了菲亚特汽车的市场竞争能力。

吉德拉的"第三板斧"是对汽车销售代理制进行改革。

过去菲亚特汽车的经销商不需要垫付任何资金，而且在销售出汽车以后，也没能及时将货款返回菲亚特，而是占压挪作他用。这种做法使得菲亚特的资金周转速度缓慢，加重了公司的困难。

吉德拉对此做出了一项新的规定：凡经销菲亚特汽车的经销商，必须在出售汽车前就支付完汽车货款，否则不予供货。这一举动引起了汽车经销商的强烈反对。但吉德拉始终坚持己见。结果有 1/3 的菲亚特汽车经销商被淘汰出局，剩下的都接受了这一新规定，这大大提高了菲亚特汽车公司的资金回笼速度，由此减轻了公司的财政困难。

在吉德拉的主持下，菲亚特汽车公司通过一系列大胆的改革，成效显著，再次焕发了活力。可以说他的成功和敢于冒险的性格是分不开的。

美国还有一个叫雷克莱的狂人，是一位来自以色列的移民，可以说他是一个真正的冒险家。他到美国不久，口出狂言：在 10 年之内赚到 10 亿美元。他打算用两个冒险的方式获取那 10 亿美元：第一个方式，用短期付款的方式购得一个公司的控制权；第二个方式，用公司的资产作为基金去赢得另外一家公司的控制权。

雷克莱常用第一个方式做事，他认为这个方式是最有利的。如果现实情形不允许采取第一个方式，非得运用第二个方式不可，他宁可用现款买下某一家公司，但其先决条件是：从买下的这家公司中马上可获得更多的、可以运用的现款。

我们不能小看雷克莱的这两种方式。如果抓住机遇，采用适当方式的话，要拥有几个公司，甚至成百上千个公司，也并不完全是幻想。这也难怪雷克莱在移居美国仅仅几年后就敢夸下海口：要在 10 年之内赚到 10 亿美元！

后来的事实证明，雷克莱的口气的确太大了。10 年的时间过去了，他并没有达到预定的目标，在追加了将近 5 年时间之后，他才真正成为名副其实的 10 亿富翁，这些都是后话，我们还是谈谈他在明尼亚波利斯组建第一家公司的事吧。

　　当时，雷克莱白天在皮柏·杰福瑞和霍伍德证券交易所做事。到了晚上，他在一个小型补习班讲授希伯来语。一次极为偶然的机会使他对速度电版公司产生了兴趣。这家公司就是美国速度公司的子公司之一，它专门生产印刷用的铅版和电版。

　　事情是这样的：一天晚上，雷克莱给补习班讲完课回家，在路上遇见一个名叫伍德的学生家长。此人正在做股票生意，他是雷克莱工作的那家证券交易所的常客。两个人彼此熟悉，所以一见面就攀谈起来。他们从股票的价位谈到雷克莱教希伯来语的情形，到最后，伍德谈起他投资的一家公司，这家公司便是速度电版公司。

　　在明尼亚波利斯，速度电版公司是一家比较大的企业，它具有最新的生产设备，有宽敞的现代化厂房。然而，它一直是个冷门公司，经营几年下来，还是没有多大的起色。这家公司也有股票上市，只是股票价位始终高不起来。

　　雷克莱开始暗暗地注意速度电版公司的动态，把这家公司当作他争取的目标之一。几年来，这家公司虽然没有多大的发展，但一直保持稳定的收益，大部分股东都把速度电版公司的股票当作储蓄存款放在那里。该公司的股票在市面上流通的数量并不大，买卖也不热火。雷克莱要想获得这家公司的控制权，唯有收购股票这一途径。如果不设法制造一个机会，使这家公司的股票形成强烈卖势，雷克莱根本无法达到自己的目的。

　　通过和伍德的谈话，雷克莱感到这是个机会。伍德是速度电版公司的主要股东之一，假如利用伍德对该公司的厌倦心理，兴许可以酿成一种对雷克莱有益的"气候"。雷克莱充分发挥这次谈话的效力，使伍德甘愿让他帮忙把自己所持的股票尽早脱手。雷克莱同时还发现，伍德急于要卖掉速度电版公司的股票，绝不仅仅是因为钱，其中必有其他原因。

　　雷克莱一回到家里，便迫不及待地翻阅与速度电版公司相关的资料。雷克莱是个很有心计的人，他在工作之余，把将来有可能被他收购的公司的资料剪贴得十分齐全。从电版公司创业时的宣传材料，到历年的各期损益表，他全部都详细地看了一遍。

然后，他画了一张简单的曲线表，以便对这家公司的经济状况一目了然。从速度电版公司最近一期的损益表中很难看出问题，因为该公司的销售收入略有增加，盈利也比上期好。雷克莱就从公司外部因素进行分析。他想，这几天铅的价格大涨，每吨高达 230.5 英镑，这个因素对于电版业的经营一定会有很大的影响。

他认为，速度电版公司有不错的客观条件，但是业绩平平，这也就表明公司负责人的能力有限。对于一个应付日常工作都力不从心的人，一旦遇到意外的情况，他肯定会自乱章法，一筹莫展。

雷克莱敏锐地意识到，目前有两个机会可以大做文章：一是速度电版公司股东们的动摇心理，二是伍德急于脱手的股票。如果搞得好的话，速度电版公司就会成为"连环套"策略的第一环。

雷克莱灵巧地利用了一些微妙的关系，并且竭力保持自己的良好信誉，最终以 20 万美元的短期付款方式从伍德手中取得了价值百万元的股票。

随后，他又在速度电版公司的股票已经下跌的形势下，利用比当时议价低 5% 的现款付清了伍德的其余股款。伍德虽然吃了数十万美元的亏，但他仍庆幸自己把全部股票都脱手了。

实际上，速度电版公司股票的价格不可能长久地大幅度下跌，因为这种股票的实际价值已经超过了市价。雷克莱以伍德的股权融资，购买了那些小股东们急于脱手的股票。当速度电版公司的股票跃为热门股时，雷克莱已经拥有该公司 53% 的股权了。

此刻，他马上召开临时股东大会，并顺利地当选为董事长。雷克莱走马上任以后，把公司的名称改为"美国速度公司"。他决定将美国速度公司当作自己发展事业的大本营。

为壮大这个公司，雷克莱认真经营，使得本公司股票变成强势股票。不久，他又将美国彩版公司与美国速度公司合并了。

在不到一年的时间里，雷克莱从证券交易所普通分析员一跃而成为大公司的董事长。人们不免会问：他哪里来这么多资金呢？

的确，他在控制速度电版公司之前，手头只有二十几万美元。到后来，他用炒股票的方式夺得了这家公司，财产一下暴增了几倍。紧接着，他用美国速度公司财产作抵押，买下了美国彩版公司。这种有形的扩展并不是雷克莱的主要收获，他的主要收获是：美国速度公司的成长和吞并美国彩版公司的成功，使他对"不使用现款"的策略信心十足，同时也使他实现自己的宏图大志有了一个主要的动力源。

初施计谋得手之后，雄心勃勃的雷克莱感觉到明尼亚波利斯对他来说似乎是狭小了一些。要想大干一番，就必须到纽约去。

于是，雷克莱从明尼亚波利斯到了纽约。在纽约这个大都会，很少有人知道雷克莱的名字，当然更没有什么人知道他的"连环套经营法"，而且几乎没有人知道他建立美国速度公司的事情。被人冷落确实是一件非常痛苦的事。雷克莱后来曾大发感慨："纽约工商界人士的眼睛是最势利的，他们只认识对他们有用的人，也只跟那些有名气的人交谈。对于无名小卒，他们是不屑一顾的。"这番话无疑是他初到纽约时最为深切的感受。

雷克莱到纽约后意识到，要想跻身于纽约工商界，首先一定要自我宣传一番。于是，他先在犹太籍的商人中间传播所谓"连环套经营法"。没想到，他的宣传引起纽约工商界人士的反感和报界的批评。原来，在几年前米里特公司的负责人鲁易士和金融专家汉斯就企图使用"连环套经营法"来扩大自己的企业，结果以失败告终。也正是因为失败，汉斯跑到芝加哥自杀了。从此，纽约工商界人士便把"连环套"的办法称为经营上的自杀行为。

雷克莱毕竟不同于凡人，别人认为无法做的生意，他却可以从中赚大钱，别人认为无法发展的环境，他却能够找出办法来求发展。

雷克莱设法找到纽约知名人士李斯特长谈了一夜。通过这次交谈，雷克莱意识到，报界的批评已经起了反宣传的作用，使公众知道了他的存在。当前最要紧的是尽快用"连环套经营法"的成功事实来证明自己的业绩，并立马找到一家知名度高、经营管理不善的公司。经李斯特介绍，雷克莱进入了 MMG 公司。这是一家有着多种销售网络、多样化经营的公司。

雷克莱在进入 MMC 公司一年多的时间里，充分发挥了他的经营才能，在他的努力下，该公司的营业额扩大了两倍多。不久，该公司的主要负责人有意退休，雷克莱不失时机地买下了 MMC 公司，并把它放在美国速度公司的控制之下。这样，他就在纽约奠定了第一块基石。

当时，MMG 公司的另一个大股东是联合公司，它同时也是一家拥有几个连锁销售网的母公司。雷克莱把 MMG 公司的股权转卖给联合公司，而从其他的渠道获得了联合公司的控制权。雷克莱控制了联合公司，也就间接地控制了 MMG 公司。

第一个连环套搞成之后，雷克莱继续盘算下一步的计划，目标是联合公司的控制人之一格瑞。格瑞的重要关系公司是 BTL 公司，这是一家拥有综合零售连锁网的母公司。虽然这家公司经营状况不太好，可是雷克莱凭着自己从事股票交易的特殊才能和精确的分析，相信 BTL 公司值得投资，假如获得 BTL 公司的控制权，自己的企业又可以增加一个连环套工具了。

BTL 公司的规模很大，雷克莱要想一下子获得它的控制权不容易。所以，他重施故伎，先给人们造成一个该公司势弱的印象，然后大肆购买别人抛售的 BTL 公司的股票，并把联合公司的财产抵押出去，目的是将整个财力都投于 BTL 公司。最后，雷克莱终于获得了 BTL 公司的控制权。

雷克莱获得 BTL 公司控制权之后，名声大振。1959 年，《财星》杂志上刊登了一篇评论雷克莱的文章，文中这样说："雷克莱巧妙的连环套是这样的：他控制美国速度公司，美国速度公司控制 BTL 公司，BTL 公司控制联合公司，联合公司控制 MMG 公司。"

事实上，雷克莱并不满足于控制 BTL 公司，他又开始研究一套新的经营方法。他把连环套中的公司进行合并，即把 BTL 公司、联合公司和 MMG 公司的各不相通的连锁销售网合并起来，从而形成一个庞大的销售系统。在这个庞大的销售系统中，雷克莱把 MMG 公司作为主干。他这么做的主要目的是为了缩短控制的途径。过去他控制 MMG 公司要经过 BTL 公司和联合公司，现在甚至完全颠倒了过来，他直接控制 MMG 公司，然后由 MMG 公司直接控制 BTL 公司和联合公司。

由此可见，雷克莱的"连环套经营法"已发生了重大变化。从前单线控制，现在是双线，甚至多线控制了。

雷克莱心目中的大帝国式的集团企业已经略有眉目，于是，他的胆子更大了，注意力由纽约转到了全国各地，那些凡是他认为有利可图的企业，他都想插上一脚。

1960 年，雷克莱的 MMG 公司用 2800 万美元买下了俄克拉荷马轮胎供应店的连锁网。此后不久，雷克莱又买下了经济型汽车销售网。

虽然雷克莱进行了多样化经营，并且一连买下两个规模不小的连锁销售系统，但距他"10 亿美元企业"的目标还差得很远。他明显地意识到，必须向那些巨大的公司下手才行。

1961 年，拉纳商店在经营上发生了严重问题，老板有意出让经营权。这是美国最大的一家成衣连锁店，雷克莱当然不愿错过机会。他亲自出马洽谈，最终以 6000 万美元买下了这个庞大的销售系统。

雷克莱对"不使用现款"的策略已得心应手，所属企业好像滚雪球一般地不断增大，其发展速度也比以前更快了。在此后几年中，他又买下了在纽约基层零售连锁店中居于主导地位的柯某百货店和顶好公司，还买下了生产各种建筑材料的贾奈制造公司和世界著名的电影企业——华纳公司，以及国际乳胶公司、史昆勒蒸馏器公司。

雷克莱的"基地"——美国速度公司也在不断壮大，在不长的时间内，有很多公司陆续被纳入他的控制范围，其中比较著名的有：美国最大的男士成衣企业科恩公司和李兹运动衣公司。最后，当李斯特把自己的格伦·艾登公司也卖给雷克莱时，他的企业规模已经达到相当理想的程度，他所拥有的资本已超过 10 亿美元。

雷克莱凭借"纸契"（包括合约书和抵押权状）扩大企业规模的做法经受了很多大风大浪的考验。换句话说，他在扩展自己企业的过程中并非一帆风顺，有一次危机几乎把他苦心创建的基业冲垮。那是 1963 年的事。当时，股票市场受到谣言的影响，股票价位发生极大的变动。一家很著名的杂志也旧事重提，批评雷克莱倒金字塔式的企业结构问题严重，这使敏感的投资者在心理上产生极大的恐慌，有人开始大量抛售雷克莱公司的股票，股票价位随之大幅度滑落。幸亏雷克莱在商界的人缘不错，在股价一路下跌的困境中，他获得了至少两大企业集团的全力支持，他们连续买进雷克莱公司的 20 万股股票，总算把阵脚稳住了。

我们简单地回顾一下雷克莱的创业经过：1947 年，他从英国陆军退役，回到故地巴勒斯坦周游了一趟便带着妻子到美国定居。

最初，他是靠替别人做事维持生计。1953 年，他在明尼亚波利斯开了第一家公司——美国速度公司，这是他筹划中的集团企业的总枢纽。几年后，他在世界第一大都市纽约打开了经营局面，当上了"10亿美元企业"的总裁。

雷克莱以微薄的财务创造"10亿美元的企业"，靠的就是冒险投资。因此，有人说雷克莱是世界上"最大的赌徒"。他对这一绰号并没有提出异议，反而对它做了延伸性的解释："严格地说，任何投资都要冒险，这的确跟赌博没有多大差别。冒险投资额越大，赚得就越多。假如你想得到10亿美元的大企业，你就要有输得起10亿美元的胸怀。"

如果你也想成为百万富翁，那你最好多一点勇敢的冒险精神。

机遇是小概率事件，需要自信和勇气来把握

这是个不完美的世界，这一点不必费劲就会发现。可是，你还是有许多机遇可以去获得成功。机遇有的明显，有的隐蔽；有的持久，有的短暂；有的似是而非，如果不认真细致地逐一审视、检查与筛选，是很难及时发现和抓住机遇的。但你一定要记住：机遇是获得某种成功的重要线索，是事业腾飞的重要契机，千万不要与它失之交臂！

当机遇真正降临到你头上时，能否将它牢牢抓住，那就要看你有没有这个能力了。

1. 果断决策，雷厉风行

机不可失，时不再来。机遇来了，你必须好好把握它。如果在机遇面前优柔寡断、犹豫不决，就会失去机遇，因为机遇是不等人的。要有捕捉机遇的强烈欲望，这是一种不可缺少的精神动力，它会激发我们在纷繁复杂的众多现象中随时随地地留意机遇的出现，并保持着高度的警觉和敏感。

世间让人感到可惜的就是那些不能决断的人。事情对他有利时，他不敢拍板，前怕狼后怕虎，这也顾忌那也犹豫。这种主意不定、意志不坚的人，既不会相信自己，也不会被他人所信赖，机遇更不会青睐于他。

2. 把握机遇，贵在坚持

机遇到手是值得高兴的。然而，我们更应该好好珍惜它，用好它。机遇并非唾手可得，有时可能几年才能遇上一次较好的机遇，还有的要经过激烈竞争、拼搏才能到手，可谓来之不易。所以应当加倍珍惜，把它当成发展自己、更新自己的起跳板，借机鼓舞斗志，跃上一个新台阶。

然而，有些人在对待机遇的问题上时常表现出虎头蛇尾的倾向。机遇到来之前，他们竭尽全力，绞尽脑汁，勇于拼搏，从不懈怠。可是，一旦机会相中自己，他们就沾沾自喜，以为万事大吉，松懈下来。如此不珍惜机遇的态度是可悲的，其结果一定会以失败而告终。

俄国著名作家高尔基曾在老板的皮鞭下，在敌人的明枪暗箭中，在饥饿和伤残的威胁下坚持读书、写作，终于成为世界文豪。

美国著名科学家富兰克林在贫困中坚持自学，刻苦钻研，决不放弃，成为近代电学史上的奠基人。

可见，成功人士或是煎熬于生活苦海，或是挣扎于传统偏见，或是奋发于先天落后与失败之中，他们最终得以成功的秘诀在于朝着预定的目标，坚持不懈，永不放弃，一旦时机成熟，机遇来临，就顺势而上，一举成名。

3. 留神错误，利用错误

通常，看到错误，人们首先的反应是悔恨、失望和放弃。殊不知，你放弃的可能是一次好的机遇。其实，在犯错误的时候，机遇或许已经悄然地到达你的身边，此刻你一定要分辨清楚，主动改正错误，才能抓住这来之不易的机遇，莫与机遇擦肩而过。机遇的发现，既依赖于机遇是否出现，也依赖于人们对机遇的认识和体会。对于同一现象的"意外出现"，是否把它视作机遇，怎样评估机遇价值的大小，通常会因人而异，有心之人才能抓住机遇。

相传康熙年间，安徽青年王致和赴京应试落第后，决定留在京城，一边继续攻读，一边学做豆腐谋生。然而，他毕竟是个年轻的读书人，没有经营生意的经验。夏季的一天，他所做的豆腐剩下不少，只好用小缸把豆腐切块腌好。日子一长，他竟将这缸豆腐忘了，等到秋凉时想起来了，腌豆腐已经变成了"臭豆腐"。

王致和十分恼火，正欲把这"臭气熏天"的豆腐扔掉时，转而想到，虽然臭了，但自己总还可以留着吃吧。于是，就忍着臭味吃了起来，然而，奇怪的是，臭豆腐闻起来虽有股臭味，但吃起来却非常香。于是，王致和便拿着自己的臭豆腐给朋友吃。好说歹说，朋友们才同意尝一口，没想到，所有人在捂着鼻子尝了一口之后，赞不绝口，一致公认此豆腐美味可口。

王致和借助这一"错误"，改行专门做臭豆腐，生意越做越大，影响也越来越广，到最后，连慈禧太后也前来尝一尝这闻名已久的臭豆腐，并对其大为赞赏。

从此，王致和与他的臭豆腐身价倍增，还被列入御膳菜谱。直到今天，许多外国友人到了北京，都点名要品尝这所谓"中国一绝"的"王致和"臭豆腐。

其实，一个人不可能不犯错误，特别是在探索未知领域和发明创造中难免出错，关键在于能否将坏事变为好事。犯错误后能反省，能变错误为正确，这不仅是一个人的品质表现，也是一个人发掘创造才能的保证，因为抓住机会正是对这种综合效应的利用。

4. 善待逆境，知难而上

人生的际遇有两种：一种是顺境，一种是逆境，在顺境中顺流而上，抓牢难得的机会，大多数人都能够做到。但面对逆境，许多人却纷纷败在阵下，在逆流中舟沉人亡。其实，任何逆境里都孕育着机会，而且这种机会的潜能和力量十分巨大，那些善于抓住机会的老手，十分乐于在逆境中生存，因为他们知道，逆境将会把他们推向又一个更高的起点。

人在逆境，意志坚强者通常能发奋努力，寻觅并抓住稍纵即逝的机遇，从而改变环境，也改变了自己的命运；意志薄弱者却只抱怨环境，悲叹命运，结果沦为命运的奴隶，无为而终。

人们在生活面前有种种美好的向往，总是希望前面有着广阔的天地。但是，人生的道路不可能像长安街那样平坦笔直，成就功名不会像月下漫步那样轻松。在每个人的成功过程中不可避免地会遇到来自先天、自然、社会的种种挫折，诸如家境贫寒、身体残疾、环境艰苦、蒙受冤屈、横遭压制等，遇到这些情况时，不要怨天尤人，不要自暴自弃，而要养精蓄锐，积蓄能量，也许成功的机遇就在前面等着你。

即使在最猛烈的风雨中，也要有直面前方的勇气

生活中总是充满机会的。然而，为什么有些人会比另一些人更走运呢？有人经过广泛调查，总结出走运与不走运的人行为中几条主要的区别特征。

一是要明白什么是值得冒的风险。

胆量是白手起家的百万富翁所具有的特征之一。战胜生活中的困难并以此获得高收入，显然需要有某种程度的勇气，以及克服恐惧的能力。许多百万富翁承认，他们的胆量是在生活中培养并有意识地发展起来的。

创业的风险很高，但只要你能坚持学习，不断努力，事业的回报也将是无限的。一位富翁指出："伟人经常犯错误，经常摔倒，但虫子不会。因为它们做的事情就是挖洞和爬行。"敢于承担风险的人改变着这个世界，几乎没有不冒风险就变富的人。如果你留意观察，就会发现过于谨小慎微的投资者是不可能获得巨额财富的。只有具备极强创业精神的投资者才能使世界发生翻天覆地、日新月异的变化。

有人专门问过 1000 位高收入者一个简单的问题："合理的经济风险对于你们在经济上的成功有多大的重要性呢？"净资产在 1000 万美元以上的百万富翁中有 41% 的人回答："非常重要。"而净资产在 100 万到 200 万美元的高收入者给出同样回答的，仅有 21%。

那些把自己经济上的成功归功于冒风险的人，在投资方面并不是盲目大胆，他们大多数人认为，把赌博当作自己的经济来源是一种愚蠢的选择，比如在抽彩票中是否能赢全靠运气，而大多数富翁或那些想成为富翁的人决不会去玩彩票，更不会去赌博。玩彩票的中彩机会非常小，以至于他们认为："每周用火烧掉几张美元也比把钱丢到彩票中去更好！"

他们知道，在大多数的赌博中，尤其是玩彩票，玩者根本无法知道总的数目，所以也无法知道中彩的可能性或期望值。玩者除非买更多

的彩票，否则就无法增加赢的机会。

一位聪明的富翁指出，一周只是投入一美元、二美元或十美元，要获得奖金的期望值是多少呢？一张彩票要一美元，要买几百万张彩票才有一张能中到100万美元的彩票。所以，你赢的机会是几百万分之一。

调查发现，玩彩票与一个人的净资产水平之间有明显的反比例关系。在所有各种净资产类型中，千万富翁在过去的30天中玩过彩票的可能性最小；而在同样的30天中，非百万富翁玩彩票所占的百分比最高。在过去30天中，有一个玩过彩票的千万富翁就有三个玩彩票的非百万富翁，其比率为1：2：7。

白手起家的百万富翁知道把玩彩票所花的时间和金钱用于更有效益的活动中，进而赢得更大的效益。太多的人把太多的时间花在几乎没有可能赢的赌博上，这种长期的执著能使你成为一个越来越好、越来越聪明的男人吗？能使你成为一个越来越好的大富豪和企业家吗？

二是相信你的预感。

预感是以事实为基础的推论，对这些事实你的大脑已经进行过准确的观察、存储和加工处理，然而你却没有自觉地意识到它们。因为这些事实是在某种不自觉的形态下被储存到你头脑中的。

旅馆经理康拉德·希尔顿把他的巨大成功归功于灵活地调动自己的敏锐预感。有一次，他打算买一所芝加哥的老旅店，拍卖人决定卖给出价最高的投标人，而投标的数额将在指定的一天公布于众。就在到达这一期限的前几天，希尔顿出了一份价值17万5千美元的投标。那天晚上，他睡觉时模糊地感到内心的烦乱，醒来时强烈地预感到他的投标将不会获胜。"这仅仅是感觉不妙。"他后来说。由于服从了这一奇怪的直觉，他又提交了另一份投标数额，18万美元。事后发现这是最高的投标，比他少一点的第二号投标额是17万9千8百美元。

希尔顿的预感是经验积累的结果。他年轻时在得克萨斯州买下了第一所旅馆，一直在收集关于这一行业的知识。不仅如此，在对芝加哥旅馆的投标中，他知道很多竞争投标人的情况——但仅仅是知道，而没有专门地把它们清晰地归纳分类。当他有意识在大脑集合了已知的材料并且提出一个投标额时，他的潜意识正在一间巨大而隐秘的仓库里翻找着有关信息，并且推论出那个投标额太低了。他相信了这个预感，而这个预感竟是令人吃惊的准确。

怎样才能知道自己是否应当相信一种预感呢？美国一位成功的预言家、已经退休的证券经纪人说："我问我自己，我在没有意识到的情况下已经收集了有关这一问题的材料，这一点是否可信呢？对于这一问题，我是否已经发现了所有情况，做了我所能做的一切？如果回答是肯定的，而且预感是强烈的，那么我就可以这样做。这里要提出两个警告：千万不要相信诸如买彩票和赌博这类事情上的预感，这样的预感绝不可能是出自于隐藏在你内心深处的材料库，因为它没有事实可依；千万不要把预感和希望混为一谈，许多拙劣的预感只不过是经过伪装的强烈的愿望而已。"

三是超人的胆略是决定你的冒险胜负的关键。

走运的人一般都是大胆的人。除了个别的例外情况，胆小怕事的人往往是最不走运的。幸运可能会使人产生勇气，反过来勇气也会帮助你得到好运。当好的机会出现在你的面前时，要敢于扭转方向，还要明白大胆与鲁莽的区别。如果你把一生的储蓄孤注一掷，采取一项引人注目的冒险行动，在这种冒险中你有可能失去所有的东西，这就是鲁莽轻率的举动；如果你要踏入一个未知世界而感到恐慌，然而还是接受了一项令人兴奋的新的工作机会，这就是胆略。

格蒂是石油界的亿万富翁，早期他走的却是一条曲折的道路。他上学的时候认为自己应该当一名作家，后来又决定从事外交部门的工作。可是，出了校门之后，他发现自己被俄克拉荷马州迅猛发展的石油业所吸引，那时他父亲也是靠石油发财致富的。搞石油业偏离了他的主攻方向，他不得不把自己的外交生涯延缓一年，他想试试自己的运气。

格蒂通过在其他开井人的钻塔工作筹集了一些钱，有时也偶尔从父亲那里借些钱。年轻的格蒂是有勇气的，但不是鲁莽的，1916 年，他成功打出了第一口高产油井，这个油井为他打下了幸运的基础，那时他才 23 岁。

格蒂怎么会知道这口井会产油呢？尽管他已经收集了他所能得到的所有材料，但他确实不知道该油井能产油。

"总是存在着一种机会成分的，"他说，"你必须乐意接受这种成分；如果你一定要求有肯定的答案，那你就会捆住自己的手脚，无法再自由地发挥了。"

四是最大限度地减少你的损失。

走运的人在坏运气变得更坏之前就会把它抛弃了。这听起来好像是一条简单不过的窍门，然而许多人似乎从来没有掌握它。任何导致严重亏本的冒险总有一个开端，这时候你果断放弃就会使你少受或者不受损失。

比尔·巴塔利亚讲过这样一个故事：一位年轻的化学师离开了一家小的采矿公司，去接受靠近纽约城的一个大公司提供的工资较高的工作。他的妻子认为他犯了个错误，因为在都市化的环境中他是不适应的。他过去的老板也怀疑这位年轻人能否很好地适应那里的生活。"你什么时候愿意回来，"他说，"跟我说一声就是了。"

搬去几个月后，化学师就明白了他的妻子和前任老板是对的，他不喜欢大城市的生活。不仅如此，他的工作前景也与签约承诺的大相径庭。这本来可以是他制止进一步损失的机会，但是这位化学师却总是希望坏的开端会引出好的结局，到他终于认定他的困境绝不是一时半会儿会结束的时候，他已经无法脱身了。

承认"我错了"是很难的，难就难在它要你放弃自己已投入的时间、爱、金钱、努力或者是信条。然而，正像杰拉尔德·M.洛伊博——一位已故的、近几年最聪明和最走运的证券经纪人——所写的："知道什么时候该彻底脱手并且有勇气这么做，这是成功的一个基本技巧。"

一位瑞士银行家、白手起家的百万富翁说过这样的话："你在和你的劲敌拔河时输掉了，在他抓住你的胳膊之前赶快把绳子扔给他，你总还可以买一条新的绳子。"

五是对结果要有坏的打算。

大多数走运的人都养成从最坏的结果考虑问题的习惯。J.保罗·格蒂说："当我在进行任何交易的时候，我主要的想法在于，如果事情出了问题，我该怎样去补救。"

走运的人所惯用的从坏处考虑的原则，可以明确表达为："如果一件事可能出问题的话，它就会出问题。"千万不要假定自己是命运的宠儿，绝对不要放松自己的警惕。

对于南非汽车司机的意外事故的研究表明，那些爱闯祸的司机，他们发生事故的次数大大超过了一般的司机。其明显个人特征就是过于乐观，爱闯祸的司机过于相信自己的技术和判断力，并且过于相信运气。

幸运的人与那些不走运的人显著的差别在于，他们知道生活永远不会完全在自己的控制之下。如果你固守着自己有这种支配能力的错觉不放，对于厄运你就不会建立有效的防御系统。当厄运临头，你就会陷于极度的混乱而束手无策。

有一种成功，叫永不言弃；有一种成功，叫继续努力

哈默在苏联冒险做生意时，用一船粮食换回一船皮毛或上好的鱼子酱，大发其财，并受到列宁的亲切接见。哈默觉得生意这么简单，为什么不回美国一趟，跟生产机器及其他产品的实业家联系，与苏联进行更多的贸易？于是，在美国外交承认苏联以前约 12 年，在尼克松总统与勃列日涅夫在莫斯科举行首次会谈前约 50 年，哈默将苏联的一个顽固的敌人亨利·福特拉到自己一边，和苏联做了汽车和拖拉机生意。

福特汽车早已闻名，其创始人福特也是个有名的倔老头。哈默返回美国后，经人介绍与福特见面。当他走进福特的办公室时，这位汽车商开门见山地对他说，他承认在苏联市场上销售自己的产品可以赚钱，但他绝不运一枚螺丝钉给"敌人"，除非苏联换了政府。福特的态度让人望而生畏，但哈默没有放弃，他毫不气馁地说："您要是等苏联换了政府，那岂不是要在很长一段时间内丢掉一笔大生意？"紧接着，哈默将自己在苏联的见闻以及列宁如何对自己开绿灯如实地讲给福特听。使哈默感到惊奇的是，福特对他的话产生了兴趣，并留他共进午餐。

午餐后，福特陪哈默去参观自己的机械化农场，两人谈得非常投机，福特最终同意了哈默作为其产品在苏联的独家代理人。福特一开头，哈默很快又成了美国橡胶公司、美国机床厂、美国机械公司等许多家公司在苏联的独家代理。之后，通过哈默的穿针引线和斡旋，福特和苏联政府又达成了联合兴办汽车、拖拉机生产工厂的合作协议。福特获得了滚滚的利润，哈默自然也发了一笔大财。

他并没有就此停下自己的脚步，而是继续努力寻找商机。一天，他到一家文具店去买一支铅笔，售货员拿给他一支德国制铅笔，这类铅笔在美国只卖两三分钱，苏联的价格是 26 美分。

"对不起，我要买支擦不掉笔迹的化学铅笔。"哈默说。

售货员很不高兴，但很快改变了态度，"看你是外国人，我就卖一支给你，"他说，"可我们存货不多，因此我们一般只卖给老主顾，但他们还得搭买纸和练习簿。"

哈默花了 1 美元，没想到这支铅笔竟成了一个发射台，把他引入了一个新的赚钱行业。因为哈默灵机一动，考虑到当时苏联政府要求苏联人民把学文化当作首要任务，那么势必导致铅笔的大量需求。等办完生产铅笔许可证后，哈默就急匆匆赶赴纽伦堡和伯明翰，去搜罗一批制造铅笔的专业人员。经过几番周折，哈默终于以高薪挖了法虏伯厂的墙脚，招到大批专业人员。

令人惊奇的是，铅笔厂和钢笔厂比合同规定的期限提前几个月就开工了。不久，该厂就以高工资而闻名苏联，求职信像雪片般飞来，甚至加里宁也写信为他推荐工人。当然，工厂的利润自然像膨胀的雪球，铅笔的年产量 1 亿支，钢笔的年产量 9500 万支，而且产品远销十几个国家。这使哈默又发了一笔横财。

第三章　观念与格局——精准找到
自己的价值

　　一个人永远也赚不到超出自己认知范围的钱，这个世界上聪明的人很多，有知识的人无处不在，但真正能发财的人却很少。为什么？很多人努力一生也难逃打工人的命运，努力工作是很重要，但比努力工作更重要的是观念要新，格局要大。一个人的格局决定了他取得成就的高度，格局大了，才会有无限可能。

低头不是认输，是看清自己的路

　　人生成功的机遇，不在于位置的高低。一个位置很低的人，只要他能正确地认识自己，就能在低处抓住成功的机遇，他的人生同样会取得辉煌的成就。

　　在日本，有一项国家级的奖项——"终生成就奖"。这是一项人人都梦寐以求却又高不可攀的至高荣誉。但曾有一届的"终生成就奖"却在举国上下的期盼和瞩目之中，出人意料地颁给了一位名叫清水龟之助的小人物。

　　清水龟之助是东京一个地位十分卑微的邮差，他每天的工作就是将各式各样的邮件快速而准确地投送到每一个相关的家庭。

　　同那些长期从事着能够推动人类历史快速改革的高尖端科技研究的专家们相比，清水龟之助所从事的这项工作，简直不值一提。然而，就是这位长期从事平淡无奇的邮差工作的清水龟之助，却无可非议地获得了这项殊荣。

　　因为在从事邮差工作的整整 25 年之中，清水龟之助的工作态度始终与他到职第一天的那种认真和投入没什么两样。

在并不短暂的 25 年中，他从未有过请假、迟到、早退、脱岗等任何缺勤情况。而且他所经手投递的数以亿计的邮件，从未出现任何差错。不论是狂风暴雨，还是地冻天寒，甚至在大地震的灾难当中，他总是能够及时而准确地将邮件投送到收件人的手中。

是什么力量支撑着清水龟之助得以数十年如一日，持之以恒地将一件极为普通的工作，铸造成了一项伟大无比的成就呢？

清水龟之助对此不无感慨地说道："我之所以选择了这个地位很低的工作，是因为我能从工作中感受到无穷的快乐。"

愚人总向远方寻找快乐，智者则在自己身旁培养快乐的源泉。从工作中寻找快乐，快乐地从事工作，成功的机遇也会无时无刻地在你身旁。

有一个例子，名字叫茶杯与茶壶的启示。

一个满怀失望的年轻人千里迢迢来到了法门寺，对住持释圆和尚说："我一心一意要学丹青，至今没有找到一个让我满意的老师。许多人都是徒有虚名，有的画技还远不如我。"

释圆听了，淡淡一笑说："老僧虽然不懂丹青，但也颇喜欢收集一些名家精品。既然施主画技并不比那些名家逊色，就烦请施主为老僧留下一幅墨宝吧。"

年轻人问道："画什么呢？"

释圆说："老僧最大的嗜好便是饮茶，尤其喜欢那些造型流畅古朴的茶具。施主可否为我画一个茶杯和茶壶？"年轻人听了之后，说："这还不容易。"于是，他铺开宣纸，寥寥数笔，就画成了一个斜的水壶与一个造型典雅的茶杯。那水壶的壶嘴正徐徐吐出一脉茶水来，注入到茶杯中去。年轻人问道："这幅画你满意吗？"

释圆微微一笑，摇了摇头，说："你画得不错，只是将茶壶与茶杯的位置放错了，应该是茶杯在上，茶壶在下啊。"年轻人听了，笑道："大师为何如此糊涂？哪有茶杯向茶壶里注水的？"

释圆听了，说："原来你明白这个道理啊！你渴望自己的杯子里能注入那些丹青高手的香茗，但茶壶比你低，香茗怎么能注入你的杯子呢？茶杯把自己放低，才能得到一脉水；人只有将自己放低，才能吸纳别人的智慧与经验，从而抓住成功的机遇。"

年轻人思忖良久之后，终于恍然大悟。

不管是多么短暂的相遇，都不要轻视它

日常生活中难免要同众人接触，现代人常常说我们是一个生活在从身份向契约转变的社会，其最大的特征就是我们越来越生活在一个由熟人社会向陌生人社会的转变，因此人们便有种种借口来包裹自己，回避交往，这样才感觉到安全。其实社会这样变化，我们也应该学会变化，学会在陌生人中打交道，要知道相聚就是一种缘分，甚至有可能决定一个人的一生。

汽车旅馆大王菲格特就是一位善于运用人缘的天才。由于他人缘好，别人自然鼎力相助。有一则"电梯里的故事"，很好地说明了他利用人缘成就事业的方法。

他的办公室位于大厦的顶层，所以每次到办公室都必须要坐电梯。一般人都有这样的印象，乘坐电梯就会遇到很多陌生人，由于电梯的空间相对狭小，很多人愿意采用眼睛上眺，注视电梯顶端的办法，尽量避免不相识的尴尬。

可是菲格特不同，他特别喜欢与他们打招呼，不管认识与否。这样就会使乘坐电梯的人彼此避免尴尬。说来也巧，有一位职业妇女是他最常见的人之一。他每次遇见这位女士时，总是礼貌地打招呼"你好"，或"真巧，又遇到你"等此类的客套话。女士开始的时候有些矜持，她显然不知道这个跟他打招呼的人是干什么的，但时间长了，她也知道了对方的真实身份，也就逐渐回应他的问候了，这样两人慢慢就有些熟识了。

终于有一天，他同这位女士就她的服饰拉开了话题，双方的关系也更加融洽了。经过那次交谈之后，他们就开始自然地交往。后来，在一次晚餐上，这位女士把另一个男人介绍给了他。而这个男人正巧有个项目，急于找合伙人。经过交谈后，他们当即拍板，决定促成双方的初次合作。就是这次合作给菲格特带来了一笔意外之财。可见，人缘的魅力是多么巨大。

那么，究竟哪一种人才能为你带来意外的财运呢？虽然没有准确的答案，但是有一点，不管是多么短暂的相遇，都不要轻视它，说不定在不经意中就会有意外的收获。

凭运气赚的钱，都能凭自己的本事亏光

有两个人，一个是体弱的富翁，一个是健康的穷汉，两人相互羡慕着对方。富翁为了得到健康，乐意让出他的财富；穷汉为了成为富翁，随时愿意舍弃健康。

一位世界知名的外科医生研究出了交换人脑的方法，富翁赶紧提出要和穷汉交换脑袋，手术进行得非常成功，穷汉变成了富翁，富翁变成了穷汉。

但不久，变成了穷汉的富翁由于有了强健的体魄，又有着成功的意识，渐渐地又积累了很多财富。但同时，他总是担忧自己的健康，一感到有轻微的不舒服便大惊小怪。由于他总是担惊受怕，久而久之，身体又回到原来多病的状态，或者说，他又回到以前那种富有而体弱的状态中。

另一位新富翁又怎么样呢？他总算有了钱，但身体孱弱。然而，他总是忘不了自己是个穷汉，有着失败的意识。他不想用换脑得来的钱相应地开创一种新生活，反而不断地挥霍着。

钱不久就被挥霍殆尽，他又变成了原来的穷汉。然而，由于他无忧无虑，换脑时带来的疾病不知不觉地消失了，他又像以前那样有了一副健康的身子骨。

最后，两个人都回到了原来的状态。

关于财富，美国石油大王保罗·盖帝曾有过这样一个十分奇妙的设想：若是将目前全世界所有的财富平均地分给每个人，让他们都拥有同样多的财富，他们的经济状况就会有显著的改观。过一段时间之后，有的人会因为豪赌失利而一穷二白，有的人会因为投资失败而一文不名，有的人则会因为受到诈骗而迅速破产。于是财富分配又重新开始了，有些人的钱会变少，有些人的钱会变多。

保罗·盖帝特别强调："我敢打赌，再经过一两年之后，全世界财

富的分配情况将会和没有均分之前没什么两样，有钱的还是那些人，而贫困的人依然不会有所改变。"

最后他得出结论：不管这是命中注定，还是自然法则，总之，有些人的想法和观念一定会比其他人的想法和观念更新颖，更前沿，因而他们所拥有的财富也会更多。

人的智商与财商在很大程度上决定了一个人财富积累的数量，但我们可以经由学习而改变思维模式，以积极的态度来引导自己走上成功之路，而我们的心灵一旦觉醒，财富也就会随之而来。

世界是公平的，回报是合理的，你现在的状况就是你的能力最真实的体现。一个不具备某种能力的人，即使有幸获得某种东西，也迟早会失去。

财富并非永久的朋友，朋友却是永久的财富

在有些人心中，朋友是宝贵的，如果让他们在金钱和朋友中选择的话，他们宁愿选择朋友而不愿选择金钱，在他们看来金钱是可贵的，但朋友更可贵。千金易得，但朋友却难得，所以任何时候都要珍惜朋友。

有个富翁辛苦一生积攒了一笔财富，由于过分操劳，他在 70 岁的时候，身体终于支撑不住了，就在他要见上帝以前，他把自己的 10 个儿子叫到病床前，对他们吩咐自己的遗言。

"儿子们，我曾经向你们保证过在我死后会给他们每人 100 钱币，你们还记得吗？"富翁说。

"记得，但是我们可不是都冲着您的钱来的。"儿子们说。

"本来我已经给你们积攒下了这些钱，可是由于我生病，花了一些，现在只有 950 钱币了。"

"没关系的，爸爸，我们只希望你能够早日康复。"孩子们说。

"哎，岁月不饶人，我只能这样来分配这些财富。"

富翁在说这些的时候，发现孩子们很关心他说话的内容，富翁明白孩子们还是想要这些钱的。于是他说出了自己的分配方法。"我只能给你们中的前九个人每人 100 个钱币。还有你，我最小的儿子，尽管我非常疼爱你，可是我只剩下 50 个钱币了，我还必须拿出 30 个钱币做丧葬费，所以只能给你 20 个钱币。"

　　说到这儿，他看了看最小的儿子，发现儿子没有什么不悦的表情，反而安慰富翁说："没关系的，爸爸，只要凭您教过的本领我一样能过得很好的。"

　　富翁放心了，接着说："不过我还有一笔更重要的财富交给你。"

　　还有重要的财富，一听到这儿，那些孩子都有些妒忌自己的弟弟了。

　　富翁接着说："我有 10 个朋友，准备都给你，你愿意要吗？"

　　"当然愿意要了，我知道友谊比财富更重要。"

　　富翁告诉了自己那 10 个朋友的联系方式，然后咧了咧嘴，平静地走了。这十个孩子一起埋葬了父亲，然后他们各自谋生，最小的儿子也慢慢地花着父亲留给他的 20 个钱币。当他剩下最后一个钱币的时候，决定向父亲的朋友请求帮助。他把父亲的朋友们邀请到自己住的地方，美餐一顿。席间，这些人很快就谈论到了他的父亲——已经故去的富翁。

　　这些人都很感动，纷纷说："在这么多兄弟中只有小儿子是唯一还记得我们的人。让我们对他仁慈一些，报答他对我们的好意。"于是，他们给了富翁的小儿子一只怀了牛犊的母牛和一些钱。母牛产下小牛，富翁的小儿子卖了小牛，开始用换回来的钱做生意，不久他便成了大富翁。

也许今天的一半分享会让你在明天得到全部

　　一棵大树上落了一只嘴里衔着一大块食物的乌鸦。

　　不一会儿，许多乌鸦成群飞来，它们全都落下来，一声不响，一动不动。

　　那只嘴里叼着食物的乌鸦已经很累了，很吃力地喘息着，它不可能一下子就把这一大块食物吞下去，也不能飞下去在地上从容不迫地把这块食物吃掉。它只好停在那儿，保卫嘴里的那块食物。

　　也许是因为嘴里叼着食物呼吸困难，也许是因为以前它被大家追赶，已经弄得精疲力竭，只见它摇晃了一下，嘴里的那块食物突然落到地上去了。

　　于是，一直等在一旁的那些虎视眈眈的乌鸦全都扑了上去。

最后，经过一场混战，一只非常机灵的乌鸦（这当然是另一只乌鸦）抢到了那块食物，并立刻展翅飞去。头一只被追赶得精疲力竭的乌鸦也在跟着飞，但已经明显地落在大家后头了。

结果第二只乌鸦也像第一只乌鸦一样，被追赶得精疲力竭地落到了一棵树上，它同样也失去了那块食物，于是又是一场混战……

成功的果实需要大家共同分享，企图独自占有者将会劳而无获，而懂得分享者则会获得更多。

美国有个地方每年都要举办一次南瓜大赛。有一位农夫是获奖大户，而且在得奖之后，他会毫不吝惜地将自己千辛万苦研究出来的优良种子赠送给街坊邻居。

别人都说他傻。

一位好心的异乡人就劝他："每次比赛之前，你都要投入大量的财力和精力改良品种，为什么得奖后还那么慷慨地将种子送给别人呢？而且同行是冤家，他们可都是你的直接竞争对手啊！"

农夫看着这位真诚的异乡人，说："谢谢你的好意。我之所以将种子大方地送给大家，是因为我认为帮助大家其实也就是帮助我自己！"

农夫进一步解释说："我们所居住的这个城镇，是典型的农村形态，家家户户的田地都毗邻相连。如果我把得奖的种子赠送给邻居们，既能改良他们南瓜的品种，又可以避免蜜蜂在传递花粉的过程中，将他们的较差的品种转而传递给我，那样的话，我就能专心致力于改良品种了。如果我把得奖的种子私藏起来，那么邻居们在南瓜品种的改良方面势必无法跟上，蜜蜂就容易将那些较差的品种传递给我，那样的话，我就必须在防范外来花粉方面花费大力气和大资金。"

表面上看，农夫和他的街坊邻居们是竞争对手，然而从另一方面来看，他们又是一种微妙的"合作伙伴"关系。在全球经济一体化的今天，像这种既竞争又合作的关系日益明显，很多时候，竞争的前提恰恰是合作。

要让金钱当你的奴隶，而不能让你当金钱的奴隶

金钱是柄双刃剑，它既能使你富甲天下，也可以使你举步维艰。

你对它吝啬，它对你也吝啬；你对它慷慨，它对你也慷慨。对于金钱，我们既要重视，也要轻视。只有懂得施与的人，才更容易获得。如果一个人拥有了巨额财富却不知道用心行善，那他还不如一介草民，他的财富也将会因为贪婪而被葬送。

前世界首富比尔·盖茨是个赚钱能人，但他视金钱为货币符号，不停地向公益事业捐款。像这样的赚钱能人才算是真正的富豪，因为他不仅拥有富可敌国的财产，还赢得了无数人的尊敬和爱戴。

对待金钱的正确态度是：从自己的收入中提取适当比例去救济那些需要帮助的人。为什么这么说呢？第一，你取之于社会，也应用之于社会；第二，这样做对你和别人都有意义。但最重要的是，你这样做无异于告诉别人也告诉自己：人人头上有片天，只要自己肯努力，一定能开创自己美好的未来。

你打算何时提取适当比例的收入去救济那些需要帮助的人呢？难道要等到你有钱了，或是有名了？不要这样，你要从有收入之日起便开始这样做。因为你的施与就像播种一样，会帮助那些得到你帮助的人重新燃起希望之火。在你的周围有许多需要帮助的人，当你向他们伸出援助之手，你就会对自己有另一番肯定，你的生命也不再是为了满足自己的需要而存在。

不管你能赚多少钱，都不比助人时得到的那种快乐多；不管你能取得多少投资收益，也都不比提取适当比例的收入助人时得到的那些报偿多。当你这么做以后，你对金钱会有更深刻的认识，知道金钱能买到许多东西，但也有许多东西是金钱买不到的。提取适当比例的收入去救济那些需要帮助的人是必要的，但更重要的是，你必须向他们指出：人生并不是一成不变的，而是蕴含着无穷的机会，唯有激发出自己的潜能，方能拥有富足的生活。当你领悟了金钱的真谛后，回报你的不仅是物质上的收益，还有心灵上的慰藉和精神上的满足。

金钱跟其他东西基本上没有两样，既然取之于社会，就应用之于社会。你对他人伸出援助之手，他人也肯定会对你心生感激，从而为你带来更多、更大的财富。所以，对于金钱，你可以用它，但千万不要为它所用，也不要让金钱在你的心里占据独尊的地位，只知获取，不知付出。

不管你能赚多少钱，也不管你能施与别人多少恩惠，只要你有这么一颗善心，自然而然就会收获一分回报。

金钱都长着翅膀，有时将它放出去才能带回来更多

洛克菲勒在最初创业时，与比他大 12 岁的克拉克合伙创办了一个贸易公司。当时两人各出资 2000 美元，头一年就经销了 45 万美元的货物，收益颇丰。

在公司成立的前两年里，克拉克负责采购和销售，洛克菲勒负责财务和行政，两人合作还算默契。克拉克曾赞扬洛克菲勒的认真，说他"有条不紊到了极点，常常把数字计算到小数点后三位"。

但是克拉克依仗自己年龄大，在商场上混的时间长，总是以"老大哥"的身份自居，动不动就教训洛克菲勒不懂人情世故。面对他一副自鸣得意的样子，洛克菲勒不以为然，尽职尽责地做着自己的工作。就在洛克菲勒领导他的公司走向石油领域，准备大展宏图的时候，他与合作伙伴克拉克在经营上产生了矛盾。克拉克虽然对公司业务还算尽心尽力，但在需要做出重大决策的关键时刻，他却往往举棋不定，耽误了许多生意。一向冷静的洛克菲勒对此大为光火，他们两人在决策上的争执逐渐频繁起来，有时甚至相持不下。

洛克菲勒和克拉克的矛盾终于在是否扩大在石油领域的投资上爆发了。洛克菲勒要从公司拿出 1.2 万美元投资于石油业，而克拉克则认为这是在拿公司的命运开玩笑，坚决不同意。

1865 年，洛克菲勒认为克拉克不适合做自己的长期合作伙伴，于是痛下决心，承诺在经济利益上对克拉克做出重大让步，并通过内部拍卖与克拉克争夺公司的控制权。最后，洛克菲勒以 7.25 万美元赢得了这一仗，获得了公司独立经营权。

这一决定被洛克菲勒视为自己平生所做的最大决定，正是这一决定改变了洛克菲勒一生的事业，也使他身边的伙伴最紧密地团结在他周围，为了洛克菲勒家族这艘巨大的战舰驶向世界商海而齐心协力，奋战于惊涛骇浪之中。长痛不如短痛，在财富积累的过程中，对于有碍于获取更多发展机遇与更大经营利润的昔日功臣，最好的办法就是分出小钱，赢得大利。

第四章　时间与效率——让你的时间更值钱

　　富人总是拿钱买时间，而穷人总是用时间换钱。如果你想成为人上人，那么你的时间一定要比其他人值钱。如何管理好自己的时间呢？许多人常说：时间本身并不能管理。但是，我们可以通过自身行为的转变，通过对某些理念的践行，让未来的时间更具意义，让自己的时间变得更值钱。

珍惜生命的方法是爱惜每一分钟

　　每个人的生命都是由时间组成的，如何对待时间呢？每个生命的主人当然都有自己的主张。对于聪明的人来说，时间就是财富。所以他们特别强调守时，与人约会一定会守时，工作上要求自己在规定时间内一定要把任务完成。

　　我们要做时间的主人，要支配时间，而不是打发时间，空耗时间。

　　犹太人的时间观念非常强，他们把时间看成是有价值的财富。如果你跟犹太人谈论时间，他会详细给你计算时间的价值，假如你是一位月入 10 万美元的富人，那么你的工资为每日约 3333 美元，那么每分钟约为 2.3 美元。假如你无所事事或者被别人打扰浪费了 10 分钟的话，那就相当于损失了 23 美元。

　　犹太人重视时间，且对时间有着严格的区分，什么时间是工作时间，什么时间是休息时间。工作中他们从不进行无聊的会客，也不允许任何外人的打扰。

一旦犹太人规定了工作时间，就严格遵守。下班铃声一响，老板可以继续工作，而秘书则会立刻起身回家，因为这是他自己的时间了。上班时间，是工作决定自己；下班时间，则是自己决定时间。

重视时间，还表现在他们可以不避讳谈论生死。犹太人在正式的场合，会非常郑重地谈论自己和别人的寿命。"先生，今年 70 岁了吧，大概还可能再活 5 到 10 年左右！"谈论死亡也许是一个非常不吉利的话题，甚至在有些国家和民族那里，还会招来对方的白眼。而犹太人却很坦然，他们认为人生下来后就注定会死亡，死亡只是生命的一部分，大可不必对死亡如此恐惧。

中国人常说"活到老，学到老"；而犹太人则会说"活到老，赚到老"。犹太人对死亡的态度是客观和冷静的，一旦知道还能活几年，就会抓紧这几年享受赚钱带来的快乐。

思考一下，一天中做了什么，是正号还是负号

有人把积压"未决"文件的人视作无能之辈。他们认为，一个不能够及时处理文件的人，根本就谈不上有能力，必是无能之辈。

在他们的办公桌上，你看不见"未决"的文件。在他们看来，办公桌上的待批文件如果积压，就会对重大事情造成影响。这些文件有商业往来的信件、商业函件等，它可能提供商业信息、请求商业往来或有关商品交易，等等。每个信件，都包含着一条信息，给人提供赚钱机会。如果把这些亟待回答的文件积压在办公桌上，过一段时间后再来处理，很可能为时已晚。因为对方的时间是宝贵的，当对方迟迟等不到消息时，便有可能另觅合作伙伴去了。所以，他们对自己手中的文件都极其重视。

在他们的上班时间里，专门安排了处理文件的时间。他们一般是把上班后大约 1 个小时的时间当作专门处理文件的时间。在这段时间里，将昨天下班到今天上班之间所接到商业函件的回信，用打印机打好发出去。在这段时间里，是不让外人打扰的。这样他们才能集中精力处

理这些文件，以求高质量、高效率。

"马上解决"是他们的座右铭。因此，他们非常注重处理文件的时间。他们认为，拖延工作，是最可耻的事，尤其是处理自己的生意问题时，绝不把问题遗留到明天，绝不拖延，总是按照"每天都有每天的计划"办事。因此，你也不妨思考一下，一天中都做了些什么。

老天给了我们同样的时间，却让我们自己去安排

时间对于每个人都是公平的。一年 365 天，一天 24 小时，一小时 60 分钟，一分钟 60 秒，对每个人都一样。但由于人们对待时间的态度不同，因此就有不同的结果。有的人 24 小时浑浑噩噩地度过，有的人 24 小时精打细算地过，让每一分每一秒过得都有价值。珍惜时间的人，不仅延长了生命，而且使生命更具意义；浪费时间的人到最后只能两手空空，一事无成，徒增伤悲，空余叹息。你善待时间，就能在岁月的沉淀中收获满满；你挥霍时间，时间就会在你不经意间悄悄溜走。那些生命中细碎零散的时光，是你走向成功不可或缺的拼图。

两个美国商人去大洋彼岸出差，乘坐飞机也要一天一夜的时间。

刚上飞机的时候，第一个人就开始抱怨，这么长的时间不知道如何打发。飞机起飞后，他就显得烦躁不安，一会儿发牢骚，一会儿睡觉，一会儿吃零食，一会儿上厕所，一会儿闲聊，做了这么多事情，就是没有一件事情能让他安下心来的。因此，这一天的时间对他来说度日如年。

第二个人是这样安排他在飞机上的时间的：先花半天的时间阅读，然后吃午餐，稍作休息，接下来花两个小时听音乐，然后花一个小时看窗外的风景，顺便思考一些问题，吃了晚餐和同事聊天，探讨一下这次出差的相关问题，最后开始闭上眼睛休息，一觉醒来飞机已经安然落地。

走出飞机，第一个人叹了一口气："终于到了。"

第二个人却说："想不到这么快就到了。"

有的人让等待有意义，而有的人让等待虚度。这个故事告诉我们

合理安排自己的时间的重要性。一个不会管理时间的人总是在浪费时间，一个懂得管理时间的人则会珍惜时间。

时间有一个特点，即一去不复返。因此，著名科学家富兰克林把时间比作生命；我国现代伟大的文学家鲁迅先生把浪费别人时间比作"谋财害命"，把浪费自己的时间比作"慢性自杀"。可见时间的珍贵。因此我们应该学会做时间的主人，使每年、每月、每天、每小时、每分钟都过得有意义，让每一秒钟都成为我们创造辉煌人生的基石。

巨晓林为中铁电气化局第一工程有限公司接触网第六工程段职工、班组技术员，参加工作 23 年，先后参加了北同蒲线、鹰厦线、大秦线、京郑线、哈大线、迁曹线、京沪线等十几条国家重点电气化铁路工程的施工。

他喜欢写诗，喜欢画画，更喜欢将工作中的经验方法记录下来。23年的工作中，他整理了 70 多本、230 多万字的笔记，创新施工方法 43项，创造经济效益 600 多万元；他主编的《接触网施工经验和方法》，被配发给数千名接触网工作者作为工具书。

巨晓林身上总带着三件宝——图纸、工具书、笔记本。有一年中秋节，工地放假半天，他和工友们出去逛街采购生活用品，同伴走着走着却不见了巨晓林的踪影。大家一边喊、一边找，只见巨晓林正蹲在一个摩托车修理摊位前看人修车，向修车师傅请教汽油机的工作原理呢！跟他同住一个寝室的工友回忆起那时的情景，感慨万千："老巨学技术那叫玩命，每天他比别人早一个钟头起床，晚一个钟头睡觉。不管多么辛苦，他一点都不放松。他的枕头下面藏着一个小闹钟，他恨不得一天当成两天用。"老巨淡然一笑："在那个年代，我一个农家子弟能找到这样的工作很不容易，所以，我非常珍惜和热爱这份来之不易的工作机会，从一开始就暗暗下决心要干好。"20 多年来，巨晓林就是凭借这股钻劲攻破了一个个难题。他白天在施工中跟着师父学，晚上放下饭碗又攥着师父问，就连师父喝茶聊天的时候，他也蹲在一旁，不厌其烦地问些接触网安装的技术要领。至今，他记了几十本读书笔记和施工日志，熟练掌握了接触网上下部施工技能，并具有解决接触网施工中的复杂问题和指导本工种高级工技能操作的能力，成为全国铁路电气化施工行业出类拔萃的能工巧匠。

巨晓林常说："当好工人，既要苦干实干，更要敢想敢干、巧干会干。"近几年，我国铁路电气化事业蓬勃大发展，在他看来，随着铁路电气化技术快速发展，原有的工艺工法必须不断地加以改进才能提高工作效率，保证安全质量。巨晓林以技术工人的身份参加技术攻关组，他凭着深厚的知识功底和丰富的实践经验，与工程技术人员一起研制开发出了具有本企业自主知识产权的系列计算软件，用"施工程序化、预配工厂化、计算微机化、检测科学化"确保了接触网支柱结构安装、软横跨安装、整体吊弦悬挂调整和承力所导线架设"四个一次到位"。技术的革新大大提高了接触网施工的生产率。20多年来巨晓林凭借着对国家电气化事业的不懈追求，用实际行动，在平凡的岗位上干出了不平凡的事情。他惜时如命，自强不息，奋发进取，实现了从一名农民工到"专家职工"的跨越，并先后荣获中铁电气化局集团"京沪线建设功臣"、北京市"知识型职工先进个人"等荣誉称号和全国五一劳动奖章。

成功属于珍惜时间的人，你若想在人生的征途中取得丰硕的收获，必须辛勤地耕耘，付出极大的心血和劳动。时间很公平，会给你一个公平的结果，只要我们珍惜时间，时间就会厚爱我们，回报我们。

同样的一刻钟，利用了就有价值，浪费了就一文不值

一天，在富兰克林报社前面的商店里，一位犹豫了将近一个小时的男人终于开口问店员："这本书多少钱？"

"一美元。"店员回答。

"一美元？"这人又问，"你能不能少要点？"

"它的价格就是一美元。"没有别的问答。这位顾客又看了一会儿，然后问："富兰克林先生在吗？"

"在，"店员回答，"他在印刷室忙着呢。"

"那好，我要见见他。"这个人坚持一定要见富兰克林。

富兰克林被叫了出来。

这个人问："富兰克林先生，这本书你能卖出的最低价格是多少？"

"一美元二十五分。"富兰克林不假思索地回答。

"一美元二十五分？你的店员刚才还说一美元呢！"

"这没错，"富兰克林说，"但是，我情愿倒给你一美元也不愿意离开我的工作。"这位顾客惊异了。他想，算了，结束这场自己引起的谈判吧。

"好，这样，你说这本书最少要多少钱吧。"

"一美元五十分。"

"又变成一美元五十分？你刚才不是说一美元二十五分吗？"

"对，"富兰克林冷冷地说，"我现在能卖出的最好价钱就是一美元五十分。"

这人默默地把钱放到柜台上，拿起书出去了。这位著名的物理学家和政治家给他上了让他终生难忘的一课：对于有志者，时间就是金钱。

利用好时间是非常重要的，我们如果不好好规划一下一天的时间，一天就会白白浪费掉，就会消失得无影无踪，我们就会一无所成。经验表明，成功与失败的界线在于怎样分配时间，怎样安排时间。人们往往认为，这儿几分钟，那儿几小时没什么用，其实它们的作用很大。

富兰克林曾说："你热爱生命吗？那么别浪费时间，因为时间是组成生命的材料。记住，时间就是金钱。假如说，一个每天能挣 10 个先令的人，玩了半天，或躺在沙发上消磨了半天，他以为他在娱乐上仅仅花了 5 个先令而已。不对！他还失掉了他本可能挣得的 5 个先令。……谁杀死一头生仔的猪，那就是消灭了它的一切后裔，以致它的子孙万代；如果谁毁掉了 5 先令的钱，那就是毁掉了它所能产生的一切，也就是说，毁掉了一座英镑之山。"

富兰克林的这段话通俗而又直接地阐释了这样一个道理：如果想成功，必须重视时间的价值。

现在许多人都知道"时间就是金钱"这句名言，但却很少有人能理解"时间就是财富"。

"时间就是财富"不仅是一般理论描述，而且是现实生活的反映。在现代社会经济生活中，时间的确是财富，你抓住了时间就得到了财富，你放纵了时间，财富就从你手中溜掉了。

据说，在瑞士，婴儿一出生，就会在户籍卡中为孩子登记姓名、性别、出生时间及财产等诸项内容。这里特别有趣的是，所有的瑞士人在为孩子填写拥有的财产时，写的都是"时间"二字。

中国却不然，几千年来，所有做父母的都认为孩子降临人世时一无所有，因此，一代代人沿袭"赤条条来"之说。孩子既然是可怜到身无寸缕，那么，做父母的就得终身当牛做马地为儿孙劳碌奔波，给孩子穿金戴银，为孩子攒钱聚财。

这个世界好像很不公平，有人出生在富贵人家，有人出生在贫寒小户。其实，这个世界又是公平的，不论是东方出生的孩子，还是西方出生的孩子，从降临人世的那一刻起，他们都拥有同样多的时间——一生。只不过不同的人对时间有不同的理解。你可以用时间开发书山学海，他可以用时间聚赌玩牌；你可以支出自己的时间披星戴月，在工作岗位上挥洒汗水，他可以支出自己的时间在 KTV 酒吧泡它个昏天黑地。而成功者则往往是那些利用"别人喝咖啡的时间工作"的人。

那么，瑞士人在"财富"一栏里为出生的婴儿填上"时间"二字，是因为充满自信？而中国人认为人是"赤条条来"，是因为过于悲观？

支出时间，所获得的结果是多元的。然而，人类价值取向的大趋势总是朝文明、先进的方向发展，甘愿支出时间而获得贫穷、堕落、无知和犯罪的人毕竟是极少数。正因为如此，世界上贫穷拮据的父母们，不必因为没有万贯家财留给孩子而遗憾；腰缠万贯的父母们，也不要因为拥有钱财而对孩子的未来盲目乐观。

奥莱夫的父母是瑞典西部伐姆兰省乡下最贫苦的佃农，他出生的时候家里最值钱的就是一杆鸟枪和三只鹅。他那身着华丽甲胄的表叔抱着宝贝儿子帕尔丁讥笑他的父母："你那儿子注定是看鹅的穷鬼！"奥莱夫的父母气愤地说："我们的奥莱夫是富翁，只需支付 20 年时间，他就会雇你的帕尔丁当马夫。"

奥莱夫从 6 岁起就读路德的《训言集》，上中学后，他就懂得把时间分配得十分精密，使每年、每月、每天和每小时都有它特殊的意义。一次，他在作文里写下："谁盗窃奥莱夫一分钟的时间，谁就是在盗窃瑞典！"老师高度评价他："将来一定是国家的栋梁！"20 岁的时候，奥莱夫果然创造了一项重大发明，成为瑞典出类拔萃的科学家。

时间就是生命，时间就是财富。对时间的计算，就是对财富的计算，对生命的计算。把握时间就是把握生命，就是把握财富！

人生有一道难题，那就是如何使一寸光阴等于一寸生命

世间什么最宝贵？大多数人的回答是生命。因为生命是相同的，而衡量每个人生命的标志就是时间，所以人们会说："珍惜时间，就是珍惜生命。"

有一个人移民美国后，经过一番艰苦奋斗，当上了大学教师，并且很快成为该校终身教授。对于他的成就，很多人都羡慕不已。人们都想知道为什么他能如此迅速取得这样巨大的成绩。而对这个年纪轻轻但成就非凡的教授来说，盛名之下，他还是保持着谦虚的自我。

他每次上课的时候都戴着一块手表，当然表是每个教师的必备的工具，可以看看时间，然后控制授课的时间和内容。但与其他人不同的是，他的这块表背后刻写着四个字："珍惜时间。"也许你会说这没有什么不同呀！确实没有什么不同，可是对于这个人来说，珍惜时间的意义重大。每学期的第一节课他都要做同样的一件事，那就是给学生看他手表背面的四个字，并告诉学生们每个人都要懂得珍惜时间，然而每当老师把这块手表拿给学生们看时，大家都不以为然，说太俗套了，根本没有新意。

老师见学生们无动于衷，就告诉学生说："俗话说'时间就是金钱'。这话没错，但我更认为时间比金钱贵重，因为金钱可以储蓄并生息，而时间却丝毫不能储存，它一刻不停地向前奔跑，而且一去不复返。'时间就是金钱'这句话，应该改为'时间就是生命'，或者'时间就是人生'。有四种维度可以测量人，即金钱、美酒、女人以及对时间的态度。金钱、美酒、女人都可以失而复得，可是时间却不能失而复得。那些珍惜时间的人，他的生命将得到辉煌。"

当学期结束时，老师还会对他们说："你们还记得我对你们说的关于时间的话吗？"学生们照例嬉笑一番，老师也不以为过，接着对他们说："常人对金钱、美酒、女人是重而又重，可是却忽略了时间的重要性，总以为我们还有大量的明天，于是把时间浪费在空虚和无聊中，所

以请大家记住这些话。"学生们嘴里应和着，可并未放在心上。

　　说来奇怪，当时学生们并不理解这些话，可是日后却在他们的人生旅途中，当他们不止一次面临如何对待时间的问题时，他们这才理解了老师当年的苦口婆心，他们这时候才对这位老师充满了敬意。也许这就是这个老师的成功之处吧。

附录

富翁大佬关于财富的忠告

世界上最伟大的推销员

乔·吉拉德被誉为世界上最伟大的推销员，他在 15 年中卖出了 13001 辆汽车，并创下一年卖出 1425 辆（平均每天 4 辆）的记录，这个成绩被收入《吉尼斯世界大全》。那么你想知道他推销的秘密吗？他讲过这样一个故事：

一位中年妇女走进我的展销室，说她想在这儿看着车打发一会儿时间。闲谈中，她告诉我她想买一辆白色的福特车，就像她表姐开的那辆，但对面福特车行的推销员让她过一小时后再去，所以她就先来这儿看看。她还说这是她送给自己的生日礼物："今天是我 55 岁生日。"

"生日快乐！夫人。"我一边说，一边请她进来随便看看，接着出去交代了一下，然后回来对她说："夫人，您喜欢白色车，既然您现在有时间，我给您介绍一下我们的双门式轿车——也是白色的。"

我们正谈着，女秘书走了进来，递给我一打玫瑰花。我把花送给那位妇女说："祝您长寿，尊敬的夫人。"

显然她很受感动，眼眶都湿了。"已经很久没有人给我送礼物了。"她说，"刚才那位福特推销员一定是看我开了部旧车，以为我买不起新车，我刚要看车他却说要去收一笔款，于是我就上这儿来等他。其实我只是想要一辆白色车而已，只不过表姐的车是福特，所以我也想买福特。现在想想，不买福特也可以。"

最后她在我这儿买走了一辆雪佛莱，并写了一张全额支票，其实从头到尾我的言语中都没有劝她放弃福特而买雪佛莱的词句。只是因为她在这里感到受了重视，于是放弃了原来的打算，转而选择了我的产品。

[大佬的忠告] 真诚是推销员的第一步，真诚而不贪婪，是推销员的第一准则。记住，当你予人好处的时候，影响就会像滚雪球一样越滚越大，你的钱包自然会渐渐鼓起来。

黄斌的第一桶金

这是一个发生在中国 IT 业老板身上真实的故事，主人公是北大方正总裁黄斌。

1993 年，黄斌在中关村与人合租了一个小门面攒机子，那时他们的资金只有 3000 块，在这种环境下，他也算做起了自己的 IT 业。

第一笔生意居然是一个 20 万元的单子，当时一个东北人攒机子，听到黄斌的报价后这个东北人简直不相信自己的耳朵，因为简直低得难以想象！谁知签完单子后黄斌才发现自己把报价报错了。这就意味着，假如他继续做这笔买卖，他将赔进去 1 万多块钱，要知道，他的家底只有 3000 块。

这时候他犹豫了，因为放在面前的有三条路，第一条是守信誉，做一个诚信的人继续把生意做完，就算赔掉了脑袋也要做。第二条是和对方讲明原因，让他把差价补上。第三条是把这笔单子推出去，就说做不了。

经过几天的思考，他再三权衡，然后对自己做出了一个最重要的承诺：走第一条路。

真是塞翁失马，焉知非福，那个东北人知道后感动了好久，接着就把 100 万的活给了他，而此时中关村电脑配件和小孩子的脸一样变得很快，价格已经狂降了下来。可想而知，黄斌用自己的诚信赢得了什么，岂止是几十万，因为以后，他用这笔资金打开了市场，终于成了 IT 业的精英人物。

后来有人和他开玩笑，问他淘到的第一桶金赚了多少钱？他总是说，我没有赚，而是赔了一万多，但是，我却淘到了一桶成色十足的金子，那就是诚信。

[大佬的忠告] 做生意成功的第一要诀就是讲诚信，诚信像是树木的根，如果没有根，树木就别想有生命了。

玫琳凯的激情活力

玫琳凯是美国著名的女企业家，她以 5000 美元起家，用 30 年的时间，创建了一个年营业额达 20 亿美元的化妆品帝国。玫琳凯在管理公司时非常注意激发部下的热情活力，让他们充满激情地投入到工作中去。她说，之所以这样是因为有一个故事给了她莫大的启发。

有一次，玫琳凯邀请了一位著名人士给公司员工作演讲。但是他的班机晚了点，因而在他到达之前，作为主持人的玫琳凯不得不安排其他节目，并亲自上台演讲，直到得到暗示说他已经到达后台。

当玫琳凯在台上介绍这位先生时，却发现他在后台捶打着自己的胸膛，不断地跳上跳下，看上去就像一只大猩猩！玫琳凯心中忐忑不安：我的天！我正在这里说这些赞美之词，而他却如此"发作"。

当这位先生上台演讲时，他神采飞扬，充满激情，演讲极其精彩，效果出乎意料地好。事后，玫琳凯问他："你几乎把我吓了个半死。你为什么要在后台那样捶胸顿足，而且上蹿下跳？"

"玫琳凯，"他说，"我的工作就是激励别人，但有些时候我自己却很糟糕。比如今天，飞机误点搞得我心绪烦躁，又很疲惫。但我知道你们正期待着一位有激情、有活力又满怀热忱的演讲者，尤其是当看到观众席上那些充满希望的面孔时，我更觉得我不能向你们诉苦，我必须呈现出一副很有活力的样子。而我发现，只要做一些练习和捶自己胸膛就可以让自己热血沸腾，我的感觉也就好多了。"

［大佬的忠告］用一些简单易行的方法使自己每天保持着激情活力，这样不但使别人喜欢与你相处，而且也有助于提高自己的工作效率。

退学的医生——迈克尔·戴尔

有一个男孩，父母希望他能成为一位体面的医生。可是男孩读到高中便被计算机迷住了，整天鼓捣着一台十分落后的苹果机，他把计算机的主板拆下又装上。

男孩的父母很伤心，告诉他，他应该用功念书，否则根本无法立足社会。可是，男孩说："有朝一日我会开一家公司。"父母根本不相信，还是千方百计按自己的意愿培养男孩，希望他能成为一位医生。

不久，男孩终于按照父母的意愿考入了一所大学的医科，可是他只对电脑感兴趣。第一学期，他从当时零售商处买来降价处理的 IBM 个人电脑，在宿舍里改装升级后卖给同学。他组装的电脑性能优良，而且价格便宜。不久，他的电脑不但在学校里走俏，而且连附近的法律事务所和许多小企业也纷纷来购买。

第一个学期快要结束的时候，他告诉父母，他要退学。父母坚决不同意，只允许他利用假期推销电脑，并且让他承诺，如果一个夏季销售不好，那么必须放弃电脑。可是，男孩的电脑生意就在这个夏季突飞猛进，仅用了一个月的时间，他就完成了 18 万美元的销售额。

他的计划成功了，父母很遗憾地同意他退学。

他组建了自己的公司，打出了自己的品牌。在很短的时间内，他良好的业绩引起投资家的关注。第二年，公司顺利地发行了股票，他拥有了 1800 万美元的资金，那年他才 23 岁。

10 年后，他创下了类似于比尔·盖茨般的神话，拥有资产达 43 亿美元。他就是美国戴尔公司总裁迈克尔·戴尔。

比尔·盖茨曾经亲自飞赴他的住所向他祝贺，比尔·盖茨对他说："我们都坚守自己的信念，并且对这一行业富有激情。"

每项奇迹的开始总是始于一种伟大的想法。或许没有人知道今天的一个想法将会走多远，但是，我们不要怀疑，只要沉下心来，努力去做，让心中的杂音寂静，你就会听见它们就在不远处，而且伸手可及。

　　[大佬的忠告] 比尔·盖茨和迈克尔·戴尔是新经济时代的两个经典神话：他们都中途退学，都成为世界上顶尖的大富豪。也许他们的传奇经历并没有普遍意义，但至少可以告诉我们一点：做你真正喜欢的事业，不要让传统观念束缚你。

李嘉诚和一枚硬币

　　一次，在取汽车钥匙时，李嘉诚不慎丢落一枚 2 元硬币。硬币滚到车底。当时，若汽车开动，硬币便会掉到坑渠里。结果，李嘉诚及时蹲下身子想要拾取。此时旁边一名印度籍值班见到，立即代他拾起。李嘉诚收回该硬币后，竟给他 100 元酬谢。李嘉诚对此的解释是："若我不拾该 2 元，让它滚到坑渠，该 2 元便会在世上消失。而 100 元给了值班，值班便可将之用去。我觉得钱可以用，但不可以浪费。"

　　这件小事说明了李嘉诚的一种理财哲学，也说明了他的思维风格，这就是用社会总净值的增损来判断个人行为合理与否。只要社会总净值增加了，自己损失一点也不算什么；如果社会总净值减少了，自己即使收获了一定的财利也是损失。

　　不要小觑了着眼社会总净值的思维方式，这是关系到国家富强的大问题。亚当·斯密在《国富论》中有这样一个重要论点：人以自利为出发点对社会的贡献，要比意图改善社会的人的贡献大。这样的"自利"或者说"自私"就有几分可爱了。因为如此，"自利"能给别人带来利益，自己的"利"和别人的"利"加起来，社会总净值必然增加，国家自然富强。

　　中国传统社会是一个"不患寡而患不均"的社会。"不患寡"，就是不怕社会积弱；"患不均"，就是怕别人比自己好。别人好了，我要想办法让他不好，虽然这样做我也没利。"内耗"的结果是没有"利"的，我和没有"利"的别人组成了一个平均型的"寡"的社会。用社会总净值衡量，也能说明制造假冒伪劣产品的行为为什么可恶。制假贩假的人可能获利，但假货造成的资源和人力成本的浪费，最终造成的是社会总净值的减少。如果任其发展，势必削弱国力，一部分借此先富起来的人和其他被剥夺了财富的人组成的是一个不均型的"寡"的社会。

李嘉诚的境界是富国的境界。他的心态既是传统文化的异质，也是不规范的市场经济文化的异质，值得我们好好揣摩。

[大佬的忠告] 细节之中蕴藏着大道理。李嘉诚看似简单甚至有点作秀嫌疑的动作中，隐含的是他充满智慧的思维风格，这其中的学问确实值得我们好好学习。

诚实的日本大企业家小池

日本大企业家小池曾说过：做人做生意都一样，第一要诀就是诚实。诚实就像树木的根，如果没有根，那么树木也就没有生命了。

小池自身的成功也证明了这一点。

小池出身贫寒，20岁时在一家机器公司当推销员。有一段时期，他推销机器非常顺利，半个月内就同33位顾客做成了生意。之后，他突然发现他现在所卖的这种机器比别家公司生产的同样性能的机器贵一些。他想：如果客户知道了，一定以为我在欺骗他们，会对自己的信用产生怀疑。于是深感不安的小池立即带着合约书和订单，整整花了三天的时间，逐户拜访客户，如实向客户说明情况，并请客户重新考虑选择。

这种诚实的做法使每个客户都很受感动。结果，33人中没有一人解除合约，反而成了他更加忠实的客户。

[大佬的忠告] 如果你在一件小事上骗了我，那么我就会对你整个人产生不信任；如果你的一个产品有问题，那么你的全部产品都会受到怀疑。

苹果与惠普的巧合

车库是用来做什么的？用来停放车辆的，当然是这样。但是，除此之外，它还有其他的用途。

先来看一看第一代苹果个人电脑诞生的经过。那时，斯蒂文·乔布斯和斯蒂芬·沃兹尼亚克卖掉了一辆老掉牙的大众牌汽车，得到了1500美元。这些钱能做什么？可能刚好够一次不太愉快的西部之旅。但是，对于斯蒂文·乔布斯和斯蒂芬·沃兹尼亚克这两个正琢磨开一家公司的人来说，这点钱甚至无法支付办公室的租金。两个年轻人只好在一个车库里安营扎寨。然而正是在车库里，苹果电脑诞生了。一个电脑业的巨子迈出了第一步。

这绝对是一次冒险。因为两个毛头小伙子所要面对的竞争对手是国际商用计算机公司（IBM）——一个财大气粗的巨无霸。1500美元，对IBM来说，还能叫钱吗？还有那个肮脏的车库，它能被叫作厂房吗？

但是，从车库里诞生的苹果电脑，成功地从IBM手里抢走了荣耀和财富。

斯蒂文·乔布斯和斯蒂芬·沃兹尼亚在车库时的经历，正是许多起步阶段的年轻人的共同处境：有想法没办法。

当然，这种情况下，并不是无所作为。对于斯蒂文·乔布斯和斯蒂芬·沃兹尼亚克来说，车库里同样可以产生奇迹。

无独有偶，同样的故事也发生在美国，也在车库里。

1938年的时候，两位斯坦福大学的毕业生惠尔特和普克德，在寻找工作的过程中尝尽了求助他人谋生的艰辛，同时，他们还看到了许多人因为找不到工作而陷入困境的惨状，忽然领悟到一个人生哲理：与其处处求人找工作，不如自己去开创一番事业，为别人创造工作的机会！

于是，他们摆脱了受雇于人的想法，决定合伙开创自己的事业。两个一无所有的穷光蛋，总共才凑了538美元，这点钱当然不能有像样的工作环境。于是，他们和苹果公司的那两位一样，在加州的一间车库里办起了一家公司。

这家公司以两人姓氏的第一个字母来命名，这就是惠普公司。

以后的事情大家都很清楚了：经过艰苦创业，惠普公司成为全球最重要的电子元器件、配套设备供应商之一，总资产达300多亿美元。

苹果和惠普，这两家大名鼎鼎的公司都有过在车库的经历，车库就是它们的起点。对他们来说，如果一开始就追求工作环境，或者是坐等从天而降的"风险投资"，还会有今天的苹果和惠普吗？很难说啊。

事实上，创业最重要的还是人的因素，环境、经济状况都是次要的。对于公司来说，最初的状况并不是最重要的，没有人敢轻视车库里的公司；对于个人来说，最初的状况也并不重要，没有人能嘲笑学步的婴儿。

[大佬的忠告] 在车库发迹，可说是一个巧合的偶然。但必然的规律是：任何"巨人"都不是天生的，在车库也好，简陋办公室也好，都是艰苦奋斗，一步步成长起来的。只要有目标，有行动，有毅力，不管初始条件多么简陋，我们都可以把自己锻造成为"巨人"。

盖蒂的香烟

美国石油大亨保罗·盖蒂曾经是个大烟鬼，烟抽得很凶。

有一次，他度假开车经过法国，天降大雨，开了几小时车后，他在一个小城的旅馆过夜。吃过晚饭，疲惫的他很快就进入了梦乡。

凌晨两点钟，盖蒂醒来。他想抽一根烟。打开灯，他自然伸手去抓睡前放在桌上的烟盒，不料里头却是空的。他下了床，搜寻衣服口袋，毫无所获，他又搜索行李，希望能发现无意中留下的一包烟，结果又失望了。这时候，旅馆的餐厅、酒吧早关门了，他唯一希望得到香烟的办法是穿上衣服，走出去，到几条街外的火车站去买，因为他的汽车停在距旅馆有一段距离的车房里。

越是没有烟，想抽的欲望就越大，有烟瘾的人大概都有这种体验。盖蒂脱下睡衣，穿好了出门的衣服，在伸手去拿雨衣的时候，他突然停住了。他问自己：我这是在干什么？

盖蒂站在那儿寻思，一个所谓知识分子，而且相当成功的商人，一个自以为有足够理智对别人下命令的人，竟要在三更半夜离开旅馆，冒着大雨走过几条街，仅仅是为了得到一支烟。这是一个什么样的习惯，这个习惯的力量有多么强大？

没多会儿，盖蒂下定了决心，把那个空烟盒揉成一团扔进了纸篓，脱下衣服换上睡衣回到了床上，带着一种解脱甚至是胜利的感觉，几分钟后就进入了梦乡。

从此以后，保罗·盖蒂再也没有拿过香烟，当然，他的事业越做越大，成为世界顶尖富豪之一。

[大佬的忠告] 习惯的力量是巨大的，有幸养成一些好习惯会终身受益；一旦沉溺于坏习惯之中，就会不知不觉把自己毁掉。

富豪说钱

有一次，比尔·盖茨和一位朋友开车去希尔顿饭店。到了饭店前，发现停了很多车，车位很紧张，而旁边的贵宾车位却空着不少。朋友建议把车停在那儿。

"噢，这要花 12 美元，可不是个好价钱。"盖茨说。

"我来付。"朋友坚持道。

"那可不是个好主意，他们超值收费。"

在盖茨的坚持下，他们最终还是找了个普通车位。

盖茨最讨厌物不等值，对应该花的钱，他从不小气，看看他这些年为慈善机构捐款的数字就知道了。

洛克菲勒到饭店住宿，从来只开普通房间。侍者不解，说："您儿子每次来都要最好的房间，您为何这样？"

洛克菲勒说："因为他有一个百万富翁的爸爸，而我却没有。"

话是这样说，洛克菲勒在捐资支持教育、卫生等方面却毫不含糊，数以亿计。

[大佬的忠告] 热爱珍视财富是获得财富的前提条件，但不囿于财富是获得幸福的前提条件。

丘吉尔炒股记

1929 年，丘吉尔的老朋友、美国证券巨头伯纳德·巴鲁克陪他参观华尔街股票交易所。那里紧张热烈的气氛深深地感染了丘吉尔。当时他已年过五旬，但狂傲之心丝毫未减。在他看来，炒股赚钱实在是小菜一碟。他让巴鲁克给他开了一个户头——"老狐狸"丘吉尔要玩股票了。

丘吉尔的头一笔交易很快就被套住了，这叫他很丢面子。他又瞄准了另一只很有希望的英国股票，心想这家伙的老底我都清楚，准能大胜。但股价偏偏不听他的指挥，一路下跌。他又被套住了。

如此折腾了一天，丘吉尔做了一笔又一笔交易，陷入了一个又一个泥潭。下午收市钟响，丘吉尔惊呆了，他已经资不抵债要破产了。正在他绝望之时，巴鲁克递给他一本账簿，上面记录着另一个温斯顿·丘吉尔的"辉煌战绩"。原来，巴鲁克早就料到像丘吉尔这样的大人物，其聪明睿智在股市之中未必有用武之地，加之初涉股市，很可能会赔了夫人又折兵。因此，他提前为丘吉尔准备好了一根救命稻草。他吩咐手下用丘吉尔的名字开了另一个账户，丘吉尔买什么，另一个"丘吉尔"就卖什么；丘吉尔卖什么，另一个"丘吉尔"就买什么。

丘吉尔一直对这段耻辱的经历守口如瓶，而巴鲁克则在自己的回忆录中详细地记述了这桩趣事。

[大佬的忠告]隔行如隔山。一个领域中的成功并不意味着处处能行，初来乍到，学费是免不了的，股市更是如此，踏踏实实地做自己本分的事吧。

比尔·盖茨的 11 条准则

在比尔·盖茨写给高中毕业生和大学毕业生的书里，有一个单子上面列有 11 项学生没能在学校里学到的事情。

这 11 项事情是：

1. 生活是不公平的，要去适应它。

2. 这世界并不会在意你的自尊。这世界指望你在自我感觉良好之前先要有所成就。

3. 高中刚毕业你不会一年挣 4 万美元，你不会成为一个公司的副总裁，并拥有一部装有电话的汽车，直到你将此职位和汽车电话都挣到手。

4. 如果你认为你的老师严厉，等你有了老板再这样想。老板可是没有任期限制的。

5. 烙牛肉饼并不有损你的尊严。你的祖父母对烙牛肉饼可有不同的定义，他们称它为机遇。

6. 如果你陷入困境，那不是你父母的过错，所以不要抱怨他们的错误，要从中汲取教训。

7. 在你出生之前，你的父母并非像他们现在这样乏味。他们变成今天这个样子是因为这些年来一直在为你付账单，给你洗衣服，听你大谈你是如何的酷。所以如果你想消灭你父母那一辈中的"寄生虫"来拯救雨林的话，还是先去清除你房间衣柜里的虫子吧。

8. 你的学校也许已经不再分优等生和劣等生，但生活却仍在做出类似区分。在某些学校已经废除不及格分，只要你想找到正确答案，学校会给你无数次机会。这和现实生活的任何事情没有一点相似之处。

9. 生活不分学期。你并没有暑假可以休息，也没有几位雇主乐于帮助你发现自我。自己找时间做吧。

10. 电视不是真实的生活。在现实生活中，人们实际上得离开咖啡屋去干自己的工作。

11. 善待乏味的人。有可能到头来你会为一个乏味的人工作。

[大佬的忠告] 比尔·盖茨的忠告，应该引起我们足够的重视。

有志不在年高——保罗·奥兰特

他父亲是印第安纳州的农民。父亲去世时他才 5 岁。

他 14 岁时从格林伍德学校辍学开始了流浪生涯。

他在农场干过杂活，干得很不开心。

当过电车售票员，也很不开心。

16 岁时他谎报年龄参了军——军旅生活也不顺心。

一年的服役期满后，他去了阿拉巴马州，开了个铁匠铺，不久就倒闭了。

随后他在南方铁路公司当上了机车司炉工。他很喜欢这份工作，以为终于找到了自己的位置。

他 18 岁时娶了媳妇，没想到仅过了几个月时间，在得知太太怀孕的同一天又被解雇了。

接着有一天，当他在外面忙着找工作时，太太变卖了他们所有的财物逃回了娘家。

随后大萧条开始了。他并没有因为老是失败而放弃。别人也是这么说的。他确实努力过了。

有一次还是在铁路上工作的时候，他曾通过函授学习法律，但后来放弃了。

他卖过保险，也卖过轮胎。

他经营过一条渡船，还开过一家加油站，都失败了。认命吧，他永远也成功不了。

后来，他成了考宾一家餐馆的主厨和洗瓶师。要不是那条新的公路刚好穿过那家餐馆，他会干得很好。

接着到了退休的年龄。

时光飞逝。眼看一辈子都过去了，而他却一无所有。要不是有一天邮递员给他送来了他的第一份社会保险支票，他还不会意识到自己老了。

那天，他身上的什么东西愤怒了，觉醒了，爆发了。

政府很同情他。政府说，轮到你击球时你都没打中，不用再打了，该是放弃、退休的时候了。

他们寄给他一张退休金支票，说他"老"了。

他说："呸。"

他气坏了。他收下了那张 105 美元的支票，并用它开创了新的事业。

今天，他的事业欣欣向荣。而他，也终于在 88 岁高龄大获成功。

这个到该结束时才开始的人就是哈伦德·山德士。

他用他第一笔社会保险金创办的崭新事业正是肯德基。

接下来的故事想必您已经知道。

[**大佬的忠告**] 没想到肯德基门口站着的那个可爱的"老头"还会有这样一串故事吧，当你用鸡块果腹的时候，最好也从老头这儿汲取点精神营养。